後藤新平と五人の実業家――序にかえて

明治大学名誉教授・経営史
由井常彦

後藤新平は、日本の近代化にみのがせない傑出した役割を演じた。より正確には、明治維新直後の太政官政府の時代をへて、政治の基礎が内閣制度に移行したのち登場し、明治後期から大正期にかけて日本の近代化・工業化《インダストリアリゼーション》の第二段階において、これを推進した官僚出身の政治家である。

彼の生涯は二つにわけられる。医師としての学問と経験とを身につけて、内務省に勤務し、前衛的な内務官僚として活躍した。ついで日清戦争後の植民地台湾の民政長官として台湾の開発に大いに業績をあげた。これが前半生である。

後半生は、日露戦争後の政治家としての時代で、彼は経済・社会の進歩のリーダーであった。明治末の二度の逓信大臣を皮切りに、大正時代になると内務大臣・外務大臣、再度の内務大臣、東京市長などを歴任した。この時代の彼の言動は、しばしば世の関心を集め、ときには総理大臣に擬されたりした。

新平の官僚時代の前半生は「衛生」、政治家たる後半生は「構想力」がキイワードであるが、全く別なものではなく、官僚時代に培われた能力と経験、さらには情熱が、政治家としての抜きんでた発想・行動に進化的に発展したとみることができる。

本書のテーマである「後藤新平と実業家」との関係は、彼にとって過渡期といえる民政長官としての台湾の開発に端を発しており、後半生のスケールの大きい事業や構想につながっている。こうみてゆくと、前半生の内務省での「衛生」にかかわる行政と、後半生の特色ある政治家としての様々な「発想」「構想」の実現には、重要な連続性があるのであって、偉大な革新的政治家の人格《パーソナリティ》も、内務官僚の時代の人間形成に根ざしていることがわかる。

そこでこうした観点から日本における「公共衛生」を実現した後藤新平の官僚の時代をひととおり考察しておこう。

新平の官吏生活は、明治十六（一八八三）年、内務省衛生局から始まった。初代衛生局長の長与専斎に後藤を推輓したのは、軍医の石黒忠悳《ただのり》（一八四五―一九四一）である。石黒は秀才の上、非常に清廉な人物で、形成期の官僚社会において重きをなしていた。彼は明治大正を通ずる長い官僚生活のあげく、晩年には授爵されたが、ついに大臣に就任することはなかった。ちなみに息子の忠篤《ただあつ》も、一高東大の学位をもつ大正期の官僚（農商務省）となったが、同様に誠実な人物で、石黒家は役人の鑑と尊敬された。後藤新平が長与と石黒に見出され、彼らのもとで内務省に入ったことは運に恵まれたことであった。

長与をリーダーとして内務省衛生局は、「公共衛生」制の導入、普及を掲げており、後藤新平もすぐに、当時一般には未知の「衛生」という新制度に情熱を傾けるようになった。相ついでドイツに留学した石黒・後藤の二人は、ともに「衛生」の原理と行政を体得し、明治二十五（一八九二）年の赤十字の国際学会にそれぞれ出席している。

新平の場合ドイツ留学にさいして瞠目したのは、当時の知識人の科学的進歩に対する信仰であった。実証科学は、当時の真実そのものとして十九世紀後半のヨーロッパの思想を支配しており、人間と社会の進歩は、科学的知識と合理的判断に依存しなければならない、と信ずるようになったことである。後半の彼の思考における「科学的」アプローチは、留学の所産である。

ところで当時の内務省の業務は、治安の維持（警察）、災害の復旧、道路など交通輸送機関の建設、貧民・窮民の救済、公共衛生などで、警察を別とすれば、社会経済のインフラづくりを担当していた。後藤新平が西洋で学んだ「衛生」は、当時の感覚で文明に不可欠な、眼にみえない人間の健康生活のためのインフラないし社会資本と映じたことであろう。また、貧民対策を社会政策としてみられるようになっていた。

帰国した石黒と後藤は、こうした地道なそして眼に見えにくい行政も、内務省が担当すべきであると情熱を傾けたのであり、そして事実、彼らの努力によって「衛生」は、社会政策とともに内務省の重要な業務として定着している。

なお、日本では学理も行政も、ドイツに学んだのであるが、しかし彼ら、とくに後藤新平は、実務の現場においては、上からの命令と服従のような権力的な発想でなく、「下学《かがく》して上達す」(『論語』憲問編)の精神を重んじたことである。明治期の内務省の行政の感覚は多分に江戸時代の幕藩体制のそれを継承しがちであったが、後藤は、熊沢蕃山の『集義和書』に学ぶところ多かった、と述べている。熊沢蕃山(一六一九—一六九一)は陽明学者で、岡山藩に登用され治山治水に成功したと伝えられている。行政の場において新平は、蕃山の教えに従い、民意を尊重したわけである(本書第1章)。指示より説得は、彼の行政のスタイルとなる。

後藤新平は衛生局長に昇進したのち、明治二十六(一八九三)年、相馬事件で職を失った。明治二十八(一八九五)年春、日清戦争後の膨大な数の帰還兵検疫の成功は、後藤の存在を政府内外に知らしめた。この件は第1章に記述されている。

日清戦争後、台湾が日本の領土となったが、当初この植民地経営が困難の山積で、行政遅滞していたのに反し、明治三十一(一八九八)年、陸軍の児玉源太郎(一八五二—一九〇六)総督と民政長官となった後藤新平のコンビは、住民の慰撫と治安の向上に成果をあげた。全土の調査、道路建設にはじまる「科学的」行政を軌道にのせることに成功した。同時に日程にのぼった金融機関としての台湾銀行の設立、近代産業としての台湾製糖の創業、鉄道建設も実現に向かう。八年余に及んだ後藤民政長官の経済開発の進捗はめざましいものがあった。

後藤新平と、有力な実業家たちとの密接な関係ができたのは、台湾銀行、台湾製糖の創立にかかわるものである。渋沢栄一(一八四〇—一九三一、第一銀行、東京商業会議所)、大倉喜八郎(一八三七—一九二八、大倉組、大倉商業)、そして益田孝(一八四八—一九三八、三井物産)の三人が最初のグループである。渋沢栄一は、よく知られるように財界のリーダーで、国内ばかりでなく、朝鮮（韓国）と台湾の産業開発にも意欲的であった。大倉喜八郎は、もともと誰にもまして海外における企業家活動の先駆者であって、台湾には早くから上陸しており、台湾の役（明治七年）には兵站業務を引き受け、この頃はオフィスを設けて樟脳の取引を手がけていた。三井物産の益田孝は、当時九州の三池炭の中国への売込みに大いに努めており、台北は上海や厦門《アモイ》と同じ経済圏でもあるうえに、砂糖は当時もっとも将来性のある商品で、三井銀行でも投資に賛成であった。これら三人の実業家は、天保生れで、明治初年以来の旧知己であった。ともに政府の方針には敏感で、ビジネスの利害はもとより、私的な生活や趣味においても懇意の間柄であった。

大倉や益田に遅れたが、銀行家の安田善次郎（一八三八―一九二一）や向こうみずの企業家浅野総一郎（一八四八―一九三〇）も、後藤新平の関係者に加わった。安田善次郎（渋沢・大倉と同世代）が後藤新平に近づいたのは、大正時代になってから、後藤新平が次々に雄大な都市計画の構想を打ち出してからのことである（第4章）。安田は、銀行家として大成する過程で、薄利であっても、取引額が非常に大きく、リスクの乏しい公債に関心を高めていた。したがって内務大臣、ついで東京市長を歴任する後藤新平の思考・構想には、大きなそして真剣な興味をもつにいたった。後藤の構想は、大正期の経済界ではあまりに大きく、「奇抜」な案として敬遠されがちであった。だが、安田善次郎は、「勤倹」「吝嗇《りんしょく》」とのイメージとはうらはらに、真剣にうけとめた。第一次大戦来の好景気をへたのち安田財閥は、資産数億円に達する大銀行となり、老齢となった善次郎は次世代への配慮から、後藤に異例な関心をもったことは不思議ではない。

浅野総一郎は、上記の四人よりも年下で、大正時代になって、セメント業で異例な発展をとげた。セメントに満足せず、大正期になって海外定期航路の海運業の経営にのり出した。異端ともいえる実業家である。「大《おお》ぼら吹き」と称されたから、後藤の「大風呂敷」の政治家とは相通ずるところがあった。事実浅野の東洋汽船が、後藤に後援を求めたことから両者の関係が緊密となっている。

上述のように、渋沢・大倉・安田・益田・浅野は、後藤新平としばしば協力・支援・理想を共にしている。だが過去において、これら実業家と後藤新平との関係をとりまとめた学界内外での研究は、見当らない。

本書はこの点に焦点をおいて調査した結果の集成である。最初の試みとして各実業家の出生から経歴と企業家活動をひととおり記し、そのなかで後藤新平とのかかわりも考察することとしている。

結論的には、明治後期になってから国内の有力な実業家たちは、後藤新平を新時代の日本の近代化のリーダーの一人として認識するようになったが、いまだそれほど期待したわけではなく、大正期の政治家としての雄大な構想の発展にはついてゆけないところがあった。それに対して後藤新平の人物を信頼・期待し、彼の構想の進化的発展を理解したのは、安田善次郎であった。後藤にしてみれば、〝銀行王〟と称されるようになった安田からのアプローチは（彼は、渋沢とちがって国家・公共意識が乏しいとの世評があり、大正十年にテロの犠牲となっている）、どこか心強いものを感じたことであろう。

後藤と安田という、一見なじみにくい関係の解明にこそ、後藤新平の言動をリーズナブルに説明する鍵の一つがあるように思われる。

二〇一九年六月

ゆい・つねひこ　一九三一年生まれ。明治大学名誉教授、公益財団法人三井文庫常務理事・文庫長。専門は経営史学。主著に『清廉の経営――「都鄙問答」と現代』（日本経済新聞出版社）『安田善次郎　果報は練って待て』（ミネルヴァ日本評伝選）『講話　歴史が語る「日本の経営」――その進化と試練』（ＰＨＰ研究所）『『都鄙問答』と石門心学――近世の市場経済と日本の経済学・経営学』（冨山房インターナショナル）、など。

はじめに

明治維新という革命を担い、近代日本を築き上げたのは、治国平天下の理想に燃えた志士や政治家・軍人たちばかりではない。彼らとともに「富国強兵」を目指し、自ら殖産興業を体現し、経世済民の使命に燃えた実業家たちも、その一端を担っていたのだ。政治と経済を押し進める両者は、車の両輪となってひたすら欧米列強に伍すべく邁進し続けたのである。

政治家と実業家との関係といえば、ややもすると権力と金、あるいは政党と財閥といった視線がまとわりつく。それを象徴する「政商」という表現もある。しかし、渋沢栄一（一八四〇―一九三一）の民の自立と公益を目指す合本主義、益田孝（一八四八―一九三八）の投機・献金・賄賂と無縁のコミッション・ビジネス（委任業務）とその世界展開、大倉喜八郎（一八三七―一九二八）の官とつかず離れずの言行合一による豪放な開拓精神などに見られるように、これらの実業家たちは先見性に富み、果敢に起業し続けた。

他方、後藤新平（一八五七―一九二九）は医師出身の行政官、政治家、外交指導者として、これら実業家の世界とは離れた場所にいたように見える。しかし、鶴見祐輔が著した『後藤新平』（全四巻）（『〈決定版〉正伝・後藤新平』全八巻、藤原書店、以下『正伝』）の記述の中にもさまざまな実業家が散見され、後藤と実業家たちとの関係を窺わせるものがある。しかも、後藤の東京市長就任時の渋沢の活動などを見ると、彼らには「公共・公益」の精神という共通性が感じられる。

これらの「点」を結び付けて「補助線」を描いてみると、近代日本のなにが見えてくるだろうか。本書は後藤新平と渋沢栄一、益田孝、大倉喜八郎に安田善次郎（一八三八—一九二一）、浅野総一郎（一八四八—一九三〇）を加えた五人の実業家との「接点」に着目する。あたかも楕円の二つの焦点のように、一方に後藤を、他方に五人の実業家たちを置いて、眺めてみようというわけである。後藤新平は、これら実業界の巨頭たちの最年長者大倉より二十歳年下、最年少者の益田や浅野より九歳年下であり、世代はずれているが、その呼吸する空気は意外に近い。大倉は天保八年越後新発田《しばた》に生まれ、安田は天保九年越中富山に生まれ、渋沢は天保十一年武蔵に生まれ、益田は嘉永元年佐渡に生まれ、浅野は同年越中に生まれた。後藤新平は安政四年、伊達藩の留守家の陪臣の生まれであった。彼らに共通しているのは、明治の藩閥政治とは無縁の地方の出身者であったことである。

個々の実業家たちに関する伝記は多く、また近年、渋沢栄一伝記資料のデータベース化をはじめ、『稿本・大倉喜八郎年譜』が東京経済大学史料委員会から出版されるなど、資料整備も進み、実業のみならず多様な文化活動、社会事業などが明らかになってきた。これらに基づいて作成した「後藤新平と五人の実業家」関連年譜は巻末に掲載した。

二〇一九年六月

後藤新平研究会

後藤新平と五人の実業家　目次

第4章 「国難来《きたる》」の時代——世界認識と震災復興 87

第5章 実業家たちと後藤新平の文化・社会活動 129

エピローグ

後藤新平と五人の実業家

渋沢栄一・益田孝・安田善次郎・大倉喜八郎・浅野総一郎

凡例

一　本書は後藤新平研究会編『後藤新平と五人の実業家たち』（私家版、二〇一三年）をもとに、大幅に改稿・加筆したものである。

二　本文の後藤新平についての記述は主に『〈決定版〉正伝・後藤新平』（全八巻、藤原書店）による。

三　主要な人物は上段に人物注を付した。外国人名については、同姓で混同しやすい人物がいる場合を除き、日本語で姓のみ記し、括弧内にフルネームを原文で表記した。

四　引用文の本書における注記は〔　〕で、本文の注記は（　）で記し、ポイントを落としている。

第1章 後藤新平の衛生・社会政策

ドイツ留学中の後藤新平（後列右から２人目）
奥州市立後藤新平記念館蔵

★**松田道之**（1839-82）
内務官僚、政治家。大津県令、滋賀県令（ともに初代）、東京府知事（第七代）などを務めた。琉球処分において中心的な役割を果たした。

★**田口卯吉**（1855-1905）
東京出身。経済学者、歴史家、実業家。東京府会議員、衆議院議員を歴任。南島商会を組織。両毛鉄道社長、小田原電気鉄道取締役など。

1　明治の東京計画と渋沢栄一・益田孝

明治十三（一八八〇）年十二月、第一回市区取調委員総会が開かれ、東京府知事・松田道之《まつだみちゆき》★が提出した「中央市区画定之問題」の検討が開始された。以後、延々と続く市区改正事業（のちの都市計画）の始まりである。このとき、委員の一人として東京商工会の渋沢栄一が経済界を代表して入り、はやくも東京築港が検討対象となっている。

こうなったのは、明治を代表する自由主義経済思想家の田口卯吉《たぐちうきち》★が、国際貿易の拠点として東京築港を主張し、第一国立銀行頭取の渋沢が大いにこれに賛成し、さらに東京府知事松田道之の耳にこれが入ったからであった。「当時、この三人の思想家、企業家、行政官は打てば響く身近な仲に」あったという（藤森照信『明治の東京計画』）。

明治十五（一八八二）年七月、松田の急逝の後を受けた芳川顕正《よしかわあきまさ》★は、十七（一八八四）年十一月、交通中心主義の「市区改正意見書」を山県有朋《やまがたありとも》内務卿に上申した。山県は内務省に市区改正審査会を設置して、明治十八（一八八五）年二月から十月まで審査が実施されるが、このとき渋沢栄一は委員として益田孝を追加することを要求して認められた。

★芳川顕正（1842-1920）徳島出身。官僚、政治家。伯爵。銀行制度の確立に貢献。東京府知事、貴族院議員。司法大臣、文部大臣、内務大臣、逓信大臣などを歴任。

★バルトン（1856-1899）スコットランド出身。衛生工学技師。一八八七年来日、帝大、内務省衛生局、台湾総督府で上下水道、衛生工学、都市計画を指導。

この審査会で渋沢は、益田とともに「見事な商業都市の構想――港と中央ステーションを二本の道でつなぎ、間に位置する兜町ビジネス街の中心に商法会議所・共同取引所を置き、さらに近くに帝国オペラ座を配するという計画」（藤森、前掲書）を主張したのであった。さらに、明治二十一（一八八八）年一月、東京商工会では、益田が会として独自の築港調査の必要性を主張し、渋沢会長は、益田孝、大倉喜八郎、浅野総一郎ほかを委員とする調査に着手している。

この市区改正計画は、井上馨《いのうえかおる》外務卿が主導した臨時建築局の「官庁集中計画」のため一旦休眠状態になるが、明治二十一（一八八八）年十月に再開され、二十二（一八八九）年三月まで討議は続いた。しかし、渋沢と益田が主張した国際商業都市の構想は、神奈川・横浜の巻き返しもあり陽の目をみなかった。

市区改正計画の経過をやや詳しく追ったのは、ほかでもない後藤新平が内務省衛生局のスタッフとして、渋沢や益田の活躍を目にした可能性がきわめて高いことを指摘したいからである。後藤が名古屋から上京して衛生局に入ったのが明治十六（一八八三）年一月、それからドイツに留学する明治二十三（一八九〇）年三月まで、七年余り後藤は衛生局で仕事をしている。後藤は上京して早々、内務省の廊下で渋沢や益田の姿を見かけたか、会議室で上司の長与専斎《ながよせんさい》局長の後ろで会議を傍聴したことは十分想像できる。彼らを結ぶ「第一の補助線」としておこう。

★エンデ（1829-1907）とベックマン（1832-1902）
二人ともドイツの建築家。明治政府のお雇い外国人。共同で建築設計事務所を開設。日本政府の首都計画（官庁集中計画）を立て、一八八七年、エンデ＝ベックマン事務所と契約を結び、都市計画案等を作成、彼等の設計案に基づくものでは司法省、裁判所だけが実現した。

後藤新平が「都市と文明」に出会った契機として、「日本の上下水道の父」、「衛生工学の父」と呼ばれているバルトン★（William K. Burton）の名を逸することはできない。スコットランド出身の衛生工学の技師バルトンは、帝国大学工科大学の初代衛生工学講座の教師として日本政府の招聘を受け、明治二十（一八八七）年に来日した。この年の夏からバルトンは内務省衛生局技師の後藤新平の案内で、函館、青森等の衛生状況調査と上下水道の設計について助言し、さらに内務省衛生局技師を兼任して全国二十数都市の調査と上下水道の計画・設計を行った。また、バルトンは後藤の要請を受けて、台湾の衛生・建築・都市計画に関する各種の事業にも関わっている（春山明哲「日本の上下水道・衛生工学の父、バルトン」『都市デザイン』所収）。

さらには、「官庁集中計画」策定のためにドイツから来た御雇い外国人のエンデ★（Hermann Gustav Louis Ende）とベックマン★（Wilhelm Beckmann）、それにホープレヒト★（James Hobrecht）の活動も目にしたに違いない。後藤はベックマンによるバロック都市計画に目を見張り、のちに台北の都市計画でこれを実践に移したという（田中重光「後藤新平の台湾ランドスケープ・デザイン」『都市デザイン』所収）。

★**ホープレヒト**（1825-1902）
メーメル（現リトアニア）出身。ドイツの都市計画家。首都ベルリンの都市計画を進めた。一八八七年に来日、日本の官庁集中計画に関与。

★**石黒忠悳**（1845-1941）
新潟出身。日本陸軍軍医、日本赤十字社社長。草創期の軍医制度を確立。本人の懐古談を坪谷水哉の編集でまとめた『懐旧九十年』がある。

2　後藤新平と相馬事件

日清戦争の開戦直前、明治二十七（一八九四）年五月三日、後藤新平は東京地方裁判所において無罪判決を受け、同月二十五日鍛冶橋監獄から保釈出獄を許された。前年の十一月十七日に「相馬事件」（後述する）で誣告《ぶこく》罪に問われて収監されて以来、半年を越える獄中生活が終ったのである。しかし、なお検事側は控訴し、東京控訴院の無罪判決が下されたのは同年十二月七日。そのあいだに豊島沖《ほうとうおき》海戦も宣戦布告も過ぎ、大本営と議会も広島に移された。後藤はようやく青天白日の身とはなったものの、内務省衛生局長の職は前年十二月に失って、浪人の境遇である。

このとき野戦衛生長官として広島にいた軍医総監・陸軍医務局長の石黒忠《いしぐろただ》悳《のり》★は、後藤の無罪判決の報を受けるとすぐに電報を打って、後藤を広島に呼び寄せた。

余の考えでは、一年間も入獄していては、不平や何かで気分も面白くないだろう。万一ためにする者のために担がれて、だんだん悪い方面にでも深入りしては、後藤君のためは勿論、国家のためにも面白くないと思った

★陸奥宗光（1844-97）
紀州藩士、外交官、政治家。版籍奉還、廃藩置県、徴兵令、地租改正に影響を与えた。第二次伊藤内閣の外務大臣として辣腕を振るった。

★児玉源太郎（1852-1906）
山口出身。長州藩士、陸軍軍人。陸軍大学校長、台湾総督、陸軍大臣等を経て、日露戦争では満洲軍総参謀長、参謀総長を務める。

のだ。　（『正伝』第二巻、二五七頁）

石黒は「牢から出たときかまわずにおいたら、彼は何をするかわからなかった。必ず何かしたと思う。そしたら政府は余程困っただろう」と考えたのである。陸奥宗光《むつむねみつ》★が伊藤博文に「このまま浪人させておくと、あの男は社会党を起すかも知れぬ」と言ったという逸話も伝えられている。石黒は後藤を中央衛生会委員に推挙するとともに、児玉源太郎《こだまげんたろう》★・陸軍次官に引き合わせた。こうして後藤は帰還兵の検疫という大事業にその非凡な力量を発揮する機会を得たのであるが、石黒や陸奥の「懸念」を理解するには、「相馬事件」とはなにかに触れる必要がある。というのも、鶴見祐輔が言うように、この事件こそ後藤という「人物を研究する上に、もっとも大なる材料を提供するもの」だからである。

明治十六（一八八三）年のある日、旧相馬藩士・錦織剛清《にしごりたけきよ》と名乗る男が後藤を訪ねてきた。錦織によれば、元藩主の相馬誠胤《そうまともたね》★が精神状態悪化を理由に自宅に監禁されている、この裏には家令・志賀直道らによるお家乗っ取りの陰謀がある、ついては監禁解除に助力して欲しい、というのであった。志賀直道は作家志賀直哉の祖父である。

後藤は種々の情報を集め、裁判医学（今でいう法医学）の発展と患者の人権擁護の観点から、この問題に関与することを決心した、とのちに語っている。後

★相馬誠胤（1852-92）福島出身。奥州中村藩の末代藩主。相馬氏第二九代当主。子爵。相馬事件の当事者である。

★ローレッツ（1846-84）オーストリア出身。ウィーン大で内科・外科学博士号取得。愛知県公立医学講習場、金沢医学校などで教える。後藤新平は愛知時代の教え子。

藤は愛知県病院在職中に、オーストリア人のローレッツ★（Albrecht von Roretz）に師事し、オーストリアのウィーン大学の国家・行政学の権威シュタイン★（Lorenz von Stein）の『行政学』（ことにその「衛生制度論」）を原文で読むことになり、『国家衛生原理』執筆の土台を形成し、ドイツ留学へ向かうこととなる。ローレッツは精神病学の知識もあり、時の愛知県令・安場《やすば》保和《やすかず》★に「癲狂院《てんきょういん》設立建言」を提出し、愛知病院に精神病室を設置した（田中英夫『御雇外国人ローレッツと医学教育』）。後藤は、ローレッツの影響下、精神病学に関心を懐いていたのである。

この騒動の過程で、後藤は錦織らが病院から「救出」（拉致）してきた相馬誠胤を自宅にかくまい、しかも警視庁に出向くという大胆な行動に出るのである。このとき三島《みしま》通庸《みちつね》★警視総監は山県《やまがた》有朋《ありとも》★内務大臣、陸奥外務大臣とも協議の上、条約改正問題への影響を考慮し、後藤の行動は不問に付されている。明治二十（一八八七）年のことで、ここまでを後藤は「前相馬事件」と称している。

明治二十三（一八九〇）年三月から後藤はドイツに留学し、衛生学のほか、社会政策、統計学、法医学も学び、同二十五（一八九二）年六月に帰国した。十月ころ、また錦織が後藤を訪ねてきた。「後相馬事件」のはじまりである。錦織によれば、この年二月に急逝した相馬誠胤に毒殺の疑いがある、というのである。後藤はドイツで学んだ知識から、医学的証明の困難なことを錦織に説明し「公に沙汰にせずとも非倫理の事柄を倫理的ならしめる穏和手段を考へて

★シュタイン（1815-90）デンマーク出身。ウィーン大学教授。国家論の泰斗。行政学を重視し、伊藤博文が帝国憲法発布のためシュタインの講義を受ける。

★安場保和（1835-1899）熊本出身。肥後細川藩士、官僚、政治家。横井小楠門下の「四天王」の一人。地方行政に尽力した。後藤新平の妻和子は次女。

見たが（略）、錦織は幾度制止して見ても、軌道外ればかりを走り」（後藤新平文書マイクロフィルム版、R18-5-14）、錦織派による謀殺の告発と、これに対抗する相馬家側の誣告の訴訟合戦が展開した。

東京地方裁判所検事局は、明治二十六（一八九三）年八月から連日のように証人参考人を呼び、相馬子爵邸は家宅捜索を受けて志賀直道が拘留された。九月八日、岡田予審判事の命令により、青山墓地の相馬誠胤の遺体が発掘調査されたが、後藤が予測したように、鑑定の結果、毒物含有は認められず、錦織らが拘引されることになった。

十一月十七日、後藤新平は鍛冶橋監獄に収監された。西川予審判事は、後藤が錦織の借金の連借人になっていることを追及した。後藤は錦織の母と妹が生活に困窮していることに「同情の涙をそそいだ」と鶴見祐輔は書いている。後藤は西川判事に「論争」を挑み、心証を害した。後藤は「密室監獄」に二度放り込まれ、安場や北里柴三郎らが保証人となった一二回の保釈請求をことごとく拒否されている。公判でも後藤は論争的であった。

日清戦争前、前後十数年に及んだ相馬事件は明治の世相史、社会史上の大事件であった。錦織の著作『神も仏もなき闇の世の中』をはじめ、事件を扱った書物は四〇冊を越え、『万《よろず》朝報』や『自由新聞』は飛躍的に部数を伸ばした。伊達騒動を扱った「先代萩」に見立てた歌舞伎「相馬騒動見立て鏡」が演じら

★三島通庸（1835-88）
鹿児島出身。薩摩藩士、内務官僚。子爵。大久保利通の計らいにより新政府に出仕。各地の県令を歴任。「土木県令」の異名で呼ばれた。

★山県有朋（1832-1922）
山口出身。軍人、政治家。奇兵隊総監。維新後、欧州の兵制に学び、陸軍の創設に尽力。初代参謀本部長、二度組閣。元老中の元老。

れ、浅草では菊人形が興行されている。明治二十七（一八九四）年二月川上音《かわかみおと》二郎《じろう》★が相馬事件を脚色した「又意外」を上演して大当たりをとり、新派劇が識者にも注目されるようになった。また、精神病者への関心も高まり、政府は明治三十三（一九〇〇）年に精神病者監護法を制定した。精神科医で医療史の研究者である岡田靖雄は「後藤新平は、医師の道義を向上させようとの意図と法医学を確立させようとの考えとをもった熱血的革新的衛生官僚であった」と評している（岡田靖雄『日本精神科医療史』）。

相馬事件を経て、後藤は全国にその名を知られることとなった。和子《かずこ》★夫人は後年近親者に「相馬事件がなかったら、後藤は今日までになっておりませんね」とよく語ったそうである。権力との対峙、法医学の論理、獄中体験、「世の中」の厳しい視線、これらに堪える忍耐と胆力、後藤が「後藤」になった契機として相馬事件を位置づけることができる。その「世の中」に、大倉喜八郎や渋沢栄一などの実業家たちもいたはずである。

石黒が「何をしでかすかわからない」後藤に仕事を提供した理由は、もちろんほかにあった。石黒忠悳の『懐旧九十年』には「27　私と後藤新平伯」という章が設けられている。それによると、須賀川病院長の塩谷《しおのや》退蔵から高野長《たかのちょう》英《えい》★の親族にあたる後藤という優秀な男がいると聞いたのがはじめだという。また、名古屋師団軍医部長の横井信之（医学所時代の石黒の同僚、後藤の前任の愛知県

★川上音二郎（1864-1911）
福岡出身。俳優。自由民権思想を表すオッペケペ節で名を馳せる。書生芝居を組織し、東京に川上座、大阪に帝国座を設立。

★後藤和子（1865-1918）
熊本出身。安場保和の次女。十八歳で二十六歳の後藤新平と結婚。向学心の強い女性だった。新平が六一歳の時死去。享年五十三。

病院長）からも噂を聞き、石黒が横井の自宅に行った時が後藤との初対面であった、としているからよほど印象に残ったのであろう。それもそのはずで、明治十（一八七七）年西南戦争の際、後藤は大阪臨時病院長の石黒を訪ね、「此の病院で私は外科治療を実地研究したいのですが」と「志願」してきたのである。石黒は「志に感じ、直に雇員として外科病室附きにし」たという。

明治十六（一八八三）年一月、後藤が内務省衛生局に移ることになったのも、石黒が長与専斎《ながよせんさい》★局長に後藤と会うよう勧めたことがひとつのきっかけとなっている（明治十八（一八八五）年から二十年の一時期、石黒は衛生局次長を兼務していた）。石黒のドイツ留学（明治二十（一八八七）年）と後藤の留学（明治二十三（一八九〇）年）の関係も密接な関係がある。北里柴三郎《きたざとしばさぶろう》★がいたコッホ★（Heinrich Hermann Robert Koch）研究所を両人とも訪れているのはある意味当然として、万国赤十字会議の第四回会議（カルルスルーエ）に石黒が出席し、その第五回会議（ローマ）に後藤が出席している。ロンドンの第七回万国衛生・民勢会議に後藤が参加する一方、石黒はウィーンの第六回会議に参加している、という具合である。

石黒忠悳は、弘化二（一八四五）年二月十一日、岩代国伊達郡梁川《やながわ》（現・福島県）に生れる。越後の祖家を継ぎ、石黒姓を名乗った。慶応元（一八六五）年江戸医学所に入学、西洋医学を修める。明治維新後大学東校《とうこう》（のちの東京帝国大学医学部）を経て、兵部省に出仕、陸軍軍医制度、軍事衛生の確立に貢献した。明

★**高野長英**（1804-1850）
岩手水沢出身。幕末の蘭学者。後藤新平の本家の血筋。シーボルトに学ぶ。蛮社の獄で捕縛されるも脱獄。著書に『戊戌夢物語』他。

★**長与専斎**（1838-1902）
長崎出身。医師、医学者、官僚。岩倉使節団に参加、帰国後文部省医務局長に就任、東京医学校長を兼務。石黒の紹介で、後藤新平を見出す。

治七（一八七四）年佐賀の乱に出征、児玉源太郎を知る。明治九（一八七六）年米国に出張し、南北戦争の実態の調査から、大きな教訓を得て帰国。西南戦争では大阪陸軍臨時病院長を務め、後藤を知る。

3　検疫事業と衛生局長への復帰

石黒の陸軍衛生事業への情熱と献身が、彼をして後藤の才能を見出させたといえる。相馬事件でも石黒は後藤を見限ることなく夫人を激励、無罪獲得後、後藤を広島に呼んだことは既に述べた。後藤は明治二十八（一八九五）年一月中央衛生会委員になった。石黒は、帰還兵の検疫事業は「後藤にしかできない」と考え、児玉に紹介した。

日清戦争の終結を迎えるに当って、重大な問題が起っていた。膨大な数の凱旋兵の検疫問題である。広島の石黒は一月二十日、内相・野村靖に軍隊検疫設備の必要を建議した。内相はその建議書を中央衛生会に回付した。中央衛生会でも委員長長谷川泰以下、防疫問題について審議中であったから、それに併せ会からの建議書とともに、広島の大本営に代表にもたせて派し、協議させることになった。その代表委員に選ばれたのが後藤新平であった。後藤は解傭軍夫病院の開院式の五日後に広島に向けて慌しく出発したのである。

★北里柴三郎（1853-1931）
熊本出身。細菌学者。ジフテリア、破傷風の血清療法を築き、「日本の細菌学の父」と呼ばれる。コッホ下のドイツ留学時より後藤新平と親交があった。

★コッホ（1843-1910）
ドイツの医師、細菌学者。ルイ・パスツールとともに、「近代細菌学の開祖」とされる。炭疽菌、結核菌、コレラ菌の発見者。

その結果、後藤は児玉源太郎検疫部長の下に、事務官長として検疫設備の建設と凱旋兵の検疫という一大難事業に挑むことになる。

似島《にのしま》（宇品《うじな》付近）、彦島（下関付近）、桜島（大阪付近）の三箇所の総面積六万六千坪、検疫・消毒・病院・事務所・兵舎・倉庫・炊事場などの施設四〇一棟、検疫船舶六八七艘、その総トン数一一三万五〇〇〇トン余、消毒船舶三〇六艘、その総トン数約五六万トン、検疫人員二三万二〇〇〇人余、消毒人員一五万八〇〇〇人余、蒸気及び薬物による消毒物品八九万八〇〇〇個、というデータが、約四カ月の事業成績であった。下村当吉《しもむらとうきち》★による蒸気消毒缶の製作、北里柴三郎による蒸気消毒汽缶を使った消毒効果試験、消毒場案内リーフレット二五万枚の大阪朝日新聞社における印刷、「鼻息荒い」凱旋将兵の秩序維持と効率的な検疫の遂行、軍人の不平不満の処理、検疫スタッフの待遇改善、コレラ発生への対処とくに高木友枝《たかぎともえ》★による血清療法による治療、暴風雨の襲来などなど、「プロジェクト型事業」に対する後藤の創意工夫と粉骨砕身ぶりは、今振り返っても面白い。

これらは『臨時陸軍検疫部報告書』和文・英文版にまとめられ、欧米諸国に寄贈された。ドイツ皇帝がこれを読んで賞賛したと伝えられている。これも後藤の配慮によるものであろう。後藤は、のちに台湾経営にあたってからより明確になるが、事業あるいは行政の記録を作成し、利用・公開することにきわめ

★下村当吉（1856-1929）
内務省技師として、日清戦争後の検疫時に消毒汽缶の設計運用の主任となって以来、京都に在って生涯後藤新平を支援した。

★高木友枝（1858-1943）
福島出身、医師、衛生行政。帝国大学医科大学卒。北里柴三郎の伝染病研究所助手。台湾総督府医院長兼医学校長、台湾電力初代社長。

て熱心であった。官僚というより、プロジェクト型事業の経営的リーダーと形容したほうが近いのではないか。

明治二十八（一八九五）年九月七日付けで、後藤は内務省衛生局長に復帰した。

4 後藤新平の衛生・社会政策思想

鶴見祐輔は、後藤が政治の根本を「貧民なき社会の実現」という点に置いており、救貧、防貧、つまるところ社会政策にある、と評している。そうであるとして、後藤の社会政策についての考え方にはどんな特徴があるのだろうか。

後藤新平は名古屋時代の明治十三（一八八〇）年に「愛衆社」という日本で最初の私立衛生会を設立している。明治十六（一八八三）年には大日本私立衛生会が設立され（会頭は佐野《さの》常民《つねたみ》★、副会頭は長与専斎）、後藤は幹事として奮闘した。明治十九（一八八六）年五月、大日本私立衛生会第四総会で、彼は「衛生ノ盛衰ハ国民ノ命価ニ関ス」という演説をし、生命の価格は衛生行政の充実によってもっと高くすることができると述べている。明治二十二（一八八九）年には『国家衛生原理』を著したが、これは後藤の衛生観を体系的に述べたもの、というよりも、彼の人間・社会・国家に関する思想の書というべきであろう。後藤は、国家とは人類から成る衛生的団体であり、生理的動機に発して生理的円満を享

★**佐野常民**（1823-1902）
佐賀出身。政治家。日本赤十字社の創始者。枢密顧問官、農商務大臣、大蔵卿、元老院議長を歴任。「佐賀の七賢人」の一人。

★**熊沢蕃山**（1619-1691）
京都出身。江戸時代初期の儒者。中江藤樹に学び、岡山藩主池田光政に重用される。著書に『集義和書』『集義外書』『大学或問』等。

受することを目的とする、と主張した。

師のローレッツの勧めで、ウィーン大学教授、国家・行政学の大家シュタイン（伊藤博文が帝国憲法発布前に直接学んでいた）の『行政学』をドイツ語で読んでいた後藤は、『国家衛生原理』および『衛生制度論』を書くに当たり、シュタインの国家論を学んでいた。生き生きとした国家になるためには、憲法の制定だけでは不充分で、民衆の生活の深部にまで行政が行き届かなければならないというシュタインの有機的国家観と行政の重視とを後藤は受け継いだ。

しかし、同時に、『国家衛生原理』の緒論で、「下学《かがく》して上達を図る」と明言しているように、熊沢蕃山《くまざわばんざん》★の『集義和書』を読んだ者ならではの「下学」を足場に、シュタインのヨーロッパ的枠組みを突破しようともしていたのである。

「天をも怨まず、人をも咎めず、下学して上達す」（『論語』憲問篇）と語った孔子は、国家的危機にあっても、驕りによって政治を私物化している為政者を見据え、「下」に潜んで、民間に隠れ住む各分野の賢人・苦労人・仁徳ある老人から謙虚に学ぶことを「下学」とし、彼らとの協働による大事業の大成をこそ「上達」とした。この「下学して上達す」という考え方を蕃山から受け継いだ後藤の『論語』理解の深遠さに驚くべきである。蕃山は、「仁は万物一体の生理である」と言いきったが、後藤のいわゆる「生理的動機」や「生理的円満」は、近代生理学の枠に収まりきれない天地の神気・霊気に感応する「仁」的な

★伊藤博文（1841-1909）
山口出身。長州藩士、官僚、政治家。吉田松陰に学び、討幕運動に邁進。維新後は憲法発布を手がけ、初代内閣総理大臣となる。

ものであった。だからこそ、「競争社会」の弊害を未然に予防し、「仁心を厚くする」のが衛生行政だとの結論に達したのである。

後藤は、人類を地球に寄生する存在とし、進化の頂点とする人間中心主義＝ヒューマニズムを乗り越えようとしていたのである。

後藤にとっての社会政策は、制度設計や財政政策に尽きるものではなく、天地の万物との一体化を目指す「仁政」だったのだ。晩年の政治の倫理化運動の際に発行された『普選に備えよ』という小冊子で、「下学するや近代科学の真を究めて物に格《あた》り、上達するや宇宙の大霊《たいれい》（天地の神気）と冥合《みょうごう》する（知らぬまに合致する）」精神が自治の精神だとした後藤は、明らかに蕃山の精神を受け継いでいた。

衛生局長に復帰してからの、後藤の衛生行政・社会政策構想の立案にはめざましいものがある。検疫事業の最中の七月十日、児玉部長の紹介で伊藤博文《いとうひろふみ》★首相に面会し社会立法論を述べた。伊藤首相への「建設的社会制度」に関する建白（明治二十八（一八九五）年八月十五日）では、東京・大阪に大施療院を建設すること、全国の労働者に対する疾病保険制度の導入等が提案されている。

伊藤首相への「明治恤救《じゅっきゅう》基金」に関する建白（同年十二月七日）では、日清戦争の償金の約一〇分の一、三千万円を貴族院と衆議院の決議を経て、帝室に納めて基金を創設し、国立施療院、労工疾病保険法、国立孤児棄児救育院、地

★**桂太郎**（1848-1913）山口出身。長州藩士、陸軍軍人、政治家。陸軍、内務、文部、大蔵、外務大臣等閣僚を歴任。首相在任日数二八八六日はこれまでで最長。

方救貧制度、軍属救護会、貧民幼稚園、貧民教育法など、「社会的行政制度ノ施行ヲ以テ、一大凱旋門ノ建設ニ代エン」とするものであった。日清戦争の勝利を祝う「凱旋門」を建てる金があれば、貧民を育てる仁政に振り向けるべきだ、というのである。

後藤はこれらの提案を伊藤首相のみならず、閣僚、議会の有力者等に説いてまわった。これらの提案は老獪な議会運営によって斥けられ、後藤の衛生局時代には実現しなかったが、後年、明治四十三（一九一〇）年、第二次桂《かつら》太郎《たろう》★内閣（後藤は逓信大臣）時に、恩賜財団済生会として実現した。

第2章

後藤新平と五人の実業家たちとの出会い

東京商法会議所

★岩崎弥太郎（1835-85）
高知出身。実業家。三菱財閥の創業者にして初代総帥。明治の動乱期に政商として巨利を得、独占的商法で三井と熾烈な争いを演じた。

1　明治の国家建設と合本《がっぽん》主義

明治維新後、新しい日本の国づくりのために、これまで近代産業の基盤のなかったところに、澎湃《ほうはい》と新しい事業を起すことが実業家たちにとって急務であった。日本の未成熟な技術を開発し、金融機関をどのような形で確立するか——日本の殖産興業の近代黎明期における、経世済民の使命感に燃えた実業家のあいだに生み出されたのが合本思想である。

この合本《がっぽん》思想を主導した渋沢栄一が、明治四（一八七一）年、大蔵省にいながら記述刊行した『立会略則』によって、その思想の何たるかを追ってみよう。そもそも「合本」とは、多くの人の出資を、それが小口であるか否かを問わず集めて、大きな資本に結集して事業を起こし、その事業によって得られた利益を、出資の額に応じて一定の割合で還元する仕組のことである。もちろん、そのリスクも皆で相応に背負うことになる。

しかし、維新直後の日本には、そのような仕組を理解できる人はほとんどいなかった。当時の人々にとって事業を経営するのは家業であった。三井組しかり、小野組しかり、岩崎弥太郎《いわさきやたろう》★の三菱しかりである。

渋沢はまず、「商」の本義とは何かから提起した。『立会略則』に、「商とは物を商量し事を商議するの義にして、人々相交わり相往来するより生ずるものなり、故に物と事とについて各思慮勘考するの私権（私権とは人々その身に附きたる通義にして、他人の犯し妨げ得ざるものをさして云う事にて敢て法度に拘わるものにあらず）によりてこれを論究し、其善悪可否を考え相融通して倶に利益を求むることそ商の本義というべし。されば貿易売買するを指して商業と為し、其職とする者を指して商人と云うはまことに天賦の美名にして、唯一人一個生計を営むが為めの名にあらず。能く此主意を心得大に商売の道を弘むれば、小にして一村一郡、大にして世界万国の有無を通し生産もまた繁昌し、遂に国家の富盛を助くるに至らん、是商の主本要義にして凡そ商業を為すもの心を此に留めざるべからず」とある（以下、断りのない限り引用は『立会略則』による）。

ここに、渋沢は「私権」という語を、「法度」にかかわりのないものとして使っている。これは「私」という「個」の自覚が、自己に内向するのではなく、「個」の自覚と同時に他者の発見であるという近代的自覚でなければならないことを強調した語である。「私権」は他者に向けられて初めて成立するものだからだ。そうであればこそ、「私」と他者とが「相融通して倶に利益を求むる」という「商」が、ひいては「商業」が成り立つ所以である。単なる「個」の自覚だけなら、それは「唯一人一個生計を営む」に止まり、それは「私」の限りない利益追求につながるほかはない。「私」の「私権」と他者の「私権」の関係は、最も基底的な「公」であり、「私」と他者とは「私権」において対等なのである。渋沢はまた、「公益即ち私利、私利能く公益を生ず」とも言っている。かつて後藤新平はこの他者に相当する「隣人」という後藤らしい用語を用いて、日本人には「隣人」(他者)の観念がないと言って嘆いていた(『自治生活の新精神』第三版総序所収)。

ところで、ある事業を起こすとき、それが日本の産業にはない事業の場合、特に大きな資本を要する。ここに「合本法を講じ」、「合本会社」を設立しなければならないのだが、そもそも「合本法」を理解できる商人は少なかった。だから「もしやるならば、本当にその人を得てやる様にしなければならぬ」(『青淵回顧録』)。渋沢はやがて「本当にその人を得て」益田・大倉・安田・浅野を見出す。その上で「会社を立つるには、先ず社中の差配人以下の人数を撰び定めなければならず、「差配人取扱人の撰挙は、その会の大小に応じ、相当の身元ありて、多数の金を出し、多くの株数を所有するものに限る」として、資本と経営を分離し、言うならば、起業するに当たって団結して立会い、指針を示し、監督する限られた人々が、さまざまな人材を選び登用糾合して経営陣を構成しなければならない。

渋沢や彼の合本思想に共鳴する人々は、すでに経済界の一角を占め信用も確立しつつあり、わけても日本に新しい産業を興し新しい金融システムを作り定着させたいという強烈な意欲の持主ばかりであった。

　ところで合本主義というと何でもかんでも株式会社と思われがちで、渋沢は株式会社の父といわれるわけだが、実際の渋沢は多様な投資の形態をとっていた。たとえばある地域にとって銀行が必要、鉄道が必要となると、渋沢はまず出資したうえでその地域の人たちが恩恵を受ける事業であるから、みんなで支えるべきだとして多くの出資者を集める、つまり株式会社でいく。鉱山会社を起こすのには、山を掘って当ればよいが、リスクも多いので株式会社でやってはいけない、合資会社でいくべしという。金はなくても新しいビジネスを起ち上げたいという小さなベンチャーのような場合は、合名会社、匿名組合でいこうというのであった。

　合本法は、彼らが大きな志と結び付きによって起業をリードし続けることによって、次第に制度化され、株式会社、合資会社、合名会社、匿名組合などが、商法の中にその性格を規定されるようになっていく。それは、家業など伝統的なものも加味した起業におけるさまざまな様態を制度化するものであった。

　ここに、「商業をなすには合同一和を貴」び、「倶に利益を謀り生計を営」み、「よく物資の流通を助ける。故に社を結ぶ人全国の公益に心を用いんことを要とする」。「故に漸々《ぜんぜん》に会社を盛んにし人々遠大の志を抱き、航海周遊広く海外各国の商業を見覚え、もって日本全国の公益を謀ることこそ商の主本要義にかなうべし」、とあるように、渋沢にとって「公益」がキーとなる重要な概念であった。

2 渋沢栄一

渋沢栄一は天保十一（一八四〇）年二月、武蔵国榛沢《はんざわ》郡血洗島《ちあらいじま》村（現・埼玉県深谷市血洗島）の農家に生まれた。藍玉《あいぎょく》の掛売で商売を覚えるが、十六、七歳ころ代官の御用達命令をめぐって徳川の政治に反発心を抱く。二十四歳のとき倒幕決起を志すが断念した。のち一橋家用人平岡円四郎《ひらおかえんしろう》★の斡旋で一橋家に仕官、慶応三（一八六七）年、慶喜《よしのぶ》★の弟昭武《あきたけ》★がパリ万博に派遣された折に随行。その滞仏中に大政奉還があり、十二月に帰国した。その間、合本主義を学んだ。明治元（一八六八）年慶喜に従って静岡に行き、商法会所を設立して合本主義を実験した。

明治二（一八六九）年、大蔵省に入る。大蔵大輔井上馨の下で働き、江戸時代からの遺制を明治の新体制に移行する転換期の度量衡改正・税制改革・貨幣制度改革など制度設計に中心的な役割を果たし、この間、『立会略則』を著し、「商」とは私権に基き善悪を考え相融通してともに利益を求めるのが本義と主張し、誰でも出資できる仕組と信用を創造する合本主義を論じた。

★平岡円四郎（1822-64）
東京出身。武士。公武合体を目指す一橋慶喜に尽くすために一橋家用人となり活躍。攘夷派水戸藩士に暗殺される。

★徳川慶喜（1837-1913）
東京出身。江戸幕府第一五代、最後の将軍。水戸藩主徳川斉昭の七男。鳥羽伏見の戦いに敗れ江戸へ遁走。江戸開城後、家督を家達に譲る。

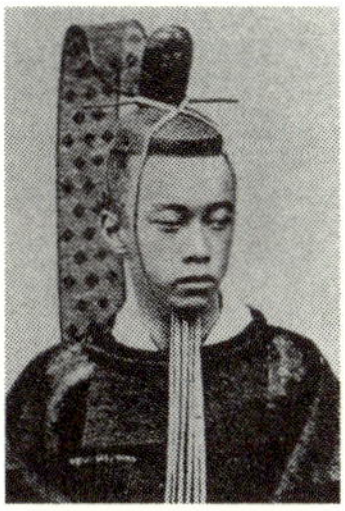

★**徳川昭武**（1853-1910）
茨城出身。水戸藩主徳川斉昭の十八男。最後の将軍慶喜の異母弟。パリ万博に派遣され、その随員に渋沢栄一がいた。

明治六（一八七三）年五月、井上とともに官を辞し、八月一日、合本法の模範として三井組・小野組と共同で第一国立銀行を創立、総監となる。商工業を株式会社の仕組に移し、産業振興のためにと、各種会社の設立に励む。明治六年に設立した抄紙会社は工場を王子の地に移し、のちの王子製紙の母体となった。

一方、海運業は西南戦争以後政商調達との関係で岩崎弥太郎の三菱汽船に独占されていたため、渋沢は明治十三（一八八〇）年益田、大倉らと共同で東京風帆船会社を興し、次いで幾つかの風帆船会社を合同して明治十五（一八八二）年、共同運輸会社を興し、三菱汽船との激しい値下げ競争を行うが、明治十八（一八八五）年、政府の介入で両社は合併して日本郵船となった。その間、日本鉄道を興している。その後、大阪紡績、東京人造肥料、日本煉瓦、東京電灯、帝国ホテルなど、親しい知人の益田、大倉、安田、浅野らと幾つもの会社を創立して、実業界の大御所と言われるようになる。

『東京経済大学沿革史料』第五冊によれば、「岩崎弥太郎氏の個人主義と渋沢男の国家主義」と題した、明治四十五（一九一二）年に大倉喜八郎が談じた記録に次のような面白い一文がある。

共同運輸会社が、三菱会社と激烈なる競争をして居った時代の事を覚えて居るが、当時岩崎弥太郎さんも、渋沢男は非凡の人であることを云って居った。又渋沢男も岩崎さんは偉いと云ふ事を知って居った。而して此両雄が柳橋の柏屋と云ふお茶屋に相会した。岩崎さんが渋沢男を招んだのである。そこで岩崎さんが云ふのに「日本の人は金儲をする事を知らぬ、アナタは偉い人であるから一ッ外国人と競争して、独占的の商売をやって見ようと云ふ勇気はありませんか、アナタならば確かにやれる。大いに金を儲けられる」と男爵に対し色々の会社に関係したり、株式会社を起したりなどするよりは、私が海運業に於て成功したる如く、一人で大事業を遣ったら好からうと云ふ意を忠告的に仄めかした。所が男爵は之に反対して、「アナタの云ふ事は尤もであるけれ共それではいかぬ、株式会社を起すならば仮令一株持って居る者でも均しく利益を受ける事が出来る。即ち多数に対して利益を分配する事が出来る。会社を起して衆と苦楽を共にすると云ふ精神であるから、アナタの意見に従はれません」と云って、到頭、肯《うなず》かなかった。そこで例の聞かぬ気の岩崎さんであるから、自分が客を呼んで居りながら、渋沢男を置き放しにして帰ってしまった。

この大倉の談には、岩崎と渋沢の違いが明確に示されている。

渋沢の事績については以下随時触れるが、近代日本の建設者のひとりとして、その姿は巨大である。

3 益田孝

益田孝は、嘉永元（一八四八）年十月十七日（戸籍上は弘化四年十一月七日）、佐渡島北西部の港町相川に生まれた。父鷹之助は佐渡の地役人で目付役であった。母はラクという。父の函館転任で、函館の通司名村五八郎から英語を学ぶ。その後、父は江戸詰となり外国奉行定役となり、益田は米国公使ハリス★（Townsend Harris）の通訳立石斧次郎に英語を学ぶ。文久三（一八六三）年、父に随行して欧州に旅行、帰国後、幕府の陸軍編成で騎兵となる。維新のときは騎兵隊を率いたが、徳川氏の静岡移封のとき商売を決意、横浜でウォルシュ・ホール商館に出入し商売を覚える。

明治四（一八七一）年五代友厚《ごだいともあつ》★と岡田平蔵は、造幣寮に売る地金の分析所を大阪に設けた。益田は岡田に勧められてそこに勤めた。翌年の春、大蔵大輔井《いの》上《うえ》馨《かおる》★に出会った益田は、勧められて大阪の造幣寮に出仕、上官に渋沢がいた。明治六（一八七三）年、井上と渋沢が下野すると、益田も官を辞職。その冬、井上が横浜の商館を通じ陸軍軍需品等の外国貿易を行う「先収会社」を興し、益田はその副社長となった。

★ハリス（1804-78）
初代駐日本アメリカ合衆国弁理公使。一八五八年、日米修好通商条約を締結、ハリスは初代公使となった。一八六二年に病気で辞任し、帰国。

★五代友厚（1836-85）
鹿児島出身。薩摩藩士、実業家。大阪経済界の重鎮の一人。大阪経済を立て直すために、商工業の組織化、信用秩序の再構築を図った。

★井上馨（1835-1915）
山口出身。政治家。尊王攘夷運動後、維新政府で大蔵大輔。第三次伊藤内閣で蔵相を務めていた時、後藤新平の台湾政策を認める。

★三野村利左衛門（1821-77）
山形出身。小栗忠順の父の中間から、やがて三井家番頭となり、幕末の三井家を破綻の危機から救う。第一国立銀行や三井物産の創立に尽力。

明治八（一八七五）年の暮、井上が再び官に就いたため、先収会社は解散となった。その後三井の三野村利左衛門《みのむらりざえもん》★が井上にたのみ、先収会社を母体に三井内に商社を設立したいという旨を伝え、益田は明治九（一八七六）年七月、三井物産会社の社長となった。

前年の五月に商法講習所（現・一橋大学）ができ、その卒業生が三井物産に入ってきて、やがてこれらの人材が海外に支店や出張所を開いていくことになる。明治十（一八七七）年、三井物産はフランスの博覧会への出品の取扱いを大蔵省から命じられ、それが機になって益田は美術品に開眼した。

明治十三（一八八〇）年から十五（一八八二）年にかけて渋沢が興した東京風帆船会社や共同運輸会社にも益田が加わり、三菱汽船との闘いがあったことは先に述べた通りである。明治十五年に渋沢、大倉らと共に大阪紡績を設立して以後も彼らと多くの会社を興した。東京瓦斯、東京人造肥料、日本煉瓦、東京電灯等々である。明治二十一（一八八八）年、三池炭鉱が三井に払い下げられると、益田は地域振興のため、関連会社として、三池紡績を三井に設立させた。

明治三十一（一八九八）年、益田は台湾から広東にかけて視察し、台湾や中国との貿易を計画、社員に台湾語や中国語を学ばせるため留学のシステムをつくった。

益田は当代の知恵者と云われていたが、人材の養成についても右に出る人は

★**藤原銀次郎**（1869-1960）
長野出身。実業家。慶應義塾卒業後、三井銀行を経て三井物産台北支店長。後藤新平主宰の読書会に参加。王子製紙の発展に寄与。

★**アーウィン**（1844-1925）
米国の実業家。ハワイ王国への官約移民の具体的交渉を担当。多くの日本人労働者のハワイ渡航に関わる。日本の国際結婚適用第一号。

なかった。このことについて、益田の薫陶を受けた藤原銀次郎《ふじわらぎんじろう》★（王子製紙社長）は次のように語っている。

とかく智慧者というものは、人がバカに見えたり、頼りにならなかったりして、人まかせにできないものだが、益田さんは、いゝ人間をつくらなくてはいけないということから、これはと思う人を周囲に集められた。……それで最初のうちでも、上田安三郎、飯田義一、小室三吉とか、いまの人は知らないような当時の人材を集められた。小室さんのごときは、日本語より英語の方がうまいくらいであった。三井物産の仕事には、英語が必要で、自分の片腕に小室さんをひっぱって来られた。上田安三郎さんも英語が達者で、商売も上手だった。しかし商売が手広くなると、これだけでは足りなく、アーウィン★（Robert Walker Irwin）というアメリカ人を物産の顧問にした。……とにかく、これらの人々を十分に使いこなしたために、物産の仕事はだんだんと大きくなった。

そしてその次に現われて来たのが、山本条太郎《やまもとじょうたろう》★、岩原謙三《いわはらけんぞう》★、藤瀬政治郎、小田柿捨治郎などという人達であった。その頃、われわれは、山本さんを第二の益田さんだと呼んでいた。僕らは一人一業なんぞといっておったが、益田さんや山本さんは、一人一業とは何事か、一人でなんでも、かんでも

★山本条太郎（1867-1936）
福井出身、実業家、政治家、茶人。共立学校（大学予備門）中退、三井物産入社、取締役、衆議院議員、政友会幹事長、満鉄社長。

★岩原謙三（謙庵）（1863-1936）
実業家、茶人。石川出身。東京商船学校卒。三井物産常務取締役、芝浦製作所社長、ジーメンス事件で実刑。東京放送局理事長。

やるようでなければダメだ、何でもやって何でも儲けてゆくという流儀であった。山本さんは、その最も激しい方で、石炭山がいゝとなれば、その道の専門家をつれて来て、どんどん儲けてゆく。紡績がよければ、紡績の株を買って会社を経営する。金山がよければ、直ちに金山をやる。他人のやれることで、できないことはない。これが山本式であった。益田さんも、そういう主義であったが、山本さんほど極端でなかった。だから、益田さんの山本さんに対する信頼は絶大であった。若い連中もこの流儀にならって、儲かるものは何でもやるという方針で、積極的に働いたから、物産は大いに発展し、大いに儲けた。太閤さんが、大勢の豪傑を抱え込んで、天下をとられたように、益田さんも沢山の人材を養成して、三井物産発展の基礎を築かれたわけだ。

（藤原銀次郎述『思い出の人々』）

益田は三井物産設立に当たって、組合約定（定款）に、「広ク、皇国物産ノ有余ヲ海外へ輸出シ、内地需要ノ物資ヲ輸入シ、普ク宇内万邦ト交通セン事ヲ欲シ……」と謳い、「宇内万邦ト交通」という方向性をはっきり打ち出していた。この時点では貿易そのものが課題であり、益田が渋沢や大倉、浅野、安田らと共に興したさまざまな会社群との関係はまだバラバラであった。

しかし、日本国内に無数に立ち上がった会社群の中から、その生産の「有余」

を海外に輸出するのみならず、輸出に特化する会社もあらわれ、それが貿易に先進的な三井物産のような海外情勢に長けた商社と結びついていくのは必然である。

4 大倉喜八郎

日清戦争後の軍事衛生の問題は、先に述べた帰還兵の大規模な検疫事業にとどまらない。糧食武器弾薬の運搬輸送その他に使役した軍夫の数は、各師団一万人以上と称せられたという。この軍の後方勤務たる軍夫隊が、流行病の媒介者となり、従軍医官や赤十字隊の手が回りかねる事態が時々生じたのだった。

講和の議が成立したる場合、かくも多数の軍夫が一時に解傭《かいよう》されたときは、どうなるか。(略) こうして最初「軍夫救護会」の設立について運動をはじめたのは、大倉喜八郎をはじめ、軍夫請負業者の人たちであった。(略) 彼らはまず大日本私立衛生会を動かしてその援助を得、ついにその会長たるべき人を求めて、これを後藤新平に得たのであった。

(『正伝』第二巻、三八七―三八八頁)

★近衛篤麿（1863-1904）
京都出身。政治家、公爵。学習院院長、貴族院議長、枢密顧問官等を歴任。東亜同文会、対露同志会などを結成し、アジア主義者として活動。

ここに、後藤は大倉喜八郎なる人物に出会うことになった。しかし後藤は会長にはならず、理事に留まってこの病院の開設に尽力した。かくして解傭軍夫病院は近衛篤麿《このえあつまろ》★を会長として明治二十八（一八九五）年二月二十四日、開院式を迎えることができた。

後藤新平を陰から支えたのは石黒忠悳であったことは先に見たのであるが、後藤と大倉とのその後の関係を理解するには石黒と大倉との関係を知らねばならない。

この石黒と大倉とはまた知己の関係にある。石黒の『懐旧九十年』「41 大倉男と商業学校其他の公益事業」の章に石黒から見た大倉喜八郎との交友の経過が出ている。それによると石黒が大倉の名を知ったのは、慶応三（一八六七）年ごろ、大倉が下谷の藤堂邸の前で舶来品の店を開いていたころのことだという。

明治の初年（一八六八）に大倉氏は陸軍省の御用達になりましたが、間もなく商用で洋行するとて挨拶に来られ、私は同県人でもあり、町人で洋行するのは少ない事だから確《しっ》かりやって来てもらいたいと励ましたことでした。（略）明治九（一八七六）年に私達が米国に差遣された事は前に申し

★**前島密**（1835-1919）
新潟出身。政治家。維新後渡英し、郵便制度を調査。日本の郵便事業を創始、推進した。一円切手の肖像で知られる。漢字廃止論を展開。

ましたが、其の時は皆大倉氏の銀座の店の洋服部で洋行支度を調えたのです。大倉の洋服部は当時東京で一番のハイカラ店でした。

（石黒忠悳『懐旧九十年』）

石黒は福島生まれではあるが、新潟にもどり石黒家を継いだので実質は新潟県人であった。それもあって、明治十二（一八七九）年、石黒、大倉、前島《まえじま》密《ひそか》★らが発起して「北越親睦会」（のちの新潟県人会）を浅草・東本願寺で開いた。大倉は多額の会費を投じて会を支え、毎月あるいは隔月にその会を開き、石黒と一緒に食事や「快談」する仲となったのである。

明治二十八（一八九五）年四月から八月にかけて、疾風怒涛の凱旋兵検疫事業を終えた後藤新平は、九月七日、内務省衛生局長に返り咲いた。そういう後藤に注目していた大倉が、新潟県人会で石黒に会えば、後藤という人物についての話題が出たはずである。そこでは、後藤が検疫事業の最中に、伊藤博文首相と社会政策論を戦わしたことも話題に出たであろう。そうしてますます後藤に興味をもった大倉は、知人の安田善次郎にもそのことを話したであろう。安田はその話の中で後藤の社会政策論に興味をもったに違いない。後年、後藤が東京市長になったとき、安田が後藤について語った言葉が残っている。

★**丹羽伯弘**（1795-1846）
新潟出身。新発田藩の足軽の出身。江戸へ留学後新発田に戻り、藩役人を務めながら家塾「積善堂」を開き、喜八郎はここに陽明学を学んだ。

★**王陽明**（1472-1529）
中国明代の儒学者、思想家、高級官僚、武将。思想家として、知行合一を旨とする陽明学を起こした。一方で武将としても知られている。

男爵〔後藤〕がまだ内務省に御奉職の時分と思う、救貧と防貧の機関に付ての御意見を伺ったことがあります。私は当時から其の御趣旨に同感でありました。

（『正伝』第七巻、四七五頁）

安田や大倉たちがさまざまな起業によって産業振興に勤しむ一方で、後藤は、必ず下層階級問題が随伴することを洞察し、単なる慈善ではなく救貧・防貧のための社会施設の方策を打ち立てねばならないと考えていたのである。それは、解傭軍夫救護会の現実的な事業を通じてより一般化され、検疫事業にあっても寸時も忘れなかったことであった。

後藤が出会った大倉喜八郎とはどういう人物か。当然、後藤が検疫事業に辣腕を揮う様子にも注目していたであろうが、大倉はこの当時、明治期実業界の巨頭としての一角を占めつつあった。大倉は天保八（一八三七）年越後国北蒲原郡新発田《しばた》（現・新潟県新発田市）の名主・質屋の家に生まれた。父は大倉千之助、母は千勢子。八歳で石川治右衛門という先生から「四書五経」の素読を学び、十一歳のころ儒家丹羽伯弘《にわはっこう》★の門下となり、陽明学を学び、王陽明《おうようめい》★の『伝習録』を手離さなかったという。一方で江戸の狂歌師・大極園柱《だいこくえんはしら》の門に入り、文通によって狂歌を学び和歌廼門鶴彦《わかのとつるひこ》と号した。

★スネル（1844-?）
商人。スネル兄弟の弟。プロイセン出身。大政奉還後、新潟港に赴任しエドワード・スネル商会を設立。河井継之助にガトリング砲を販売。

★有栖川宮熾仁（1835-95）
京都出身。皇族、政治家。戊辰戦争に東征大総督として従軍。維新後は兵部卿、福岡藩知事を経て元老院議官、議長。西南戦争で征討総督。

十八歳で江戸に出て鰹節店の丁稚となる。このころ、銭両替店奉公人の安田善次郎と知り合い、本町二丁目の角茶であんかけ豆腐に茶飯を食いながら二人で将来の夢を語り合ったという。

時代は風雲急を告げ、大倉は武器に目をつけ、銃砲店を営み、プロイセン人の商人エドワード・スネル★（Edward Schnell）らと取引、舶来物も売るようになった。慶応四（一八六八）年、征討総督有栖《ありす》川宮《がわのみや》熾仁《たるひと》親王★から御用達を命ぜられた。明治二（一八六九）年東北で唯一の勤王党であった津軽藩に、横浜の「亜米一」でやとったドイツ帆船で二五〇〇挺の小銃と弾薬を輸送するという一大難事に成功。こうして次第に頭角をあらわしてきた。

明治五（一八七二）年、欧米を視察、ロンドンで岩倉使節団と出会い、大久《おおく》保《ぼ》利通《としみち》★、木戸孝允《きどたかよし》★、伊藤博文らと親しくなった。この洋行で、横浜居留地での外国商人との間接取引ではなく、外国との直接取引の必要性を痛感した。翌年、大倉組商会を設立、明治七（一八七四）年にはロンドンに支店を置いた。この年、台湾出兵が行われた際に糧食・被服・武器・弾薬等の軍需品の輸送を引き受け、米国船を買い入れ人夫五〇〇人を自ら引率して渡台したが、人夫一二〇余人がマラリアで死に、罹病しなかったのは大倉ら五名だけであった。官からは手当が出なかったから、遺族に対する手当や弔祭は大倉が行った。

西南の役の直前、朝鮮は大飢饉となり、朝鮮政府は日本に米穀輸送を懇願し

★大久保利通（1830-78）
鹿児島出身。薩摩藩士、政治家。王政復古以来明治政府を主導。明治六年政変後、初代内務卿として、実質的独裁（有司専制）体制を築く。

★木戸孝允（1833-77）
山口出身。長州藩士、政治家。幕末、討幕運動を主導。新政府では版籍奉還、廃藩置県を推進。岩倉使節団後も重職を担うが西南戦争中病没。

てきたが誰も引受け手がいなかった。大久保内務卿の命で、大倉が引受け任務を遂行した。しかし西南戦争が始まってその用達のために帰国を急いだが、国内事変のため便船がなく、イカ釣り舟で大暴風雨の中を九死に一生を得て帰国、西南戦争での雑貨や人夫の輸送に従事することができた。

明治十一（一八七八）年三月、大倉は東京商法会議所の設立に加わり、しだいに渋沢や益田などの実業家たちとの交わりを深めはじめた。明治十三（一八八〇）年、海運独占の三菱汽船に対して、渋沢、益田たちとともに東京風帆船会社、ついで共同運輸会社を興して闘いを挑み、運賃値下げ競争となる。この年、大倉は向島に別邸蔵春閣を竣工させた。これらの「社交空間」については、後にまとめて述べたい（5章第1節）。

こうして大倉は他の大実業家たちと共同での起業に加わっていく。渋沢、益田とともに大阪紡績を、渋沢、益田、安田、浅野とともに東京瓦斯を、渋沢、藤田《ふじた》伝三郎《でんざぶろう》★とともに日本土木を、渋沢、益田、安田、浅野とともに帝国ホテルをというように、次々と共同起業に加わるのであった。もちろん個人的にもさまざまな会社を興している。

このような経歴から見ても、大倉はまことに冒険心に富んだ豪放な実業家であったことがわかる。

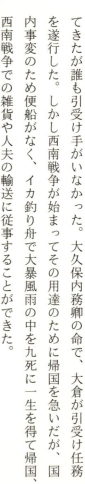

★**藤田伝三郎**（1841-1912）
山口出身。奇兵隊に参加。維新後は「藤田組」を立ち上げ、大倉喜八郎と親交を深め、マンモスゼネコン「日本土木会社」を共同で創設。

5　安田善次郎

東京市政調査会設立資金の寄付や、八億円計画への全面融資を約束した安田善次郎とはどのような人物であったろうか。ここで安田のプロフィールを見てみよう。

安田善次郎は、天保九（一八三八）年、越中国婦負《ねい》郡富山船橋向（富山藩前田家）の鍋屋小路の農民である父善悦《ぜんえつ》、母千代の三男として生まれた。岩次郎と名づけられ、八歳から七高理太郎《しちだかりたろう》の寺子屋に通い、商売に必要な計算を学ぶ。十二歳頃から野菜・仏事用生花の行商で得た金で魚を買い、富山で売って倍の利益を得る。その金は父に渡し、一割を小遣いとしてもらって貯め込んだ。十三歳のとき、前田家に出入の大阪両替商の手代が、上級武士に優遇されるのを見て、千両分限者になろうと志す。

安政四（一八五七）年、江戸に出て鰹節店に、翌年、日本橋の玩具問屋に奉公した。万延元（一八六〇）年、銭両替商に奉公、その頃、一歳年上の大倉喜八郎と知り合ったという。元治元（一八六四）年銭両替商「安田屋」を開業して独立する。慶応二（一八六六）年「安田商店」と改称して両替専業となる。同三年、古金銀の取り替え手数料で、三、四千両を稼ぐ。この新旧金貨の引替

★**大隈重信**（1838-1922）
佐賀出身。政治家。一八八一年までは大隈財政を展開して台頭。一八九八年、板垣退助と共に日本初の政党内閣を組閣。

★**宝生九郎**（1837-1917）
東京出身。能楽シテ方宝生流十六世宗家。維新後衰退した能楽の復興を担い、初世梅若実・桜間伴馬とともに「明治の三名人」と称された。

え業務によって政府御用を引受ける。慶応四（一八六八、明治元）年、明治政府の不換紙幣（太政官札、金札）を等価交換される日がくると予測して引受ける。翌年、太政官札と正貨が等価となり、安田商店は莫大な利益を得る。

明治五（一八七二）年二月、本両替商となり、東京市の各地の地所を買いはじめる。明治九（一八七六）年十二月一日には第三国立銀行を開業、頭取となった。第三国立銀行は安田商店からの訓練を受けたものを採用したので、サービスが行届き大変な評判を取った。翌年の西南戦争のとき、大阪の臨時陸軍病院に、包帯用木綿を二百反寄付した。

明治十二（一八七九）年までに全国で一五三行の国立銀行が開設された。銀行間の調整が必要と考えた渋沢栄一は親睦団体として「択善会」を明治十（一八七七）年七月に立ち上げる。安田はこれに二回目から参加する。その後安田は、安田商店を安田銀行と改称して、共済五百名社（互助組織）を設立した。

同年十二月、東京日本橋で大火があったとき、一八〇〇円の見舞金と酒一〇樽を被災者に贈り、区長に二〇〇円を寄付した。このとき三井は五〇〇〇円、大倉は一〇〇〇円を寄付した。また大隈重信《おおくましげのぶ》★が早稲田の学校を拵えたとき、寄附が集まらず困っていた。そこに安田が寄附したためか、寄附が集まるようになった。安田はその後も早稲田を後援し続ける。

また、安田の趣味は実に多彩で、宝生九郎《ほうしょうくろう》★に謡曲を習い、茶道、生花、俳句、

★幸田露伴（1867-1947）
東京出身。小説家、考証家。明治中期、文語体作品で人気を博し、尾崎紅葉と紅露時代と呼ばれる時代を築く。作品に「風流物」「運命」等。

和歌、漢詩、囲碁、絵画、さらには旅行、水泳、乗馬、剣道などに手を出し、幸田露伴《こうだろはん》★主宰の「欣賞会」という愛書家の会のメンバーでもあった。また、「偕楽会」という名士の懇親会を定期的に行った。その正会員には、渋沢、大倉、益田、浅野らが加わっていた。さらに、「和敬会」という茶の湯の会も催し、横のつながりを深めていった。

国立銀行が各地で設立されるに当たって、安田は献身的に指導している。さらには横浜正金銀行の創立委員も務めている。しかし、国立銀行に経営破綻するものが出てきたため、中央銀行の存在が不可欠となり、明治十五（一八八二）年十月十日、日本銀行が開業した。安田は三井の三野村利助とともにその理事となったうえ、割引・株式・計算も安田が兼ね、営業担当役員でもあった。

また、渋沢の興した日本鉄道会社のみならず、共同運輸にも長期融資の支援を行って、共同運輸と三菱汽船とのシェア争いに加わった。この明治十五（一八八二）年、安田は大倉とともに、小伝馬町の牢屋敷跡地に、二人の頭文字を冠した大安楽寺を建立して供養した。

明治十六（一八八三）年、政府は国庫金の取扱いを日本銀行に移す方針であったため、安田は具体的な収納に関しては各地の民間銀行に委託すべきだと具申して、大蔵省の布告文草案を自ら書いた。

また、政府は国立銀行の兌換券の廃止を決めており、さらに不換紙幣の回収

★雨宮敬次郎（1846-1911）山梨出身。実業家、投資家。製粉事業で成功した後、甲武鉄道、川越鉄道、江ノ島電鉄の重役を務める。

★高橋是清（1854-1936）仙台出身。官僚、政治家。立憲政友会第四代総裁。内閣総理大臣。財政家として、大蔵大臣としての評価が高い。二・二六事件で暗殺される。

と金本位制に向けて動き出していたから、銀行の資金繰りが急速に悪化してきた。そこで安田は、銀行の再建に乗り出さざるを得なくなった。こうして、安田は、第四十四国立銀行等の国立銀行の救済に奔走した。横浜正金銀行も破綻しそうであったため、回避させなければならなかった。こうした安田の尽力は、安田の「何千何万の預金者と、多人数のその家族を救う」という精神から出たものであった。

安田は、明治十四（一八八一）年、安場保和や渋沢栄一とともに日本鉄道会社を設立、その後雨宮敬次郎《あまみやけいじろう》★を支援して甲武鉄道（後の中央線）や青梅鉄道などの設立発起人となり、その他、水戸鉄道、両毛鉄道の設立などに加わる。明治二十（一八八七）年には、安田家の資産管理団体として安田保善社を設立する。また、この年、釧路の硫黄鉱山、安田炭鉱、東京水道などの会社設立に加わった。明治二十（一八八七）年、渋沢、益田、大倉、浅野らとともに、帝国ホテルの創立委員にもなった。こうして安田は、さまざまな実業家たちといくつもの会社を共同創立していったのであり、単なる金融家ではなかった。明治二十三（一八九〇）年の八月十九日、日銀が永代橋のたもとから日本橋本両替町に移転することになり、建築事務の総監督となった。事務の手伝いに高橋是清《たかはしこれきよ》★がつき、安田を師とした。設計は辰野金吾《たつのきんご》★であった。

明治二十四年七月、本所区横網町二丁目七番地の旧岡山藩主池田章政侯爵邸

★辰野金吾（1854-1919）
佐賀出身。建築家。工学博士、帝国大学工科大学学長、建築学会会長。主な作品は第一銀行二代目本店、日本銀行本店旧館、東京駅。

★中上川彦次郎（1854-1901）
大分出身。官僚、実業家。福沢諭吉の甥。山陽鉄道から三井財閥へ入り、三井の共同事業を主導。三井家の家政改革から渋沢と軋轢を生ずる。

を購入する（のちの旧安田庭園）。

明治二十七（一八九四）年七月二十五日、日清戦争が勃発した。安田は渋沢や中上川《なかみがわ》彦《ひこ》次郎《じろう》★とともに、蔵相渡辺国武《わたなべくにたけ》★から戦時国債発行についての相談を受ける。安田は、八千万円の起債のうち二千三百万円を引き受ける。

明治三十（一八九七）年には、台湾銀行創立委員となり、翌年には北海道拓殖銀行創立委員、明治三十三年には、渋沢が興した京釜鉄道の創立委員、日本興業銀行創立委員となっている。この年、息のかかった会社幹部が月一回集まる「八社会」を始め、これがやがて安田財閥の核となっていく。明治三十六年には、雨宮敬次郎による東京市街鉄道設立を支援した。

しかも、明治三十三年から三十七年に起こった金融界の危機のとき、安田は、千葉の第九十八銀行、熊本の第九銀行、岡山の第二十二銀行、京都銀行、福岡の第十七銀行、肥後銀行などの再建に尽力している。

明治三十七（一九〇四）年二月十日、日露戦争が勃発すると戦時公債を引受け、さらに国内で起こった関西の大銀行百三十銀行の破綻を救済するよう頭取松本《まつもと》重太郎《じゅうたろう》★に頼まれ、非常に苦労して再建している。翌年、ポーツマス講和条約が締結されたのち、負債返済に際しても安田銀行は相当の額を引受けている。

しかし、明治四十四（一九一一）年に起こった恩賜財団済生会設立のとき、安田は三十万円を十年分割で寄付するとしたために、世間から「ケチ」と評さ

★渡辺国武（1846-1919）
長野出身。官僚、政治家。大久保利通に登用され民部省勤務となり、以後大蔵官僚の道を歩む。大蔵大臣、逓信大臣を歴任。兄は伯爵渡辺千秋。

★松本重太郎（1844-1913）
京都出身。実業家。関西経済界の重鎮。肥料、銀行、紡績、鉄道など多くの企業の設立、経営に参画し、西の松本、東の渋沢と呼ばれた。

れている。

大正三（一九一四）年、安田は渋沢、浅野とともに鶴見埋築株式会社を設立している。また、大正八、九年に満鉄が倒産の危機に陥ったときにも尽力して救っている。

安田善次郎という人物は、金融界の大立者といわれた。秩序立てて果断決行に富み、一度決したことは断乎として敢行する精力溢れる人物である。しかも、必ずしも独行の人ではない。渋沢、大倉、浅野など多くの実業家と共同して起業するといった側面をもち、横のつながりをもっていた。大胆な事業起こしであればあるほど肩入れする。後藤新平の八億円計画なども、もし安田が生きていればいかなる展開を見せていたことだろうか。安田の死に対する後藤の無念さは想像するに難くない。

6　浅野総一郎

浅野総一郎は嘉永元（一八四八）年三月十日、越中国氷見郡藪田村（現・富山県氷見市藪田）に漢方医の家の次男として生まれた。父は泰順、母はリセという。五歳で氷見の町医者の養子に出されたが、コレラの蔓延で医者の無力を痛感、十三歳で養家を出て実家に戻り、商売をはじめる。しかし次々に失敗、借金のため夜逃げ同然で江戸に出て、竹皮・炭・石炭などの商売を転々とした。

当時の浅野と渋沢の出会いについての逸話がある。渋沢の抄紙会社の操業には燃料としての石炭が欠かせない。その結果、不要となったコークスが抄紙会社の中庭に山積みとなった。その処理を引受けたのが、大塚屋という屋号で深川の官営セメント工場にコークスを納めていた浅野総一郎であった。浅野は特大の艀《はしけ》を利用し、先頭に立って人足たちを指揮し、汗を流してコークスを引き取っていく。また、磐城炭鉱から帆船で運んだ石炭を納入していく。その様子を聞いた渋沢は、浅野に会ってみたいということで、明治九（一八七六）年の夏のある日の夜、深川福住町の渋沢の本宅で両者は初めて面談することになった。浅野は横浜瓦斯局や王子製紙から出るコークスを買い取り、深川の官営セメント工場に売却して巨額の利益を得た。さらに廃物コールタールを消毒用石炭酸として再利用して事業を拡大する。安田善次郎と知り合ったのは明治十一年のことらしい。

明治十八（一八八五）年、渋沢、大倉とともに東京瓦斯を設立、明治二十三年に東京商業会議所に加わる。明治二十九年、安田の援助で東洋汽船を設立して外国航路を目指す。東洋汽船設立に当たっては、当時、衛生局長であった後藤新平が陰で支えていたようだ。明治三十一（一八九八）年、渋沢の世話で深川の官営セメントを払い下げしてもらい、安田の援助で浅野セメント（のちの日本セメント、現・太平洋セメント）を設立した。また、浅野は、浜町の常盤屋で毎月十日に会合する「十日会」を組織するようになった。顔ぶれは、渋沢栄一、中野《なかの》武営《たけなか》、安田善次郎、大倉喜八郎、森村市左衛門、村井吉兵衛などであった。この会で浅野は東京築港計画や六郷川（多摩川下流）と鶴見川河口の埋立計画などを提案する。これに最も興味を示したのは安田であった。やがて安田とともに羽田沖から東京の芝浦まで、幅二〇〇間、深さ三〇尺の大運河開鑿を計画して東京市に許可願いを出すがなかなか許可がおりない。一方、東洋汽船で天洋丸・地洋丸という新鋭船を造り外国航路への就航について、後藤逓相に相談をもちかける。浅野は、学歴はなかったが、事業における熱心な勉強ぶりや、着眼力・先見性には非凡な才能の持主であった。

明治四十二年から四十三年にかけて鉄道院総裁としての後藤は、鉄道の物品購入に関して石炭や枕木などの購入費節約を推進するのであるが、セメントについても調査させ、浅野セメントから良質で廉価なものを購入できるようにした。この頃、浅野総一郎は後藤邸をよく訪問したが、訪問客の中では一番早く訪れる客であった。門が開くか開かぬ頃にやってきて、「大将はもう起きたか」と言いながら入ってきたという（『正伝』第五巻、五二五頁）。

7 東京商法会議所の設立

渋沢栄一は東京商法会議所の設立について、次のように回想している。

私はある時、実業が軽蔑されているのを憤慨して「日本も、外国と同じように、実業と云うものを、もっと重んじるようの気風にならなければいけない。実業は国の本なのだ。これによって国家立ち、これによって国家の経済が立って行くのだ。何が故に実業のみ軽視せらるる理由があるか、日本人の考えは間違っていると云うと、大倉氏も「同感、全くその通り。何とかしてこう云う気風を直して行かなければならない」と真先きに賛成された。

然るに明治十一年、西南戦争の後始末も漸くついた頃大隈（重信）さんが私に「日本にも、商人が集会して、いろいろ商売のことを相談してやって行くような機関をつくって見たらどうか。日本にも追々そう云うものが必要になって来る」と云う話。恰も大倉氏や私などが考えている実業家の地位の向上と云うことには、絶好の機会なので早速大倉氏にもこの事を相談した。

（「交友五十余年」『鶴翁余影』所収）

★パークス（1828-85）
英国の外交官。幕末から明治初期にかけ一八年間駐日英国公使を務めた。フランス公使ロッシュと確執。幕府以外から情報収集に努めた。

★福地源一郎（桜痴）（1841-1906）
長崎出身。幕臣、ジャーナリスト、作家、劇作家、政治家。衆議院議員。渋沢栄一らとともに東京商法会議所を設立。

大隈重信は、条約改正交渉の際に英国公使のパークス★（Sir Harry Smith Parkes）から、日本には商工業者が集まって協議する組織がないと聞いたので、渋沢に相談したらしい。こうして、築地の大倉喜八郎の自宅が会合所となり、渋沢、益田孝、福地源一郎《ふくちげんいちろう》★などが相談した結果、政府の補助も得て、明治十一（一八七七）年三月東京商法会議所（のちの東京商業会議所）が設立されたのである。渋沢栄一が会頭になり、福地源一郎が第一副会頭、益田孝が第二副会頭、大倉喜八郎が外国貿易事務委員となった。安田善次郎、渋沢喜作《しぶさわきさく》★、原六郎、三野村利助《みのむらりすけ》★もメンバーとなった。

東京商法会議所の設立によって、渋沢・益田・大倉・安田は「公式のネットワーク」を構成することになったともいえる。浅野はこのころ安田と知り合っているが、会議所に参加したのは少し遅く、明治二十三年のことであった。

先述したように明治十年代、日本の海運は岩崎弥太郎率いる三菱汽船の独占状態にあった。これに対してその独占を崩すべく、渋沢栄一・益田孝・大倉喜八郎らは、まず明治十三年に東京風帆船会社を設立し、さらに明治十五年七月に共同運輸会社を設立して猛烈なシェア争いに突入した。共同運輸設立に際し

★渋沢喜作（成一郎）（1838-1912）
埼玉出身。実業家。栄一の従兄。幕府の政権返上に反対の行動をとるが、函館戦で敗れ下獄。後に栄一の助力もあって実業界で活躍。

★三野村利助（1843-1901）
京都出身。実業家。三野村利左衛門の婿養子となる。三井銀行創立のとき監事となり、翌年利左衛門にかわって総長代理副長となる。

て、新たに浅野総一郎が加わり、安田善次郎は長期融資という形で参入した。

この両者の激烈なシェア争いは、岩崎三菱の独占主義と渋沢らの合本主義との戦いであった。岩崎三菱の場合、その社則に「会社の利益は全く社長の一身に帰し、会社の損失も亦社長一身に帰すべし」とあるように、社長岩崎弥太郎の独裁が社是であった。一方、共同運輸の場合、資本と経営とは分離されており、しかも投資者たる渋沢・益田・大倉・安田・浅野らは、三菱の独占を崩すべく、会社を積極的に主導していたのである。

この資本と経営を分離しつつ、しかも主だった投資者たちが団結して会社の方針をリードするという共同運輸の形は、まさに渋沢らが唱えた合本主義に極めて特徴的なことであった。共同運輸は既存の海運という事業に新たに参入するというものであったが、実のところ合本主義は、これまで日本にはない全く新しい事業を起こすという使命感によって生み出された思想であったのだ。それは、投資家たちが投資の適合性を見ぬくかどうか以前の、日本にはない技術や金融の形などをどのように日本に確立するかという、近代日本殖産興業の黎明期における、経世済民の使命に燃えた人々の思想であったのである。

台湾・阿里山にて
奥州市立後藤新平記念館蔵

1　台湾の領有と後藤新平

日清戦争に勝利したことによって台湾は日本の領有するところとなった。明治二十八（一八九五）年四月十七日、日清講和条約（下関条約）が締結されたが、その講和会議において清国全権李鴻章《りこうしょう》★は、わが全権伊藤博文にむかって、「貴国が台湾を領有なさるのはよろしいが、阿片できっと手を焼きますぞ」と忠告した。阿片だけではない。台湾島民の日本の統治に対する反発は尋常ではなかったし、マラリアやペストなどの悪疫が蔓延する難治の新領土であった。

五月二十五日、台湾の島民は独立を宣言し、唐景崧《とうけいすう》★が総統となり台湾民主国を建設しようとした。日本は北白川宮能久親王《きたしらかわのみやよしひさ》★の率いる近衛師団を投入して鎮定したが、この征討中に北白川宮は亡くなった。六月七日、日本軍は台北を占領、同月十四日、初代台湾総督樺山資紀が台北に入って台湾領有権を宣言し、八月六日全島に軍政を布いた。しかし、台湾各地に抗日ゲリラいわゆる「土匪」が跋扈、その討伐に明け暮れることになる。

さらに、全島に蔓延する阿片の対策には困惑した。日本内地では圧倒的に阿片厳禁論が盛んであったが、それを実行すれば全島に動乱が起こる様相を呈していたから、総督府は阿片漸禁論に傾いた。

★李鴻章（1823-1901）清朝末期の政治家。洋務運動を推進し、西太后の信任を得て、日清修好条規締結から、下関条約の締結まで、常に日本の交渉相手であった。

★唐景崧（1838-1924）中国広西出身。進士。清仏戦争に参加。台湾巡撫。日本の領台に抵抗して台湾民主国を宣言、総統に。日本軍上陸後厦門に逃亡。

★北白川宮能久（1847-95）
京都出身。皇族、軍人。上野宮、輪王寺宮。上野戦争で彰義隊に担がれ賊軍の汚名を着る。日清戦争後台湾征討軍を指揮するが、台湾で病没。

★賀田金三郎（1846-1922）
山口出身。実業家。大倉組台湾支配人となるが、大倉の承諾を得ず、独断で台北に駅伝社を設立。賀田組と名乗る。後に東京製皮を設立。

この間、七月に大倉喜八郎は、大倉組台湾出張所を開設、総支配人に賀田金《かだきん》三郎《ざぶろう》★を任じ、十月から台北と基隆との間にあった貧弱な鉄道の改築に当たらせた。東半分を大倉組、西半分を有馬組が請負った。

十一月、時の内相芳川顕正は、台湾の阿片問題について衛生局長後藤新平に意見を求めた。後藤は「台湾阿片制度ニ関スル意見」を提出、阿片を総督府の専売制とし、中毒者には一定の方式で売り与え、中毒でない者には厳禁、他方で専売制によって台湾財政を潤すべきだと主張した。これが当時首相兼台湾事務局総裁伊藤博文の容れるところとなり、明治二十九年二月十五日に阿片制度が確立、翌三十年の一月に阿片令が制定される。

明治二十九（一八九六）年四月二十四日、後藤は台湾総督府衛生顧問を兼ねることになった。六月二日、桂太郎が第二代台湾総督となり、十三日、伊藤首相、西郷従道《さいごうつぐみち》★海相、後藤新平とともに台湾と南中国の視察に旅立った。桂は、その際、後藤を台湾の衛生行政のために赴任させようと考えたが、十月には桂が総督を辞任してしまったため実現しなかった。十四日、乃木希典《のぎまれすけ》★が第三代台湾総督となる。乃木希典はある書簡の中で自嘲めいた皮肉を込めて書いている。

台湾施政も誠に苦々敷《にがにがしき》事許《ばか》り、人民の謀反も無理からぬ事に御座候、乞食が馬をもらひたる如く、飼ふ事も出来ず、乗る事も出来ず、此向きに而

★**西郷従道**（1843-1902）
鹿児島出身。薩摩藩士、軍人、政治家。西郷隆盛の弟。元帥海軍大将。文部卿、陸軍卿、農商務卿、海軍大臣、内務大臣、貴族院議員を歴任。

★**乃木希典**（1849-1912）
東京出身。長府藩士、軍人。日露戦争で第三軍司令官として旅順を攻略。戦後学習院院長。明治天皇崩御時、夫人とともに殉死。

参り候はば、噛まれ蹴られて腹を立てたる揚句世間の笑ひ物と相成り抔《など》は、
恥入候次第に御座候。

（戴國煇「伊沢修二と後藤新平」春山明哲ほか編『戴國煇著作選Ⅱ　台湾史の探索』）

明治三十（一八九七）年三月、台湾銀行創立委員会がつくられ、安田善次郎と大倉喜八郎が加わり、四月一日、台湾銀行法が公布されたが、日清戦後の最も困難な時期で、台湾に対する世論は甚だ冷淡であったため、銀行そのものの創立は遅々として進まなかった。

一方、時の首相松方正義《まつかたまさよし》★は、金本位制を導入するために調査委員会をつくり、益田孝や福沢諭吉《ふくざわゆきち》★らを任命したが、金本位制に賛成したのは益田だけで、福沢ら他の委員は反対であった。しかし松方は十月一日、金本位制実施に踏み切った。十二月、松方内閣が瓦解すると、翌年一月十二日、第三次伊藤内閣が成立。その蔵相井上馨は後藤新平に台湾統治の方策を求めた。二十五日、後藤は「台湾統治救急案」を提出した。後藤は、「台湾の行政中、最も重点的な改良を要するものは、従来同島に存在した自治行政の慣習の回復である」とし、警察制度の確立、行政の簡素化、外債による財政運営、科学的政策の採用、拓殖事業の展開等を主張した。

しかし、後藤の外債募集構想は実現せず、国庫補助金も削減・廃止論が起こ

★松方正義（1835-1924）
鹿児島出身。薩摩藩士、政治家。内閣総理大臣を二度務めた他、大蔵卿、大蔵大臣を長期間務めて日本銀行を設立、金本位制を確立。元老。

★福沢諭吉（1835-1901）
大分出身。中津藩士のち旗本、蘭学者、著述家、啓蒙思想家、教育者。慶應義塾の創設者。新聞『時事新報』の創刊者。東京学士会院初代会長。

り、後藤は「笑うべきの極みなり」と評した。後藤は本国が国費を投入して財源を確保し、投資的経費は公債（外債）によることを基本構想としたが、何れも実現しなかった。このため、台湾事業公債の発行と専売事業収入を経営財源にせざるを得なかったのである。

かくして、明治三十一（一八九八）年二月二十六日に第四代台湾総督児玉源太郎が、三月二日に台湾総督府民政局長後藤新平が誕生した。三月二十日、後藤が台湾に赴任するため新橋駅を発ったとき見送り人たちの中に大倉喜八郎の姿があった。下関で児玉総督と合流、二十八日、台湾の基隆港に着いた。大倉は、この時のことについて、「割譲以来今日に至る迄、四年間に於ける台湾の統治は、悲哉《かなしいかな》失敗の歴史なり（略）幸にも今日は総督其人を得、局に当る者亦其人を得た」（『台湾協会会報』第一号）と述べている。

三井物産社長の益田孝は、この年台湾の樟脳や基隆《キールン》の石炭などを調べるため、渡台したのであるが、治安が悪く台北ばかりにいた。そして台湾の富豪林維《りんい》源《げん》★の留守宅で大いに御馳走になった。次いで広東にも足を延ばした。台湾・大陸貿易を考えていたのである。

台湾領有に付いて何等かの準備行為と云うものがあったかと云いますと、文明的植民政策の準備行為と云うものは殆どないと申して宜しいのである。

★林維源（1838-1905）台北板橋出身。清末台湾を代表する地主資産家。台湾民主国議長に推されたが辞退、厦門に避難。後藤新平は帰台を勧めたが拒否。

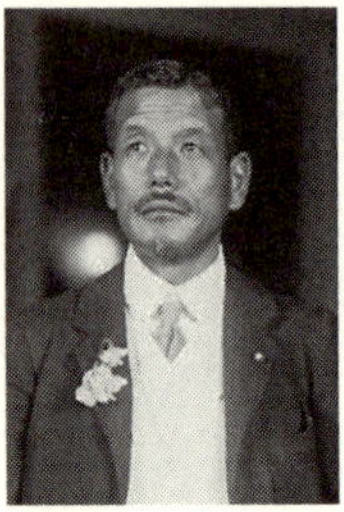

★添田寿一（1864-1929）福岡出身。官僚。旧藩主黒田長成に従って渡欧。ケンブリッジ大学で学び、帰国後は一貫して大蔵省畑を歩く。

（略）私が台湾に拝命しまする頃に（略）台湾をば一億円で売ったほうが宜しいと云うは上下の議論であっ〔た。〕

（後藤新平「日本植民政策の史的経済的関係」『日本植民政策一斑』）

台湾総督府に着任した児玉・後藤のコンビは、早速、「土匪」の招降策にとりかかる一方で、阿片政策、吏員の大整理、土地調査、台湾の自治制度である保甲制度の活用など、さまざまな政策の実現に着手、同時に優秀な人材の確保に勤めた。後藤は民政局長という肩書を民政長官に改めた。いずれにせよ大事業を興すには資金がいる。そのために台湾事業公債案を策定、それを掲げて後藤は明治三十一年十月、上京して議会工作に入った。一方で台湾銀行の創立を督促、翌年の一月二十五日、改めて創立委員会が立ち上げられ、後藤はもちろん、渋沢、益田が加わった。その会合が相互の面識をもたらした。その結果、七月五日、大蔵次官の添田寿一《そえだじゅいち》★を頭取とする台湾銀行が開設された。

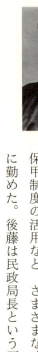

他方、台湾事業公債案は、後藤の悪戦苦闘の末、六千万円案を三千五百万円に減らされて議会を通過、台湾の事業は台湾銀行から短期借入金をして、公債募集金によって償還する方法がとられた。

後藤の台湾経営の特徴は、彼自身の好んだ表現によれば、「生物学による統治」であり、「科学的植民地統治」であった。その主要な内容は、後藤新平述『日

★**堤康次郎**（1889-1964）
滋賀出身。実業家、政治家。鉄道、土地開発、流通などに亘る西武グループの創設者。政治家としては衆議院議員、同議長を歴任。

本植民論』（堤《つつみ》康《やす》次郎《じろう》★編纂）に収録されている「台湾統治の大綱」でうかがうことができる。

第1　予め一定の施政方針を説かず、追って研究の上之を定む。研究の基礎を科学殊に生物学の上に置くこと。台湾の民情、自然現象、及び天然の富源等を現代科学の力を借りて研究調査し、以って人民に対しては、最も適当なりと信ずる統治法を行ない、気候風土及びそれに由りて生ずる危害、疾病等に対しては、之亦適当なる処置を講ずること。

後藤は、この第一項こそ「台湾経営の根本問題」であり、諸般の経営施設は皆此より出ずべきものであるとし、同時に、文明の誤用、学術の誤解、教育の誤信等による「文明の虐政」に陥らないよう注意している。

また、第二項として、「遠き将来に亘る調査を閑却すべからず」として、最初に地籍（土地）調査に着手し、人籍（人口）調査は後日に期すとし、「永久統治の基礎は右手で、眼前の事務は左手で」とした。実際、土地調査は明治三十一年度に着手し、三十七年度に完成した。人口調査は明治三十九年に実施されたが、これは日本最初の国勢調査（センサス）と言われている。

後藤の植民思想の特色は「植民地の価値を植民地其のものの経済状態の健全

★ファル（1807-83）
英国の疫学者、医学統計の創始者の一人。王立統計協会社長、後にフェロー。一般登録庁（GRO）の統計学者として、国勢調査に携わる。

なる発達に置き、其の結果として本国の過剰人口の移植、剰余資金の放下をなし得るまでに開発され、且つ又本国との通商貿易発達して、本国の殖産興業にも多大の貢献をなし得るに至るを以って理想とする」（『日本植民論』三六頁）という点にあった。後藤は前に述べた『国家衛生原理』の中で、英国の医師・統計学者のウィリアム・ファル★（William Farr）の『生命統計学』の一部を翻訳・引用し（第五章「衛生と理財の関係」）健康を増進する衛生法が人口の経済的価値を増大させ、国家の経済発展に寄与する、と述べるのである。後藤は後年、その植民政策に関してこう述べている。

> 予等も衛生上の点より其を研究して、始めて植民と人生との、深遠偉大なる相関を知ったのである。之が為めに台湾領有後、予は当時の植民政策論者とは全く根本を異にせる地点より我が植民政策に関与するに至ったのである。（中略）予は之を生物学的変遷の上より考察して、常に其方途に於て進んだのである。
>
> （後藤新平「新転機に立つ植民政策」『後藤新平——背骨のある国際人』）

2　渋沢栄一と台湾

台湾領有後まもなく、台湾総督府と参謀本部は台湾を縦貫する鉄道の建設を企図したが、財政逼迫により私設の方針に変更した。明治二十八（一八九五）年七、八月、大倉喜八郎らは「台湾興業会」を組織して、建設費八〇〇〇万円の鉄道建設計画を立案した。一方、鉄道建設費の政府見積りは約一八〇〇万円であった。

明治二十九（一八九六）年五月五日、台湾鉄道会社の創立発起人の総代として、渋沢、大倉、岡部《おかべ》長職《ながもと》、安場保和ら二四名は、台北・打狗《ターカオ》（高雄）間の縦貫鉄道及び支線の計二二八マイル（約三六七キロメートル）、資本金一五〇〇万円、政府の大幅保護を求める敷設計画書を台湾総督府に提出した。

十月二十七日、台湾鉄道株式会社の設立が認可されたが、金融市場逼迫により株式の募集は遅々として進まなかった。明治三十年六月、帝国議会は台湾鉄道保護（鉄道用地地租免除、鉄道材料輸入税免除、一二年間六%の利子補給）法案を可決したが、戦後不況によって株式募集は進まず、政府も官設に転換することに決し、明治三十二年十月二十五日、台湾鉄道株式会社は解散することになった。

一方、台湾銀行の設立については、明治三十年十一月八日、大倉、安田、高橋是清ら一四名が創立委員となり、十一月十七日創立委員会が開催されたが、

★矢内原忠雄（1893-1961）
愛媛出身、植民政策学者、東大総長。東京帝大卒、同経済学部教授、『帝国主義下の台湾』、「矢内原事件」で辞職、戦後東大に復帰。

★新渡戸稲造（1862-1933）
岩手出身。教育者、思想家。札幌農学校、東大を経て米国留学。後藤新平により台湾総督府に招かれ糖業政策を推進。国際連盟事務局次長。

こちらも進捗しなかった。児玉総督、後藤民政長官の就任後の明治三十二年七月五日、台湾銀行創立総会が開催された。銀行の資本金は五〇〇万円、頭取は添田寿一である。九月二十六日開業、大倉は監査役となり大正十三（一九二四）年までその地位に就いている。

3　益田孝と台湾製糖

東京帝国大学経済学部教授として植民政策学を講じた矢内原忠雄《やないはらただお》★の『帝国主義下の台湾』は、今日でも台湾史・地域研究の古典としての評価を得ている。原著は『国家学会雑誌』（昭和三年五月号〜九月号）及び『経済学論集』（昭和三年七月号）に掲載されているから、後藤新平や新渡戸稲造《にとべいなぞう》★がこの論文を読んだ可能性は高い。この名著の第二篇「台湾糖業帝国主義」は当時「台湾随一の大産業たるのみならず、我帝国産業界に於て電気及び紡績につぐ大企業たる」（矢内原）台湾糖業の社会科学的分析に当てられている。しかし、一九二八年には「我資本の帝国主義的発展史」の中心的な記述対象となった台湾糖業は、一九〇〇年の暮れに益田孝らによって産声を上げた台湾製糖株式会社から出発したのであり、ごく浅い歴史しかない。しかも、それは抗日ゲリラの来襲に備えて警備しなければならないという状況下の、ほとんど冒険というべき試みであった。

★二宮尊徳（1787-1856）
神奈川出身。農政家、思想家。小田原藩、相馬藩、天領、日光神領の復興に尽力。陰徳・勤倹を説き、報徳仕法による農村復興を指導。

『台湾製糖株式会社史』によれば、この会社の創立の事情はつぎのようなものだった。

明治三十一（一八九八）年二月、井上馨蔵相は、児玉源太郎台湾総督の赴任にあたり、台湾に於ける産業、殊に製糖業を振興し、将来財政収入の増大を図るべきことを説いた、という。児玉総督、後藤民政長官は、糖業奨励を産業政策の中心となすことを決定、明治三十三（一九〇〇）年一月、米国滞在中の新渡戸稲造農学博士に諸外国の糖業政策等の調査を依頼している。

一方児玉総督は糖業改善の事業経営者として三井家を適任と考え、後藤長官に三井家との折衝を命じた。明治三十二（一八九九）年十二月から翌三十三（一九〇〇）年二月、後藤は東京に滞在し、三井物産合名会社専務理事の益田孝に諮《はか》った。

益田は、まず日本精製糖株式会社専務取締役の鈴木藤三郎らに意見を求め、積極的な賛意を得た。鈴木は「当時我が国精製糖事業界に重きをなし、製糖技術方面に於ける第一人者」であった。

『黎明日本の一開拓者――父鈴木藤三郎の一生』によると、鈴木藤三郎（安政二（一八五五）年〜大正二（一九一三）年）は、遠江国（現・静岡県）生まれ、菓子商鈴木伊三郎の養子となり、二宮尊徳《にのみやそんとく》★の報徳の教えを知って志を立てた。明治十六（一八八三）年、氷砂糖の製法を完成。翌年、氷砂糖工場を新設。明治二

★**大正天皇**（嘉仁）（1879-1926）
東京出身。第一二三代天皇（在位一九一二―二六）。明治天皇第三皇子。大正一〇年以後、病状悪化により、皇太子裕仁を摂政とした。

★**品川弥二郎**（1843-1900）
山口出身。長州藩士、官僚、政治家。松下村塾出身。尊王攘夷運動に参画。維新後欧州留学を経て、官僚に。トコトンヤレ節の作詞者。

十二（一八八九）年、東京・南葛飾郡砂村に鈴木製糖所を創設、純白な精製糖の製造に成功。明治二十四（一八九一）年、鈴木鉄工部を設立、砂糖精製機械を発明。鈴木は発明家でもあり、一五九件の特許を取得している。明治二十七（一八九四）年火災で工場を焼失。ただちに、再建にかかった。明治二十八（一八九五）年十二月、日本精製糖株式会社を設立。所長に長尾三十郎（第三十九国立銀行東京支店長）、鈴木は専任取締役兼技師長。明治二十九（一八九六）年七月、海外製糖業視察と機械購入のため、世界周遊の途に就く。米国、欧州へ。帰路、シンガポール、ジャワ、台湾も視察。明治三十二年三月、『日本糖業論』を著す。

明治三十三（一九〇〇）年三月十六日、井上馨は、高橋是清、益田孝等を従えて、日本精製糖会社を視察した。井上はこの視察を終えると、台湾糖業開発のため一大会社を創立することを決意し、児玉台湾総督に話したという。児玉は、三井物産の益田孝に相談。益田は、四月二十七日、鈴木を三井物産に招いた。

益田は、「製糖会社設立の新計画について、常に井上馨伯に報告相談していた」という。井上は「どうも日本の会社は繁昌するかと思うと直ぐつぶれて困る。台湾製糖はどうか株式会社の模範となる様にしたいものだ」と語っていたそうである（『台湾製糖株式会社史』武智直道現社長談）。

五月、皇太子嘉仁《よしひと》★親王の結婚式に出席するため上京中であった児玉総督は、

★山本悌二郎（1870-1937）
佐渡出身、実業家、政治家。独逸学協会学校卒。台湾製糖社長。衆議院議員、政友会。

★三井三郎助（1850-1912）
京都出身。実業家。三井高善の長男。一八八七年に家督を相続。鉱山事業を合名会社組織にする際社長に就任。鉱山事業、築港に尽力した。

井上馨の自邸に招かれ、集められた益田孝や渋沢栄一たちと、台湾製糖会社の設立について協議した。益田が音頭を取って調査をすることになった。

三井物産調査課員の藤原銀次郎が経済方面を、日本製糖会社社長の鈴木藤三郎が技術方面を、品川弥二郎《しながわやじろう》★に紹介された山本悌二郎《やまもとていじろう》★が農業方面を調査するために渡台した。その結果はむずかしいという結論だったが、総督府が資本金五十万円、年六分の保護金を下すということで設立されることになった。社長は鈴木藤三郎、支配人は山本悌二郎がなった。

藤原銀次郎はこう回想している。

> 当時三井の内部には、この台湾で製糖業を起こそうという計画に対して、なかなか反対の空気があったのである。益田さんはやろうという意見であったが、中上川さんは「そんな治安の悪いところで仕事が出来るものではない」と言うて反対しておられた。益田さんと中上川さんとは、このことに限らず意見の対立することが少なくなかった。
>
> （『自叙益田孝翁伝』）

明治三十三（一九〇〇）年六月十三日、第一回創立発起人会が三井集会所で開かれた。児玉源太郎、三井三郎助《みついさぶろうすけ》★、渋沢栄一、朝吹英二《あさぶきえいじ》★、福井菊三郎などが

★朝吹英二（1849-1918）
大分出身。実業家。王子製紙取締役会長。短期だが三井財閥のトップの三井合名会社理事長に就任。中上川彦次郎は義兄にあたる。

★フランクリン（1706-1790）
米国の政治家、外交官、著述家、物理学者、気象学者。印刷業で成功を収め、政界に進出し独立に貢献。凧を用いた雷実験で知られている。

出席、発起人は、益田孝、鈴木藤三郎、ロベルト・ウォルカー・アルウィン、武智直道《たけちなおみち》などである。アルウィンは益田が明治三（一八七〇）年、横浜の米国商館ウォルシュ・ホールに勤めたころからの知己で、慶応（一八六六）二年来日、日本人のハワイ移民にも貢献した。ベンジャミン・フランクリン★（Benjamin Franklin）の子孫という。

十月、鈴木藤三郎は山本悌二郎を同伴、工場建設地選定等の調査のため台湾へ赴いた。明治三十三（一九〇〇）年十二月十日、台湾製糖株式会社の創立総会が開催された。益田孝が会長席に着き、定款等を議定。取締役社長に鈴木藤三郎、取締役に益田孝、陳中和《ちんちゅうわ》★（台湾人・高雄）、武智直道など。翌年一月五日の大株主協議会には、井上馨、後藤新平も列席している。

益田の次男の益田太郎《ますだたろう》★は、台湾製糖の専務取締役を長く務めていて、その株主総会での報告はなかなか面白いものであったという話が伝えられている。帝国劇場の座付き作者、益田太郎冠者である。

藤原銀次郎は前年の調査が縁で三井物産台湾支店長となって台湾に赴任した。後藤民政長官は官邸で読書会を定期的に催して、それからさまざまな施策上のヒントを得ていたが、この読書会には、総督府官吏だけでなく、藤原銀次郎や賀田金三郎、荒井泰治、大倉組の山下秀実らが参加していた。

★**陳中和**（1853-1930）高雄出身。台湾を代表する実業家。香港、厦門、日本間で貿易に従事。日本統治期には精米・製糖・製塩・土地開発などを経営。

★**益田太郎**（1875-1953）東京出身、実業家、劇作家、音楽家。益田孝の次男。欧州留学、台湾製糖取締役。太郎冠者の名で戯曲作家に。帝国劇場経営。

4　大倉喜八郎と台湾

大倉喜八郎の台湾との関係は、前述したように明治七（一八七四）年の台湾出兵に始まる。明治四年、琉球の船が遭難して台湾南部に漂着し、上陸した者のうち五四人が牡丹社の台湾原住民パイワン族に殺害された事件に対して「琉球の日本人」殺害の「罪を問う」ことを名目に、ル・ジャンドル★（Charles William Joseph Emile Le Gendre）前米国アモイ領事の助言等を得て明治政府は出兵を計画した。清国との戦争に発展しかねない事態に、当初好意的だった米国は英国の働きかけもあって中立策に転換し、政府も中止を決定したが、台湾蕃地事務都督・派遣軍司令官の西郷従道は、大久保利通、大隈重信とはからって出兵を強行する。このとき、戦争に必要な食糧、衣服、人夫等の物資と役務の調達を引受けたのが大倉喜八郎である。多くの業者が尻込みする中で、大倉の胆力と行動力がよく分かる。しかし、大倉が連れていった人夫や職人五百人はマラリアなどの病気と暑熱にやられ、一二〇人余が死亡するという惨状に陥った。大倉は長崎で葬られた彼らのためにねんごろな法要を営んだという。

日清戦争でも大倉は政府御用達を務め、軍夫たちのために解庸軍夫病院の設立に動いたことは前に述べた。

★ル・ジャンドル（1830-99）フランス生まれの米国軍人、外交官。明治政府、朝鮮王高宗の外交顧問を務めた。十五代目市村羽左衛門は実子。声楽家の関屋敏子は孫。

下関条約で台湾が日本の領土になった明治二十八年七月、大倉は賀田金三郎を大倉組の台湾総支配人として派遣し出張所を開設する一方、東京府下の主な実業家と共に台湾興業会を設立し、台湾鉄道建設の調査などを開始した。十月には大倉土木組が台北・基隆間の鉄道改築工事を請け負っているが、この工事中伝染病で工夫一五二人が死亡する惨事が生じている。明治二十九年五月、渋沢栄一らとともに台湾鉄道会社の設立に関わるが、撤退することになったことは前述したとおりである。

十二月九日、伊藤博文や桂太郎の強い勧誘で大倉は台湾視察に出発した。乃木総督に面会を要請したが二度三度と断られ、挙句に五分だけの面会を許されるという遇し方であった。しかしこのとき大倉は大倉組台北支店設置を決した。

翌年四月、大倉組の賀田金三郎は、独断で駅伝社を設立、郵便逓送や現金輸送などに従事した。抗日ゲリラ（土匪）による社員の死亡事件が続き、大倉は再三事業停止命令を出したが、賀田は聞かず、大倉組を脱退して明治三十二年に賀田組を組織した。しかし大倉組の中心事業である土木請負には手を出さなかった（『大倉財閥の研究――大倉と大陸』）。

大倉喜八郎の台湾での事業は結局たいして展開しなかった。むしろ明治三十一年四月に大倉らが発起人となって設立した「台湾協会」が歴史的にも大きな役割を果したと言えよう。元台湾総督の桂太郎を会頭、元台湾総督府民政局長の水野遵を幹事長とする台湾協会は、台湾の経済開発を目的とした、政治家・植民地官僚・実業家の親睦団体で、大倉は東洋協会と改組された明治四十（一九〇七）年以後も亡くなるまで評議員を務めた（『稿本　大倉喜八郎年譜第三版』）。

明治三十三年台湾協会学校の設立が認可され、桂太郎が初代校長となり、九月十五日に開校式が行われた。この学校は植民政策に従事する青年を育成することを目的とした。同校は台湾協会専門学校、東洋協会専門学校を経て、拓殖大学に昇格し、後藤新平が学長、新渡戸稲造が学監を務めた。

5　満鉄の創立

明治三十八（一九〇五）年六月二十八日、安田善次郎は朝鮮、清国、満洲の視察に出発、八月五日帰国して「満洲経営意見書」を政府に提出し、日本と満洲を鉄道で結び共存共栄すべきことを主張した。この考えは満鉄を世界運輸交通大幹線へと展開するという後藤の発想に影響を与えたかもしれない。

後藤民政長官は八月に満韓の旅に出て、奉天の総司令部で児玉総督と前途を協議、十月に東京に帰着した。その間、九月五日にポーツマス講和条約が成立、日本の韓国保護が承認され、南樺太・遼東租借権と満鉄などを日本は獲得した。

一方、政府は負債の返済に四苦八苦し、安田は桂首相に、高金利の既発債を期

★**ハリマン**（1848-1909）
米国の実業家、政治家、外交官。ユニオン・パシフィック鉄道の執行委員長を経て社長に。のちにサザン・パシフィック鉄道を買収した。

★**小村寿太郎**（1855-1911）
宮崎出身。外交官、政治家。外務大臣、貴族院議員などを務めた。ポーツマス会議日本全権としてロシアの全権ウィッテと交渉。

日前に償還し、新たに低利で国債発行をすべき旨を進言し、また、相当額を安田銀行が引き受けた。

　十月十二日、桂・ハリマン覚書の交換がなされた。アメリカの鉄道王ハリマン★（Edward Henry Harriman）が、満洲鉄道の経営権を一億円で買い取ろうと申し出たのである。主権は日本にあるものの、経営はアメリカに委任するという内約であった。日露戦後の日本の財力によって経営することは不可能と考えられており、元老の井上馨や財界の大御所渋沢栄一もそれに賛成して桂首相を動かしたのであった。しかし、ポーツマスから帰国した小村寿太郎《こむらじゅたろう》★全権は猛烈に反対、結局ハリマンへは破約の電報が打たれた。中国市場を狙う米国は、この結果に一大打撃を受け、のちの満洲問題における日米間の係争の萌芽となった。

　明治三十九（一九〇六）年三月二十六日、札幌麦酒《ビール》（大倉、渋沢、浅野が設立）・日本麦酒（馬越恭平《まこしきょうへい》★が設立）・大阪麦酒（松本重太郎が設立）の三社が合同して大日本麦酒が大倉らによって設立された。社長は馬越である。馬越は四国の豪族河野氏の末裔で、大阪で宿屋を営んでいたところ、そこに泊った地金分析時代の益田が見出し、三井物産に入れて益田によって育てられた人物である。この月の末に日本の鉄道の国有化法案が成立したが、渋沢は国有化に反対であった。あくまで民間での経営を主張していたからだ。

　七月十三日、満鉄設立委員会が結成された。官や議員の著名人に加えて、渋

★馬越恭平（1844-1933）岡山出身。実業家。三井物産に勤務し、大日本麦酒の社長を務めた。大日本麦酒の大合同合併を画策し、「日本のビール王」とよばれた。

★近藤廉平（1848-1921）徳島出身。実業家、政治家。星合常恕に勧められ三菱商会に入る。豊川従子と結婚。その後日清汽船社長、日本郵船会社社長、貴族院議員。

沢栄一、益田孝、安田善次郎、大倉喜八郎、浅野総一郎のほかに、日本郵船社長の近藤廉平《こんどうれんぺい》★、大日本麦酒社長の馬越恭平、関西の大実業家藤田伝三郎、三菱岩崎弥太郎の従弟豊川良平、日本郵船理事だが三菱系の荘田平五郎《しょうだへいごろう》、大阪商船社長中橋徳五郎など、錚々《そうそう》たる実業家たちが顔をそろえた。渋沢は定款《ていかん》調査委員の一人にもなった。委員長は参謀総長児玉源太郎であったが、児玉は後藤を総裁にと説得した翌日の二十三日未明、急逝したため、陸相寺内正毅が後任となった。児玉の急逝は後藤を動揺させたが、後藤は寺内の要請を直ぐには受けなかった。八月一日、後藤は西園寺公望首相に総裁就任の内意を伝えたが、それに関する条件を「満鉄総裁就職情由書」に文書化し、山県有朋、西園寺、寺内らに提出した。このような紆余曲折を経て後藤は十一月十三日、漸く満鉄総裁となったのである。

その間満鉄は、九月十日、第一回株式募集を開始し、十五日に締め切っていた。所要高九万九千株に対し、申込株数は一億六六四万三四一八株となり、設立委員たちは驚いたが、実際は政府以外の大株主は本願寺であるという奇観を呈した。この本願寺の法主・管長は大谷光瑞《おおたにこうずい》★である。大谷は明治三十六（一九〇三）年に法主・管長となり、日露戦争がはじまると多数の従軍布教師を戦地に派遣していたのである。かくして明治三十九（一九〇六）年十一月一日、南満洲鉄道株式会社の設立が許可され、二十六日、創立総会が神田の東京基督教

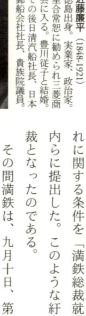

★大谷光瑞（1876-1948）
京都出身。宗教家、探検家。浄土真宗本願寺派二十二世法主。インド、中央アジアを広く探検調査した。中国、南洋などで諸事業を展開。

★中村是公（1867-1927）
広島出身、台湾総督府官僚。東京帝大法科卒。台湾総督府財務局長、満鉄副総裁・総裁、鉄道院副総裁・総裁、東京市長、貴族院議員。

徒青年会館で開催され、渋沢、益田、安田、大倉、浅野はもちろん、大谷光瑞も大株主として出席した。

この年十月、満鉄副総裁の中村是公《なかむらよしこと》★は、後藤総裁の承認を得て、三井物産から田中清次郎と犬塚信太郎の引き抜きを画策、後藤が井上馨を動かして重役たちに承知させてしまった。

明治四十（一九〇七）年二月九日、安田善次郎は雨宮敬次郎と組んで高速電気鉄道敷設計画の申請書を逓信省鉄道局に提出したが、「聞き届け難し」として、三月一日むなしく却下された。この計画は、起点を渋谷にして大阪の野田に至る全長四六〇キロ、総工費九千五百万円、旅客のみを積み、東西から三十分おきに発車するもので、東西を六時間で結ぼうとする。前もって帝国ホテルに名士二百名を集めて計画を発表、満場の賛同を得ており、社名も日本電気鉄道株式会社に決めることになっていたが、前年三月に公布された鉄道国有法に抵触するとして却下されたのである。しかし、この計画は、後藤の広軌鉄道計画に影響を与えたものと思われる。

四月、後藤は後楽園で大園遊会を催し、「文装的武備《ぶんそうてきぶび》」★について演説し、五月には清国皇室礼問の途に上った。九月には、厳島で韓国統監伊藤博文と懇談し、「新旧大陸対峙論」を伊藤に説いた。この時の会談の内容について、後藤は長らく秘めていたが、後に「厳島夜話」という形でそれ以後の経過も含めてまとめられることになる（「厳島夜話」『世界認識』所収）。

十一月、後藤は『満洲日日新聞』を星野錫《ほしのしゃく》★に発刊させた。星野は王子製紙から独立した東京印刷株式会社社長である。かつて米国に留学してコロタイプ写真版印刷を日本人ではじめて習得、帰国後、『美術画報』などを発行、また、渋沢の第一銀行有志らで組織された竜門社の『竜門雑誌』の発行の関係から、竜門社の会員でもあった。

6　浅野総一郎と逓信大臣時代の後藤新平

十月十三日、後藤逓相は深川の日本銀行倶楽部に唐紹儀《とうしょうぎ》★一行を招待して宴を張ったが、そこには政府要人に加えて、渋沢と大倉が招待されていた。翌日、大倉は唐一行を自邸内の美術館に招いた。十二月五日、後藤逓相は鉄道院総裁を兼任、十九日には中村是公を第二代満鉄総裁に据えた。

明治四十二（一九〇九）年二月、後藤逓相は、第二五帝国議会に「造船奨励法中改正法律案」と「遠洋航路補助法案」を提出するが、後者は南米航路新設に関するものであって、これについては事前に東洋汽船社長の浅野総一郎と相談計画してあった。二月二十日の貴族院予算特別委員会での後藤の答弁に、「サンフランシスコ線に用いる船舶として、このたび新たに加える天洋、地洋など

★文装的武備　「文装的武備」とは、満鉄総裁に就任した後藤新平が、満洲のような東西交通や文明の結節点に当たる植民地経営に際して提示した原則論。後藤は、一九〇七（明治四十）年、伊藤博文への呈書の中で次のように記している。「要するに武装の虚威を張ることをやめ、文教平和の名を正すとともに、実業教育政策によって武備の実力を充実することにある。したがって今仮にこれを名付けて文装的武備と言う。」（『正伝　後藤新平　第四巻』（藤原書店、二九七頁）

★星野錫（1854-1938）東京出身。米国で写真版印刷術を習得。帰国後、王子製紙を経て、東京印刷を創立し、専務、後に社長を務めた。『満洲日日新聞』を創刊。

★**唐紹儀**（1860-1938）
中華民国の政治家、実業家。清末民初において、革命派を支持。辛亥革命の際の「南北和議」で清朝側の代表を務め、初代中華民国国務総理。

★**内田嘉吉**（1866-1933）
東京出身。逓信官僚、台湾総督。帝国大学法科卒。台湾総督府民政長官、逓信次官、貴族院議員、海運書籍の蒐集家。

云々」とあるが、「天洋、地洋」とは、浅野総一郎が東洋汽船で造った一万二千トンの新鋭船天洋丸、地洋丸のことであり、サンフランシスコ線に就航している六千トン三隻のうち二隻を南洋航路にふりむけ、この二隻の就航に一二〇万円の補助を与えるというのが「補助法案」であった。

南洋航路については、逓信省管船局長の内田嘉吉《うちだかきち》★が、南米を視察して帰国し、後藤に開設を強く迫ったために計画されたもので、メキシコでテワンテペック鉄道が敷設され東西が連結したため、各国がこの路線を利用して航海権を得ることに急となっている事実が背景にあった。この案はしばらくもめたのち、五月二十五日に公布の運びとなった。この事実は、後藤が実業家と政策レベルまでも話し合っていたことを如実に示している。

明治四十四（一九一一）年四月五日、後藤逓相は広軌（レールの間隔が一四三五ミリメーターを超える鉄道）鉄道改築準備委員会を立ち上げた。これには益田と石黒忠悳が加わっていた。益田は調査のため設けられた特別委員の一人となり、財政上の関係と経済上に及ぼす影響の調査にかかわった。こうして鉄道の広軌案はひとまず実現に向けてスタートしたかに見えた。ところが、八月二十五日、第二次桂内閣は円満総辞職となり、三十日、第二次西園寺《さいおんじ》★内閣が成立し、新たに内相となった原敬《はらたかし》★は鉄道院総裁も兼ね、広軌改築案は財源の見込みがないとして中止にしてしまったのである。

野に下った後藤は、八月に開設された南満医学堂の開校式に向けて夫人同伴で出発した。

この年、益田は王子製紙が業績不振となっていたため、その建て直しを図るべく、藤原銀次郎を送り込んだ。十月に専務となった藤原は、以後、王子製紙の建て直しと拡張に全力を傾注することになる。

★**西園寺公望**（1849-1940）京都出身。政治家。戊辰戦争で官軍の方面軍総督を務め、フランス留学後に伊藤博文の腹心となる。政友会総裁、首相。最後の元老。

★**原敬**（1856-1921）岩手出身。新聞記者、外交官、政治家。外務次官、立憲政友会幹事長、逓信大臣、衆議院議員、内務大臣、立憲政友会総裁、内閣総理大臣。

ヨッフェと後藤新平
奥州市立後藤新平記念館蔵

第4章

「国難来《きたる》」の時代——世界認識と震災復興

1　後藤新平の世界認識と国民的自治運動

後藤新平は、すでに二十代から世界を凝視し始めていたが、明治三十九（一九〇六）年、南満洲鉄道の総裁になってからは、世界認識を一段と深めざるをえない立場に置かれた。欧米列強は大乱の清国に介入の機を窺い、日露戦争に敗れたロシアは復讐と警戒の色を濃くしていたのだから。この緊張する満洲で、後藤は南満洲鉄道を単なる交通機関とは捉えなかった。シベリア鉄道と連絡し、東西文化融合の「文化的大動脈」とする遠望を抱いたのだ。当時満鉄とシベリア鉄道を結ぶ支線・東清鉄道の監督を兼ねていた蔵相ココフツォフ★を探り当て、日露修交の端を開くに至り、経済的協調を訴えるだけでなく、『東亜英文旅行案内』の編纂を約束したのだった。東西文化融合が後藤の後藤らしい大策であった。

『東亜英文旅行案内』は、古代中国の王朝文化との交流によって培われてきた日本の慎ましい王道文化（能・茶・絵画・建築・宗教・思想等を網羅）を軸に、モンゴルから東南アジアまでの地文・人文を、全五巻（各巻五百頁）で紹介、二十万円（当時）という巨額な予算で八年を費やす大事業であった。無料で内外の要所に頒布され、後にビーアドを日本に招くにあたって、予め読んでもらうこ

★**ココフツォフ**（ココツェフ）（1854-1943）
ロシア帝国の政治家。皇帝ニコライ二世治世下、首相、大蔵大臣などを歴任。彼との交際の中から後藤に『東亜英文旅行案内』の企画が生まれる。

当時の内憂外患

一九一八年
8・2　寺内内閣、シベリア出兵を宣言。後藤新平、外務大臣に
9・21　寺内内閣総辞職

一九一九年
1　パリ講和会議（牧野伸顕副使、人種差別反対演説）
2　後藤、『自治生活の新精神』刊行
3・4―11・13　後藤、欧米視察の旅に

一九二〇年
3・4頃　後藤、「大調査機関と国家の二大急要問題」起草印刷
12・16　後藤、東京市長就任を受諾
一九二一年
11・4　原敬首相暗殺
一九二二年
9・14―一三・3・16　ビーアド来日
12・30　ソビエト社会主義共和国連邦設立宣言
一九二三年
2・1　ヨッフェ来日
4・10　後藤、東京市長を辞職
8・26　加藤内閣総辞職
9・1　関東大震災
9・2　第二次山本権兵衛内閣成立、後藤、内務大臣に
9・4　後藤、「帝都復興の議」を作成、6日閣議に提出
9・29　帝都復興院総裁を兼任
10・6―11・16　ビーアド再来日
12・27　虎ノ門事件

とになるのだが、ビーアドも感嘆するほどの見事な英文（横井小楠の息子・時雄の作）であったという。

「厳島夜話」として後に後藤が懐古した物語の核心は、「東西文化融合」にあった。後藤は、当時韓国統監であった伊藤に、統監を辞し、世界的な大政治家として漫遊の旅に出るよう要請する。欧州では黄色人種への偏見が蔓延し、アメリカではカリフォルニア州議会で日本移民を制限する動きがあり、これに抗するには日本の王道的文化が覇権的な侵略主義とは異質であることを世界に宣伝しなければならない。フランスとドイツのように対立していては、必ずアメリカに乗じられる危機的情勢を、清朝やロシアや欧州各国の要人・知識人に説いてアメリカに対峙すべきである。つまり、「新旧大陸対峙論」である。明治四十二（一九〇九）年十月二十六日、伊藤は宰相ココフツォフとの会談後、ハルビン駅で暗殺された。来るべき欧州大戦を予感した世界認識が、伊藤と後藤に共有されていたことにこそ注目すべきである。また、大倉喜八郎は厳島以前に二人の「密談」の場を向島別邸に幾度も用意した。

私〔後藤〕は今でも故翁〔大倉〕に対して感謝をもって居る一つは、往年私が伊藤公爵と他人を避けて談論したいやうな場合、毎度向島の別荘に厄介をかけたことである、翁はいつでも向島へ入らっしゃいといふて案内し

12・29　山本内閣総辞職
一九二四年
1・20　レーニン没
3・5　後藤、「国難来」演説
4・15　米で「排日移民法」成立
一九二五年
3・15　孫文、北京で病死

て呉れたが、得て有り勝ちな目前の亭主振りは巧に隠して、背後から亭主の肝煎加減を座敷の出入や配膳の上にまで届かせたもので、便利を与えて邪魔をせぬ其の好意の呼吸は、苦労の足りない人間には解かるものでない。翁は定めて何事か国の為に相談するものであらうと粋を利かして呉れたのであらう。事実多くは其の通りであった。（「ある感謝」鶴友会編『鶴翁余影』）

伊藤の遺志を継いだ後藤は、第一次世界大戦後の欧米視察の旅（一九一九年三月四日—十一月十三日）を経て、大正九（一九二〇）年三月、「大調査機関」設立の大方針を発表する。戦争景気に奢った政界や財界は、私利私欲によって不合理な投資と政争に明け暮れ、経済的破綻を来たし、外交では世界から孤立し始めている。これを後藤は「未曾有の国難の襲来」と形容する。この国難に立ち向かうには、従来の局部的・一時的調査機関ではまったく間に合わず「世界的文明戦の参謀本部」としての大調査機関が不可欠だと主張する。時の政治的権力から独立したこの大調査機関のユニークさは、例えば、各国の地域の調査でも「ことに単に文書により察知しやすくない実情、あるいは現にその地方にある者にしてはじめて可能となるような判断推理について最も精細な報告を行なうこと」とされているように、内外の学問的研究の枠を突破した現場的調査を重視する所にあった。殊に、欧米思想にかぶれた日本の学者たちが軽視している東アジア（モンゴル、満洲、中国、朝鮮、シベリア）については、徹底的に調査しなければならないとされていた。それはなぜなのか。後藤は次のように主張する。

文化的に同一的なこの地域の調査研究が劣っているために、不合理な排日運動を許しているからである。さらに日本人自身が、この地域を蔑視し、資源を強奪し日本語を強制するような太閤秀吉流に陥っているからである。欧米流の侵略主義に対抗するには、天地の霊気に感応する「霊血一如の有機的発展」を模索するしかないと。

この主張は、晩年の「政治の倫理化」運動のパンフレット『普選に備えよ』における自治の精神にまで貫かれる。自治三訣「ひとのお世話にならぬよう／ひとのお世話をするよう／そして報いを求めぬよう」に結晶した自治の修行について、後藤は孔子の「下学《かがく》して上達す」（『論語』憲問編）を引用する（本書の第一章の4を参照）。

要するに、「自治」とは、賢人や苦労人の智慧を結集し、協力を得て、現場で学びあう「下学」の大事業によって、学者は専門分化しすぎた科学を乗り越え、民衆は天地の大霊に自ずと触れて「自治」に目覚め、「上達」の大成に至ること、つまり「霊血一如の有機的発展」に至ることだった。上からの自治行政とは無縁の、「下」からの国民的運動によって天地の霊気に触れるものが「自治」である。東京市長時代の都市研究会による全国中小都市交流の大キャンペー

★牛島謹爾（1864-1926）久留米出身。実業家。アメリカに移民し、「馬鈴薯王」と呼ばれた。勲四等、雅号に別天。現地ではジョージ・シマの名で親しまれた。

★ウィルソン（1856-1924）米国の政治家、政治学者であり、第二八代アメリカ合衆国大統領。国際連盟の設立を推進するも、米国は上院が批准せず、国際連盟不参加。

ン、学問を国民のものにする夏期大学、通俗大学運動、正座から始まる体操「自彊術」の普及運動、少年団運動そして政治の倫理化運動、これらはすべて「自治」の修行としての「下学」である。ソビエトのヨッフェとアメリカのビーアドという賢人を招いての「東西文化融合」の運動も、「下学」の一環であった。

関東大震災に際し、帝都復興のため、後藤は希望していた外務大臣ではなく、山本権兵衛内閣の内務大臣となったが、皇太子が襲撃された虎の門事件で内閣は総辞職、この外交の空白期にアメリカでは排日移民法が可決する。この時、外交を放棄して政争に終始する政党政治を第一級の国難と指弾したのが後藤だった。最晩年の政治の倫理化運動とスターリン訪問には、後藤の外交を重視した「下学」への執念と、「日本の天職は東西文化融合にあり」との理念が貫徹されていたのだ。

2　渋沢栄一と日米関係

明治四十一（一九〇八）年五月、後藤満鉄総裁は露都を訪問し、帰国後の七月、第二次桂太郎内閣の逓信大臣としてはじめて内閣に列することとなった。十二月、初代鉄道院総裁を兼ねることになった。

一方、明治四十二（一九〇九）年六月、渋沢は古希に際して、第一銀行や東

★ヴァンダーリップ（1864-1937）
米国の銀行家、ジャーナリスト。米国財務長官を務めた後、ナショナルシティバンク（現シティバンク）に所属、同行の会長を十年間務めた。

★ワナメイカー（1838-1922）
米国ペンシルバニア州出身の百貨店経営者、宗教指導者、政治家。「マーケティングの先駆者」といわれる。郵政長官として初の記念切手発行。

京市養育院など幾つかを除いて、会社や団体の一切の役職を辞任した。八月、渋沢は渡米実業団長としてアメリカを訪問している。ここからの民間経済外交の創始者かつ卓抜なリーダーとしての渋沢の不屈の活動についてはよく知られている。

後藤が国内で政治家としての本格的な活動を始めたとき、渋沢は社会・公共のための活動に専念しはじめたのである。

渋沢はこのころからアメリカで起こっている排日運動問題にも深くかかわっていく。一九〇七年アメリカでは「連邦移民法」が制定された。それについて渋沢雅英氏（栄一の曾孫）が、没後七五年記念講演の中で、次のように述べている。

渋沢栄一は明治四十一（一九〇八）年、「在米日本人会」というグループからの訪問を受けました。西部諸州で日を追って激しくなる排日の機運に対抗し、生活を守るために日本人有志が集まって組織した団体で、初代会長はストックトンを中心として六万エーカーを越える大農場を経営し、ポテトキングと呼ばれた牛島謹《うしじまきん》爾《じ》★氏でした。訪問の趣旨は、故国の人びとにカリフォルニアの実情を説明し、物心両面の援助を要請することにありました。

★ゴンパーズ（1850-1924）米国の労働運動指導者。アメリカ労働総同盟の設立に尽力。パリ講和会議で労働法制委員会の議長。日本は労働運動家は不参加。

★ヘボン（1846-1922）米国の政治家、ニューヨーク州議会議員、ニューヨーク州立銀行局の監督官を歴任後、ハリソン大統領による通貨監督官を務めた。

栄一は早速日米関係に関心の深い実業人を集めてこの趣旨を伝え、その結果、森村市左衛門、大倉喜八郎、高橋是清、後藤新平など多くの人が寄附を申し出て、合計二万円の金をそのグループに渡すことが出来ました。栄一が移民問題に具体的な形で関係するようになったのは、これが始まりだったかと思われます。

（「新渡戸稲造と渋沢栄一」『新渡戸稲造の世界』一八号所収）

大正二（一九一三）年四月、渋沢は日米同志会を組織し、米国カリフォルニア州議会に提出された排日土地法案を阻止するため、在米同朋慰問使として添田寿一と神谷忠雄を米国に送り出した。

大正四（一九一五）年九月一日、元老井上馨が没した。渋沢は後藤や阪谷芳郎と連れ立って弔問した。渋沢は、大倉とともに十月十九日、理化学研究所の設立委員となり、二十三日には再度渡米し、第二八代合衆国大統領ウィルソン★(Thomas Woodrow Wilson)、銀行家のヴァンダーリップ★(Frank A. Vanderlip)、百貨店経営者ワナメイカー★(John Wanamaker)、労働運動の指導者ゴンパーズ★(Samuel Gompers)らと会見、サンフランシスコで日米関係委員会の初会合を行い、帰国後、新渡戸稲造らと日米関係委員会を組織した。

大正六（一九一七）年、アメリカの銀行家バートン・ヘボン★(A. Barton

★高木八尺（1889-1984）
東京出身、アメリカ政治外交史。東京帝大卒。東京帝大法学部教授。アメリカ学会、国際文化会館設立に尽力。文化功労者。

★バーバンク（1849-1926）
米国の植物学者、園芸家、育種家。多くの植物の品種改良を行った。特にジャガイモとサボテンの品種改良で有名。

Hepburn）が、渋沢に手紙を寄せ、大戦の憂うべき現状と国際協調の必要性を述べ、日米両国の親善関係を推進するため、東京帝国大学に国際関係の講座を寄附したいと申し入れてきた。そうして設けられたのが「米国憲法歴史及び外交」講座であり、担当したのが一高で新渡戸の門下であった高木八尺《たかぎやさか》★である。この講座はその後「アメリカ政治外交史」講座として引継がれ、二〇〇九年には「ヘボン・渋沢講座」と名を改めて復活したとのことである（渋沢雅英、前掲書）。

さて、排日移民法問題については、後藤新平の草稿が「加州排日問題」と題されて残っている（後藤新平文書マイクロフィルム版、R65、24-11-10）。後藤はカリフォルニア州の排日立法問題が日米両国間の深刻な問題に拡大していることを憂慮し、外交、経済、合衆国憲法、日米通商条約などの点から検討している。国際連盟が問題解決の場になるか、という検討もしているので、この草稿は恐らく大正九（一九二〇）年一月の国際連盟成立以後、十二月の東京市長就任までの期間に書かれたものであろう。

後藤の構想は、「日米両国の有識者が其の所信を神明の照鑑に訴ふること是れ也。換言せば世界人類の大義に基き公正なる人道上の審判を求むること是れ也」というものであった。

大正八（一九一九）年十一月二十四日、阪谷芳郎の「日米関係委員会日記」（『渋沢栄一伝記資料』第三三巻）にはこの日開かれた委員会で、「有力ナル米人招待ノ件、

★**牧野伸顕**（1861-1949）
鹿児島出身。外交官、政治家。東大を中退して外務省入省。福井県知事、文部次官、在イタリア、オーストリア公使、文部大臣等を歴任。

★**アレグザンダー**（1869-1939）
米国の実業家、慈善家。ホノルル出身。ハワイでサトウキビ農園と砂糖精製工場を経営。サンフランシスコ商工会議所会長、共和党の有力者。

後藤男ノ内話アルニ付キ」、渋沢、阪谷らが相談した、とある。後藤はこの年の三月、新渡戸とともに欧米視察の途に出発、サンフランシスコでは、カリフォルニア州中央農会専務理事の千葉豊治の案内で、ルーサー・バーバンク★（Luther Burbank）の農場を訪ねている。十一月十三日、後藤は横浜に入港しているから、帰国後ほどなく、後藤は渋沢らと会ったことになる。このあと、十二月七日、首相官邸で原首相主催の日米関係委員招待会が開催されている。

この視察の途次、ロンドン滞在中の後藤は、新渡戸を国際連盟事務局次長に就任するよう勧めて欲しいと、牧野伸顕《まきののぶあき》★（講和会議日本代表次席代表）と珍田捨巳駐英大使から要請され、新渡戸が次長に就任するという経緯があった。

また、カリフォルニア州中央農会専務理事の千葉豊治の大正九（一九二〇）年四月三十日の日記には、渋沢が主催した昼食会で後藤男爵とも会談する、と記されている。

これらのことからすると、排日移民問題に対応するための渋沢ら日米関係委員会の活動に後藤が連繋ないし協力していたと見て間違いないだろう。

大正九（一九二〇）年三月ごろから、後藤は大調査機関案を公にして、世論喚起を狙う。渋沢は日米関係委員会協議会を催し、米国より実業家で慈善家のウォレス・アレグザンダー★（Wallace M. Alexander）、政治家のチャールズ・ムーア★（Charles C. Moor）、土木技術者で教育者でもあるウィリアム・ホイラー★（William

★ムーア（1866-1958）
米国の政治家。不動産業を営むかたわら、アイダホ州下院議員を務め、アイダホ州の第一三代知事に就任。のちに合衆国国務総局長官に任命。

★ホイラー（1851-1932）
米国の土木技術者、教育者。クラークが札幌農学校設立のために日本政府に招かれた際、共に来日。クラーク帰国後、札幌農学校教頭に就任。

Wheeler）らが来日して参加した。また、渋沢は日中実業協会の会長にもなった。さらに外務省関係者を中心に設立された国際連盟協会の会長にも就任する。

大正十（一九二一）年十月三日、渋沢はワシントン会議への正式招請を受け、日本の全権団に付き添って渡米し、ハーディング★（Warren Gamaliel Harding）大統領と面談した。ワシントン会議は十一月十二日に開かれ、十二月十三日、日英米仏四国協約が調印され、日英同盟は破棄された。翌年の二月六日には海軍軍備制限の四カ国条約が成立することになる。

大正十一（一九二二）年十二月、体調を崩して帰国した幣原《しではら》喜《き》重郎《じゅうろう》★の後任として、日本外交史上最も若い駐米大使が誕生する。四十六歳の埴原《はにはら》正直《まさなお》★である。埴原は、外務省では数少ない私学（現・早稲田大学）出身であり、爵位も持たず姻戚関係などによる政界有力者の後ろ盾もない変り種であったが、異例の昇進はアメリカの政界・財界・ジャーナリズムと深い親交を体現していたことによる。翌年一月、アメリカに出発する埴原を祝う祝賀会が、渋沢栄一を会長とする日米関係委員会によって開催され、渋沢が祝辞を述べた。

3　孫文と日中関係

後藤新平が孫文にはじめて会ったのは、明治三十三（一九〇〇）年九月、台

★ハーディング（1865-1923）
第二九代アメリカ合衆国大統領。所得税の累進性を弱め富裕層への大規模な減税を実施。保護貿易政策を取り高率関税をかけた。

★幣原喜重郎（1872-1951）
大阪出身。外交官、政治家。外務大臣、貴族院議員、内閣総理大臣臨時代理、内閣総理大臣、第一復員大臣等を歴任。

湾総督府民政長官時代の台北においてである。この年、孫文《そんぶん》★は恵州挙兵を計画し、児玉台湾総督と後藤長官を訪れ、武器援助等の支援を求めたのである（藤井昇三『孫文の研究』）。これは実現しなかったが、その後も後藤と孫文の間には表面に出ない関係が続いていたらしい（春山明哲「孫文と後藤新平」（1）、（2）、（3）、『後藤新平の会会報』一、二、三号）。国立国会図書館憲政資料室には孫文から後藤宛の書簡が保管されている。

大正元（一九一二）年十二月二十一日、第三次桂内閣が成立した。後藤は逓信大臣兼鉄道院総裁兼拓殖局総裁となる。桂は訪露以前から新党樹立を考えていた。しかしこの内閣は、政友会の尾崎行雄や国民党の犬養毅《いぬかいつよし》★らに指導された憲政擁護・閥族打破という民衆運動の標的となった。

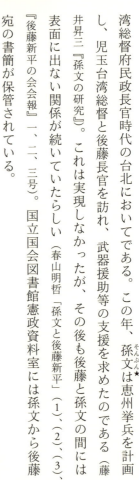

大正二（一九一三）年一月二十日、桂と後藤は新党立憲同志会樹立を宣言したが、二月十一日にはついに桂内閣総辞職となった。

二月十五日、来日した孫文ら八名は、渋沢の事務所を訪れ、日中合弁の中国興業株式会社設立の相談をし、発起人会を作り、日本側は益田、渋沢、大倉、安田、山本条太郎、中橋徳五郎、三村君平ら、中国側は、孫文ら八名が加わった。これはのちに中日実業株式会社となり、袁世凱《えんせいがい》★政権に引き継がれ、渋沢は訪中の招待を受けることになる。後藤は、正式な逓相辞任の前日（二月十九日）、孫文の一行を華族会館に招待した。さらに同月二十四日、孫文たちは大倉喜八

★**埴原正直**（1876-1934）
山梨出身。外交官。外務次官、駐アメリカ大使、ワシントン会議全権委員。洋画家の埴原久和代は妹。

★**孫文**（1866-1925）
中国の国父・政治家・革命家。初代中華民国臨時大総統。中国国民党総理。「中国革命の父」、中華民国では国父と呼ばれる。

郎の向島別邸での晩餐会に招かれている。

後藤と渋沢と大倉と孫文の関係には、さらに調査すれば、知られざる史実が出てくるかも知れない。

4　京浜工業地帯の形成と港湾・運河

明治四十五（一九一二）年三月、浅野は渋沢の助けをかりて安田とともに、鶴見・川崎間の五十万坪埋立計画を神奈川県に出願した。またこの年、浅野の娘婿白石元次郎は八幡製鉄技師の今泉嘉一郎とともに川崎に日本鋼管を創立した。

大正二（一九一三）年、浅野と安田と渋沢は、鶴見・川崎間埋立計画について、神奈川県の許可をようやくもらった。安田は、この年前後に、浅野から大磯の別荘寿楽庵を譲られている。

大正三（一九一四）年、浅野・安田・渋沢は、鶴見埋築株式会社を設立する。この埋立事業は、昭和三（一九二八）年に一応の完成をみた。そして浅野セメント、日本鋼管、浅野製鉄所、旭硝子、日清製粉などが次々に進出し、京浜臨海工業地帯の中核となって、わが国の産業を支えていくのである。

このように形成された京浜工業地帯のインフラとして、大正十五（一九二六）

★犬養毅（1855-1932）岡山出身。政治家。中国進歩党代表者、立憲国民党総理、革新倶楽部代表者、立憲政友会総裁、内閣総理大臣。五・一五事件の凶弾に倒れる。

★袁世凱（1859-1916）中国清末の軍人、政治家。北洋軍閥の総帥。大清帝国第二代内閣総理大臣を務めたが、清朝崩壊後は中華民国臨時大総統、大総統に就任。

年、浅野は鶴見臨港鉄道線を設け、故安田善次郎を偲び、安善駅を開設し、記念とした。

こうした、東京・川崎・横浜——いわゆる京浜地区の工業化の進展が進む一方で、東京湾奥の「江戸湊」の整備は複雑な経緯をたどる。

横浜が幕末以来の開港地として整備され、事実上、東京の外港として機能するようになると、東京の隅田川河口の港湾整備の方針と横浜の商港としての地位の維持が常に交錯することになる。明治十三（一八八〇）年の松田東京府知事の東京港築港案や、市区改正（渋沢らが委員であった）において、櫛歯状の埠頭を新設する案等が提起されるも、事業の縮小によって事実上沙汰止みとなり、隅田川河口の改良工事として、水路整備や浅瀬の整理・埋立（例えば、明治三十九（一九〇六）年の大規模浚渫、月島・芝浦の埋立など）が進められる。

大正十二（一九二三）年の関東大震災後の帝都復興事業を契機として、東京に本格的な港湾施設の造営と、横浜・東京間を連絡する「京浜運河」計画が浮上するが、復興予算の問題から復興一等運河に目された京浜運河事業は中止され、墨東の工業地帯を抱える二等運河・小名木川等の改良事業が運河改良事業の中心となる（京浜運河はその後、品川沖・羽田沖・川崎沖等の埋立の結果、事実上形成され、戦後整備される）。

東京港の港湾設備の整備は、震災時の応急物資集積場として機能した芝浦を

★桐島像一（1864-1937）
高知出身、東京帝大卒。三菱地所最高顧問、東京市会議長、モリソン文庫購入に尽力、東洋文庫長。

中心に、大正十四（一九二五）年に日ノ出、昭和七（一九三二）年に芝浦、昭和九（一九三四）年に竹芝の各埠頭が整備され、事実上「東京港」としての体裁を整えるに至るが、正式な東京港開港は昭和十六（一九四一）年まで俟つこととなる。

5　渋沢栄一らによる後藤新平東京市長就任運動

大正九（一九二〇）年十一月二十六日、汚職問題に端を発した東京市政の混乱の責任をとって田尻稲次郎市長と加藤正義市会議長が辞任し、続いて三十日、三人の助役までが辞職する事態となった。この市政の危機を打開すべく、後藤を市長就任へと主導したのは渋沢であった。

渋沢は東京市長の後任について、二十七日、いちはやく「後藤男〔爵〕の様な世界的名声のある、そして常に万策を蔵している人に成って貰いたい」と『東京日日新聞』で語っている。

十二月七日、東京市会は市会議長に桐島像一《きりしましゅういち》★を推し、ついで、満場一致で市長の第一候補に後藤新平を推して、桐島、柳沢保恵、坪谷善四郎が選考委員となって、後藤に市長就任を要請したが断られた。坪谷は渋沢に尽力を依頼、渋沢は「あの巨腕で一つ大鉈《なた》を揮って貰いたいものだ」と言って、十一日、後

★**藤山雷太**（1863-1938）佐賀出身。実業家、貴族院議員。東京商業会議所会頭、大日本製糖社長、三井財閥等の相談役・取締役等を歴任。藤山コンツェルンを創立。

★**藤田謙一**（1873-1946）青森出身。実業家。大蔵省勤務後、岩谷商会に。さらに台湾塩業、大日本塩業、日活、東洋製糖、東京護謨などの重役を歴任。

藤が会長を務める都市研究会に赴くという作戦に出た。そこで渋沢は、市政革新に対する市民の自覚を促す方法等について、後藤をはじめとして研究会のメンバーと意見交換する、という手順を踏んだのちに、翌十二日、渋沢は後藤を訪ね、市長就任を要請した。

後藤は、「産業調査会」の件があるので市長は引き受けかねる、と渋沢に返答した。この産業調査会とは、欧米視察後、この年五月に後藤が発表した「大調査機関設置の議」で提案した産業戦略の調査機関である。後藤はこのプランを具体化すべく、原敬首相と折衝を重ねていたが、進捗していなかった。この問題については、渋沢も関わっている。

後藤新平来訪、（略）後藤の発案なる大調査会は財政の都合を見ざれば提出するや否や決定できずと告げ、尚ほ協調会に其人もなきに因り担当しては如何と言ひたるに、後藤は勘考すべしと言へり。此事は渋沢〔栄一〕の来話にて諾否は不明なるも好機会に試むべき積なりしに因り本日内話したるなり。

（『原敬日記』大正九（一九二〇）年十月二日）

さて、渋沢は後藤に要請して断られた翌日、原首相に陳情した。再び『原敬日記』の記述である。

★永田秀次郎（1876-1943）
兵庫出身。官僚、政治家、俳人。三重県知事、東京市長、拓殖大学総長、貴族院議員。広田内閣の拓務大臣、阿部内閣の鉄道大臣を歴任。

★池田宏（1881-1939）
静岡出身。京都帝大法科卒。内務官僚。都市計画課長、東京市助役、東京市政調査会理事、帝都復興院計画局長等、後藤のブレーン。

渋沢栄一、近藤廉平、桐島像一、藤山雷太《ふじやまらいた》★、柳沢保恵、加藤正義来訪、後藤新平に市長就任を勧めたるも容易に承諾せず、而して其理由は大調査会問題に在り、故に此問題は暫く延期し（廃止に及ばず）先ず市長に就任する様勧誘を依頼すと云ふに付き、余は兎に角一考の上にて勧誘然るべしと考ふる時は諸君に告げずして勧誘を試むべきも、勧誘方お断りする様の場合には電話にて渋沢氏迄申送るべし

（『原敬日記』大正九（一九二〇）年十二月十三日）

原のところには、横田法制局長官から「後藤の子分藤田謙一《ふじたけんいち》★が窃《ひそか》に横田を訪ふて首相並山県より一言せば就任の内意ありと云ふ」という重要な情報がすでにもたらされていた。藤田は後藤の側近である。このころ、元老の山県有朋は枢密院議長辞任の意向を原に伝えており、この問題が微妙に原の判断に絡まっているとみえる。原は、横田に命じて、山県を往訪して後藤の件につき渋沢らが来たので考慮中である、と告げるよう話している。

山県のところには、すでに十一日、近藤廉平と藤山雷太が後藤への勧説を依頼に行っており、山県は十三日、横田を通じて原になるべく後藤の市長就任を促すよう尽力されたい、とのメッセージを伝えていた。十四日には、後藤が山

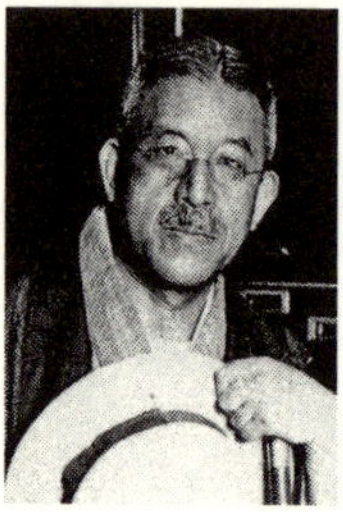

★床次竹二郎（1866-1935）
鹿児島出身。政治家。原・高橋内閣の内相、犬養内閣の鉄道相、岡田内閣の逓信相を歴任。その間新党結成などを繰り返した。

県を訪問している。この日、藤田から横田を通じて、後藤に対して「極めて打解けたる内談を首相より試みらるるようありたし」との要望がひそかに寄せられていた。こうして、原と後藤の会見が行われたのである。原は次のように後藤に言った。

余は調査会の事は目下財源に行悩如何相成るや未定なり、（略）市長云々は現実の問題にて又此際思切って市の改革を断行するも一快事ならん、市の為めにも国家の為めにも必要と思ふ、現行法律も亦不備にて、市長に権力なく、市会市参事会に全権を有せしむるは百弊の本なり、併し制度は人によりて如何様にも実際なるもの

（『原敬日記』大正九（一九二〇）年十二月十四日）

十五日、原は首相官邸における後藤との正式会談をセットした。後藤は原のもとを訪れて、市長就任内諾の旨を告げ、助役に永田秀次郎《ながたひでじろう》★のほか、内務省から池田《いけだ》宏《ひろし》★社会局長、前田多門を得たいと話した。原は直ちに床次竹二郎《とこなみたけじろう》★内相を呼んで了承を取り、さらに、渋沢栄一らを呼んで後藤内諾の意を告げた。このあたりの原の運びは水際立っている。

市長就任が決定した翌日、十二月十六日から二十日までの五日間、後藤が会

長を務める都市研究会は、市政改善の講演会を一五区全部で開催し、後藤みずから演説した。さらに、後藤の発意により六万五千通の往復はがきを出して、東京市民の意見を聞いた。このアンケート調査は統計専門家の処理を経て、公開・報告されるという後藤らしい手順である。

十二月二十三日、東京商業会議所主催の「東京新市長後藤男歓迎会」で、渋沢は大倉喜八郎、藤山会頭らと共に参加し、祝辞を述べている。

凡そ物事が思ふ様に届いたと云ふことは誰も嬉しいものである。其事柄が自己のことですら尚ほ嬉しうございますが、是が公共のことであって而も吾々が常に愛する東京市のことであります、(略)私は非常に嬉しい、何だか皆さんも同じくニコニコした顔をして御座るやうで、同じやうに嬉しく感ずるものと想像するのであります。(『渋沢栄一伝記資料』四八巻)

渋沢のニコニコ顔が目に浮かぶようではないか。助役三人の名が永田・池田・前田の「三田」なのも面白い、などと渋沢は興に乗っている。

6　安田善次郎と東京市政調査会

大正九（一九二〇）年十二月十一日、後藤が市長就任を受ける直前、安田善次郎は都市研究会における「市民自治的観念の覚醒を促す」というテーマの会議に出席し、終了後、後藤と意見交換をしたのであった。その後、安田は後藤邸を訪問し、後藤からニューヨーク市政調査会のことを聞き、大変興味を持った。

翌大正十（一九二一）年一月、後藤はニューヨークの鶴見《つるみ》祐輔《ゆうすけ》★に、ニューヨーク市政調査会の資料を送れと電報する。鶴見はニューヨーク市政調査会専務理事ギューリック★（Luther Halsey Gulick）の力添えで資料を集めて送った。その時、鶴見が思い出したのが、チャールズ・A・ビーアドの講義であった。

三月、後藤は東京市政調査会設立の資金を得るために、麻布本町の自邸を売ることを安田グループの東京建物に相談した。一方で、後藤は次々に市政改革に取り組み、職制を大改革し、市区吏員や小学校教員を整理、三百余名を退職させ、吏員研修所や市政事務調査機関を設置して多くの嘱託を任用した。

四月二十七日、後藤市長は、「新事業および財政計画の大綱」を発表した。いわゆる八億円計画である。都市計画に基づくインフラを中心とした東京市大

★鶴見祐輔（1885-1973）岡山出身。官僚、作家、政治家。後藤新平の秘書、通訳を務め、後藤の長女愛子と結婚。『後藤新平』（全四巻）の執筆に携わる。

★ギューリック（1892-1993）米国の行政学者。正統派行政学の第一人者であり、組織管理の手法をPOSDCORBとして定式化したことで知られる。大阪生まれ。

改造計画である。

安田善次郎は、五月五日、東京帝大に講堂を寄付すると申し出ると、浅野総一郎とともに、東洋汽船の大洋丸で上海に向い、広東では広東新政府の非常大総統孫文らと会談した。

帰京後、七月二十日、安田は後藤市長を訪ね、東京市政調査会設立の費用は自分が寄付すると申し出たうえで、八億円計画について、「年に八千万円程度の金額なら、市債を発行して外国の力に頼ることはない。安田の家財を傾けずとも調達できる程度の金額である」と述べた。

そしてさらに「私に寄付をさせてほしいと思うような人も事業もない。所謂世間一般の慈善事業のようなものも気に入らない。私の出す金は後藤男爵という人を信じて出すもので、後藤に有益に使って貰うのでなければ私の志が立たないということを承知しておいて貰いたい」と念を押した。

この見解は、安田がかつて、後藤の救貧・防貧の対策についての説を聞いて以来、後藤の提唱する社会政策に強く賛同し、その理念を深く理解していたことの証である一方、「(短期信用による通常の銀行貸付の手法は、都市計画など公的事業への融資になじまないが) 国民経済の安定を図る側面からも、然るべき信用ある貯蓄銀行を確立させて、その預金は八億円計画のような確実なものにのみ振り向け、他の貯蓄銀行より利率を一分から一分五厘程度高くして運用する」ことで、事業として成立するという銀行家としての信念に根ざしているものでもあった。

大正十(一九二一)年四月、後藤は「新事業及び其の財政計画の綱要」、いわゆる「八億円計画」を、市参事会に提出した。市会議員に対しては「東京市政要綱」を、首相、内務・大蔵大臣に対しては「東京市政に関する意見書」を提出した。

「一、都市計画の設計に基く重要街路の新設及び拡築」から「一六、市庁舎及び公会堂の新設」までにいたる「新事業の概目」は、のちの「帝都復興」の際に参考とされる東京のグランドデザインであった。それに加えて、こうあるのがこれまた後藤らしい。

市としては(…)衆知を網羅せる市政調査機関を特設して事業の当否を按《あん》じて財政を按排《あんばい》〔適切に処理〕し(…)。

市民としては(…)自治公共の精神を涵養《かんよう》し愛市心を旺盛にすること(…)。

(『正伝』第七巻、三七九—三八〇頁)

後藤は、この事業は「系統的に科学の基礎に立脚して新計画の組織を編制し、その実現を期そうとする」ものであり、東京市が「日本のデモクラシーの中心としてまた都市の自治の中心として」の地位を占めることを希望する、という趣旨の説明を、市会議員に対して行っている（『正伝』第七巻、三八九頁）。

「八億円計画」を知ってすぐに反応したのが安田善次郎である。安田は後藤を訪ねてきて、こう切り出したという。

あなたの所謂《いわゆる》八億円計画は、失礼ながら閣下としては小に過ぎはしませんか、桁が違いは致しませんか、第一、築港費は何程《いかほど》に見込みしか。

（『正伝』第七巻、三九六頁）

こうして、安田は市政調査会施設の建築経費三五〇万円の寄付を申し出ることになるわけだが、注意すべきことは、安田は「ハード」の経費を出すことに主眼があるのではなく、調査の財政基盤の確立を目的としたことである。すなわち建築費の年利一割、三五万円を貸事務所料等によって取上げ、そのうち一五万ないし二〇万円を調査費に充てる構想であった。

ところが、大正十（一九二一）年九月二十八日、安田善次郎は大磯の寿楽庵で朝日平吾によって刺殺されてしまった。最初に駆け付けたのは浅野であった。浅野はこの頃、門司、小倉、東京、小樽、留萌の五カ所の築港を計画していたのだが、安田の死によってそれは不可能となってしまった。

後藤市長は、安田死すの急報を聞いて思わず、「シマッタ！　国家のために真に金を使ってみたいと考えている安田翁に、心ゆくまで金を使わせてみたかった」と長嘆した。その上、十一月四日、原首相が東京駅頭で中岡艮一《こんいち》によって刺殺され、十三日、高橋是清内閣が成立した。ここに、後藤市長の八億円計画は政治的にも金融的にも実現不能になったのである。しかし、関東大震災後の復興計画において、それは大きく活かされることになる。

大正十一（一九二二）年二月二十四日、財団法人東京市政調査会は設立された。その設立趣意書に次のような文面が見られる。

欧米文明諸国皆都市の自治政に就て深く其の意を致し其の力を尽くし（略）都市其のものを秩序的に整正し科学的に開発し、以て円満具足せる人類の理想郷を現出するを期せざるはなし。（『正伝』第七巻、四八八頁）

この調査機関は、「人間の本能たる自治生活の円満なる発展」のために、「市政をして現代科学の討究より成る合理的知識に準由せしめ」、「自治政をして確固不抜なる科学的見地の基礎の上に樹立せし」めるためのものであり、後藤が若き日に著した『国家衛生原理』の思想の延長にあるものと言ってよいのではないか。

★チャールズ・ビーアド（1874-1948）
米国インディアナ州出身。歴史学者。米国における二十世紀最高の政治歴史学者と呼ばれるも、ルーズベルト批判により学界から葬られる。

★加藤友三郎（1861-1923）
広島出身。海軍軍人、政治家。没後元帥海軍大将。日露戦争で連合艦隊参謀長、ワシントン会議で日本首席全権委員を務める。

7　ビーアドとヨッフェの来日

大正十一（一九二二）年、新年早々一月十日に大隈重信が没し、その一週間後には日比谷公園で国民葬が行われている。また、二月一日には元老の山県有朋が没し、これにより薩長の藩閥政治がほぼ終焉を迎えることになる。この年の一月には、安田家から東京市に対して、東京市政調査会設立費として三五〇万円の寄付の申し出があり、翌月、財団法人東京市政調査会が認可され、後藤市長が会長に就任し、直ちにチャールズ・A・ビーアド★（Charles Austin Beard）博士の招致を決定している（後藤はこの年の一月に、鶴見祐輔を介して、ビーアドに来日を打診し、三月には九月来日の返信を受けている）。五月八、九日、後藤市長は摂政宮殿下に市政、すなわち、東京都制案を含む八億円計画について進講する。

六月六日、高橋是清内閣が総辞職し、十二日、加藤友三郎《かとうともさぶろう》★内閣が成立。二十四日には北樺太を除くシベリア派遣軍の撤退が表明される。日本政府は前年から大連で、ソビエトの緩衝国である極東共和国との通商交渉を行っていたが、尼港事件（ロシア内戦中の大正九（一九二〇）年、アムール川の河口にあるニコラエフスク（尼港）で発生した、赤軍パルチザンによる大規模な住民虐殺事件）に対する謝罪と賠償を求める日本側と、北樺太をはじめとする日本軍占領地域からの撤退期日

★ヨッフェ（1883-1927）　ロシアの革命家、ソビエトの政治家、外交官。一九二三年、中国を訪問、その後日ソ関係を改善のため、同年二月に来日。後藤と会談。

の明記を求める極東共和国側との溝は大きく、会議は失敗に終わっていた。

続く九月四日から二十五日にかけて、日ロ長春会議が開かれるが、これも決裂する。大連及び長春会議における日本の立場は、一貫して共産主義政権の樹立を容認せず、労農国家の承認先送りを図り、極東共和国をソビエト政権から切り離し、同国を通じて極東ロシア地域における日本の権益を確保することにあった。だが、ロシア側からすれば、本土から日本軍が撤退し、西欧諸国との外交交渉が軌道に乗り始めた現状で、日本との関係改善を急ぐ必要はなくなりつつあった。

このため、日本側はその外交戦略の見直しを迫られていた。この行き詰まりを打開しようとして、十一月、後藤市長は加藤首相と日露復交について黙契を交わし、日ロの国交回復に向け、長春会議にも出席していた労農ロシア極東代表（中国大使兼務）のヨッフェ★（Adolph Abramovich Joffe）を招く私的外交を行なうことを申し出て、首相の了解を得たのである。

ロシアの大地では、その間も事態は推移する。十二月三十日、ロシア内戦における最終的な勝利を得た赤軍及び共産主義者は、ロシア、ザカフカース、ウクライナ、白ロシア各共和国を統合し、ソビエト社会主義共和国連邦（いわゆる「ソビエト連邦」）成立を宣言。ここに史上初の巨大な共産主義国家が成立し、激動の世界はさらに加速度を増していく。

★メアリー・R・ビーアド（1876-1958）
米国出身。歴史家、文書管理の専門家（archivist）。米国の女性史アーカイブの形成や、女性の参政権運動において重要な役割を果たした。

★ウォーレン（1870-1936）
米国の外交官、政治家。ウォーレンは一九二一年から二二年まで駐日大使を務めた。ワシントン会議を控え、その派遣は米国の期待だった。

一方、後藤が招致を決めた政治学者・歴史学者のビーアド博士は、一九一五年、コロンビア大学の教授に就任。しかし、一九一七年、第一次世界大戦への米国の参戦に伴い、大学総長が同僚三人を解雇したことに反発して自らも辞任して大学を去っている。その直後、博士はニューヨーク市政調査会理事に就任し、都市行政の研究を行っていた。

後藤は都市行政の専門家としてのビーアドに東京市の現状を具に調査してもらい、有益な提言を行ってもらうとともに、その世界的大学者の存在そのものを活用して、都市問題への関心を広く日本の朝野に喚起する意図をもっていたのである。

ビーアド一家（夫人メアリー★（Mary Ritter Beard）と二人の子どもを同伴）が横浜に入港したのは同年の九月十四日、後藤はその翌々晩、丸の内銀行倶楽部に歓迎会を開催した。加藤友三郎首相、ウォーレン★（Charles Beecher Warren）米国大使のほか、渋沢栄一など二〇余名が招待されている。席上ビーアドは、「日本の都市建設は、決して欧米式都会の模倣であってはならぬこと、日本の伝統的美術を保存するごときものでなければならぬ」（『正伝』第七巻、五一〇頁）と力説したという。

ビーアドは翌年三月までの滞日中、東京市政調査会のオフィスで東京市政に関する調査研究の任に当たるとともに、全国の主要都市の視察に赴き、三十五回もの講演を行っている。また、この間の調査研究の最終報告書は『東京市政

★後藤一蔵（1893-1954）東京出身。政治家、実業家。後藤新平の長男。コロンビア大学卒業。貴族院議員。東亜合成取締役。

論』（東京市政調査会訳、一九二三年）として取りまとめられている。

本書で取り上げている実業家との関係では、九月二十七日、ビーアドは渋沢の案内で東京市養育院を視察している。

この年は明治五（一八七二）年に養育院が設立されてから五〇周年にあたる。十一月二十六日、東京市養育院の巣鴨分院で開催された記念式には常設委員として大倉喜八郎も参列している。大倉は、明後年に米寿を迎える記念として、社会・教育事業に一〇〇万円を寄付し、そのうち二五万円を東京市養育院に寄付することを後藤市長と渋沢養育院長に申し込んでいる（『稿本　大倉喜八郎年譜第三版』）。

明けた大正十二（一九二三）年一月十六日、後藤市長は、懸案だった私的外交交渉に動き出す。中国にいるヨッフェに電報を打ち、病気療養のための来日を勧めたのだ。ヨッフェは長春会談決裂後、上海に移り、孫文を訪い、ソ連と中国との国交について懇談していた。

二月十日、ヨッフェが来日したが、その五日前には赤化防止団員が後藤邸に闖入狼藉、二十八日にも暴漢が闖入狼藉して、長男の一蔵《いちぞう》★が負傷している。後藤は、二月から五月にかけて、たびたびヨッフェと会談、日ソ本格交渉の準備を進めている。さらに四月二十五日、後藤は東京市長を辞職、ヨッフェとの交渉に専念し、五月三十日には後藤の斡旋で日ソ漁業条約が調印されている。

★トロツキー（1879-1940）ロシア十月革命における指導者の一人。レーニンに次ぐ中央委員。赤軍の創設者および指揮官。権力闘争に敗れメキシコに亡命。

一方、滞日六カ月（途中台湾訪問等のため離日し、再び来日）に及んだビーアド夫妻が、六月十二日に帰国した。八月十日、ヨッフェもまた建国間もないソ連に帰国した。

この間、後藤は「新計画経済《ネップ》」で変質し始めていたロシア・ソビエトを分析したビーアドの最新の論考を新聞に公表している。そして、医師で革命家でもある外交官にして、トロツキー★（Lev Davidovich Trotsky）の友人でもあるヨッフェと、ビーアドとを会わせてみようと試みている。ビーアドが辞退したためこの邂逅は成立しなかったが、後藤の意図は当時の常識をはるかに越えている。やがて、この年の八月二十四日、首相の加藤友三郎が没する。思いもよらぬ大激震は間近に迫っていた。

九月一日、関東大震災が発生すると、後藤は、鶴見祐輔をして、ニューヨークのビーアドに電報を打たせ、ビーアドの再来日を要請している。一方、震災の報を受けたビーアドは、即座に「新街路を設定せよ。街路決定前に建築を禁止せよ。鉄道ステーションを統一せよ。」という電報を後藤宛に打っている。

後藤の要請に応え、再び来日したビーアド夫妻は、十月六日、三カ月ばかり前に発った横浜の変わり果てた光景を目の当たりにする。それから精力的に廃墟の東京を見聞したビーアドは、十月三十日、後藤に向け『東京復興に関する意見』という覚書を提出し、東京市に強力な地方自治権を委ねることを前提と

★スターリン（1878-1953）
ソビエト連邦の政治家、軍人。第二代最高指導者。後藤新平は、一九二八年ソ連を訪問し、スターリンと会見、国賓待遇を受ける。

して、帝都復興にかかる十一項目の提案を提示している。十一月十五日、ビーアド夫妻は東京駅で後藤らに見送られ、離日した（この間の後藤とビーアドの動向の詳細については『震災復興　後藤新平の一二〇日』（藤原書店、二〇一一年）を参照）。

他方、帰国したヨッフェは、一九二四年から駐墺ソビエト全権代表を務めるが、健康の衰えのため一九二六年には非常勤となって帰国。モスクワで病気療養を続けていたが、翌一九二七年の十一月には極度の痛みから、ベッドを離れられなくなる。医師でもあるヨッフェは、国外での治療を希望していたが、スターリン★（Joseph Stalin）が権力を握った共産党指導部にそれを拒絶される。同年十一月十二日に盟友トロツキーが共産党から追放されて間もなく、十六日、ヨッフェは、トロツキー宛の遺書を残し、拳銃自殺を遂げている。享年四十四歳であった。ヨッフェの葬儀の席上、トロツキーが行った演説は、彼の最後の演説となった（ナディエジュタ・A・ヨッフェ『ナディエジュタ・A・ヨッフェ回顧録』）。

古希を迎えた後藤は、ヨッフェが没する直前に訪ソを計画し、スターリンとの会談を目論んでいたが、その出発の直前にヨッフェは亡くなったことになる。モスクワを訪れた後藤は、十二月二十五日にレーニン、その翌日にヨッフェの墓参りを行っている。そして、翌年一月七日にはソビエトの最高権力者、スターリンと相まみえるのである。

★**山本権兵衛**（1852-1933）
鹿児島出身。薩摩藩士、海軍軍人、政治家。海軍大将。海軍大臣、内閣総理大臣などを歴任。海軍を支え、日本海海戦の勝利を導いた。

8 関東大震災・帝都復興と実業家たち

大正十二（一九二三）年九月一日十一時五十八分、相模湾を震源とした激震が南関東一円を襲った。

関東大震災の発生である。震害による家屋の倒壊、山崩れ・沿岸部の津波の害もさることながら、東京下町・横浜を襲った大火災は江戸・明治以来の都市のストックをことごとく破壊し去った。死者・行方不明者一〇万人余、罹災人数一九〇万人以上、焼失家屋二〇万棟余の大被害を出した。当時「大震火災」「大震大火」と称されたように、昼時の各家庭での火の使用、また化学薬品等からの出火が重なり、折からの強風に煽られて延焼を続け、三日午前になって漸く鎮火した。中でも避難民の集中した本所の被服廠跡では大規模な火災旋風が発生し三万余名が落命した。その他、明治の繁栄の象徴・浅草十二階の倒壊や、丸の内のビル群の破損（建設中の内外ビルディングでは作業員数百名が圧死）など、首都東京と外港・横浜の機能はほとんど失われるに到ったのである。

第一次大戦後の不況、さらに震災直前八月二十四日に加藤友三郎首相が死去したこともあって、非常に不安定な政治状況下で震災に遭ったことになるが、組閣の大命が下った山本権兵衛《やまもとごんのひょうえ》★も築地の水交社で震災に遭遇、後藤は山本らを促して、赤坂離宮での組閣・認証式に持ち込む。山本内閣は有力な閣員を揃えたものの、政党に足場を持たない不安定な内閣であった。

また一方、山本内閣組閣直前に急ぎ布かれた、新たな官制で内務省を軸とした「臨時震災救護事務局官制」が設置された。その内容は、内閣に「臨時震災救護事務局」を設置。また事務局総裁に首相、副総裁に内相。警保局長・警視総監は参与として参加するという構成であった。

渋沢は震災当日、兜町の事務所にいた。地震に遭って後、まず、第一銀行に避難して昼食を済ませ、火の手のない安全な経路を探りながら飛鳥山の自邸に戻ったという(北原糸子『渋沢栄一と関東大震災——復興へのまなざし』所収)。渋沢自身、震災直後の時点では、東京の旧市街地のほぼ全てを灰燼と帰すような大火になるとは予想していなかったらしい。

九月四日、内務大臣・後藤新平は騎乗の使者を飛鳥山に派遣し、渋沢を呼び出した。

後藤は官民合同で罹災者救済について協議するため、民間代表として協調会副会長の渋沢と同会理事の添田敬一郎を招いたのである。ちなみに「協調会」とは、第一次大戦後の労資対立の緊張を緩和させるため、内務省と財界が合同で設立し、労働法制定や労働者教育に注力した組織である。

続いて四日の朝早く内務大臣になられたと云うて、後藤さんから至急に相談したいことがあるから出て来いと、騎兵を使いに寄越された。（略）早速後藤さんが、ヤア大変だ、余儀なく後を引受けた、昨日極ったんだが、実は今朝総理の所に閣議があって色々と相談して来た、それに付て貴方と相談して見たいと思ったから急に言うて上げた、早速来て下すって宜かった、どうか協調会に働いて貰ひたいと思ふが、どうだろうか、（略）果たして協調会が斯う云ふ臨時の震災に応ずる場所であるかどうかは第二の問題として、極く人手も揃って居るし、聞く所に依ると幸に焼けなかったと云ふ洵に好い塩梅だ。

（『渋沢栄一伝記資料』第三一巻）

渋沢は「協調会の資格がどうであるかの詮議を先づせねばならぬやうに思ひましたけれども」、そんなことを協議していると「薬の相談が調うたら病人が死んでしまった」という事態になったら困るので「責任は私が持ちます、間違ったら叱られる覚悟でやりませう」と後藤に言った。

渋沢史料館に残る「協調会書類」によれば、協調会による震災救護事業は、芝協調会館への罹災者の収容、米飯の炊き出し、災害情報版の設置、掲示板の設置、芝公園と横浜への臨時病院の開設から労働統制・失業手当・職業紹介所の建議まで、多岐にわたっている。

★**徳川家達**（1863-1940）東京出身。政治家。田安慶頼の四男。維新後に慶喜に代わって徳川宗家第一六代を継ぐ。貴族院議員。後に同議長も務める。

渋沢はまた「大震災善後会」の設立にも尽力した。この会は貴族院・衆議院と実業家を中心メンバーとした組織で、罹災者のための義捐金募集と経済復興を目的とした。十一日に発起人会が持たれ、会長に徳川家達《いえさと》★貴族院議長が就任することになった。

これより先、九月九日東京商業会議所において渋沢は協議会を開き、のちに渋沢の「天譴《てんけん》論」として有名になる演説を行っている。

> 今回の大震火災は日に未曾有の大惨害にして、之天譴に非ずや、惟ふに明治維新以来我国の文化は長足の進歩を成したるも、政治、経済社交の方面に亘り、果して天意に背くことなかりしや否や吾人は現た寒心に堪えざるものあり（…）
>
> （『東京商業会議所報』六巻十号一九二三年十一月より）

なお、商業会議所内の東京実業組合連合会は、星野錫を中心として、物資供給に奔走した。

また、大震災のとき、渋沢の飛鳥山邸は家屋が破損したため、庭に小屋を建てて寝起きしたが、益田の御殿山本邸は無事で、小田原の別荘掃雲台も松ヶ岡神社を除いて無事であった。

大倉の赤坂本邸や大倉高等商業学校の校舎、大倉集古館は焼失したが、十月

★伊東巳代治（1857-1934）
長崎出身。官僚、政治家。グイド・フルベッキに師事して英語を修める。伊藤博文に仕え、帝国憲法起草に参画。枢密顧問官。

二十六日には再建を決定した。また、帝国劇場も全焼したが、すぐに再建にかかった。

さらに、政府の臨時震災救護事務局官をめぐる動き——国や市の罹災者救護の動きに合わせて、経済界も義捐金や物資の提供を積極的に行い始める。

近年の調査では、実業家の邸宅等で震災の被害を受けなかったもの、あるいは被害が軽微であったものは、公園等に設置された応急バラックよりも優良な仮設住宅・仮住宅として、罹災者に相当程度の長期間に渉って開放・貸与されていた事例の実態も明らかになっている。

渋沢の役割として特筆すべきことは、帝都復興審議会委員としての活動である。帝都復興審議会は山本首相を会長、後藤内相・帝都復興院総裁を幹事長として、閣僚、有識者からなる復興のための最高審議機関であり、渋沢（東京商業会議所）も参加を求められた。九月二十一日開催された第一回会議のあと、第二回が開催されたのは十一月二十四日であった。政府が提出した復興計画の原案は伊東巳代治《いとうみよじ》★などの批判を浴び、後藤は窮地に陥った。

後藤を救ったのは渋沢である。渋沢は特別委員会の設置を提案し、冷静かつ密度の濃い検討の場がとりあえず持たれた。しかし、二十五、二十六日と開催された伊東巳代治主導の特別委員会で、渋沢が主張した京浜運河と東京築港とは、震災復旧事業中より切離すこととされ、しかも、必ずしも臨時議会に提出する必要はない、という取扱いになった。こうして、明治十三（一八八〇）年の市区改正以来の東京築港構想は幻のまま終ったのである。

とはいえ、帝都復興審議会から臨時議会へと続く、予算削減をめぐる政治過程における後藤の妥協は、ともかくも震災復興事業の起点を作ったという意味では重要なものであって、後藤の値打ちはこの撤退戦にもあった。そして、渋沢の長者の風格が東京を救ったのである。

★**阪谷芳郎**（1863-1941）岡山出身。官僚、政治家。一貫して大蔵省畑を歩んだのち、東京市長。後藤の政治の倫理化運動に参加。

9　東京震災記念事業

大正十三（一九二四）年九月、東京震災記念事業協会が設立された。永田秀次郎東京市長を会長とし、顧問に渋沢栄一、後藤新平、阪谷芳郎らを迎え、民からの拠金、御下賜金、内務省や東京市からの補助を基金とした。設立趣意書には、「全市中最も惨禍を極めたる本所区横網町陸軍被服廠後に、記念堂を建設し、附近一帯を森厳なる公園と為し、以て犠牲者を永久に追弔すると共に、一面社会教化の機関に充て不言の警告を百世に垂れんと企図す」と記されている。

記念堂の前庭には石造大香炉が奉献され、その背面には「故子爵渋沢栄一　故伯爵後藤新平　男爵阪谷芳郎《さかたによしろう》★　永田秀次郎」など会長、顧問らの名が列記さ

★伊東忠太（1867-1954）
山形出身。建築家、建築史家。東京帝大名誉教授。西洋建築を学ぶも、建築史の研究から日本建築を再評価。作品には宗教建築が多い。

★佐野利器（1880-1956）
山形出身。建築家、建築構造学者。工学としての建築、とくに耐震工学に重きを置き、日本の構造学の発展に貢献した

れていた（『渋沢栄一伝記資料』第四九巻）。渋沢と後藤は「百世の警告」を考えていたようである。この大香炉は現在も見ることができる。

被服廠跡は、震災前より市の公園として整備すべく空地になっていたところに、震災時、本所・深川の罹災民多数が荷物を持って大挙して逃げ込み、後に火災旋風等によって、約二万坪の敷地に四万人の遺体が山積するという酸鼻の光景を現出することになる。

遺骸の処置も難渋を極め、試行錯誤の後、現地に重油炉を設けて臨時の火葬場となし、「高さ十六尺」の白骨の山を築くに至る。この前でとりあえず華香が手向けられたが、この粗末な状況を見かね、水戸の篤志家が納骨用に大瓶七〇を寄贈、それでも収容できない遺骨は木箱に納め、震災後一か月を経て、仮納骨堂のバラックの建設に着手した。これが現在の「震災記念堂」（現・東京都慰霊堂）の直接の起源といってよいだろうが、記念施設と慰霊堂を合築とすべきであるのか、また、惨禍の地から別に移して祀るべきとの意見、あるいは、その運営主体の問題などが様々に検討され、財団法人東京震災記念事業協会が設立され、前述のような慰霊の方針が定まったのである。

同協会は、横網町公園の施設整備を進め、まず「震災記念堂」の建設に着手する。

当初、市で設計をはじめたが、紆余曲折を経て、最終的には現在見る伊東《いとう》

★クーリッジ（1872-1933）
アメリカ合衆国の政治家、第二九代副大統領、第三〇代大統領。一九二三年から一九二九年まで在任。無口で「寡黙なカル」と呼ばれた。

★フーヴァー（1874-1964）
アメリカ合衆国の政治家、鉱山技術者。第三一代大統領、第三代商務長官を歴任。ニューディール政策を批判し、国家主義を警告した。

忠太《ちゅうた》★による（佐野《さの》利器《としかた》★、塚本靖、佐藤功一を嘱託とした）設計の、塔を戴いた東洋風の堂宇という形になった。

大正十三（一九二四）年九月、上野の自治会館で催された「震災復興展覧会」に際して、被災した建物の破片残骸、焼損遺物、児童の作文や手記等の蒐集品、あるいは昭和四（一九二九）年秋、日比谷の市政会館の開館を期して開かれた「帝都復興展覧会」に際して作成された各種図表や模型等の展示品――これらは翌年の「帝都復興祭」での天覧・記念展示を経たものが、東京震災記念事業協会の手に委ねられ、いったんは東京市本所公会堂に保管、その後、一部が「震災記念堂」内に展示されたが、上述のとおり、陳列・収蔵に不都合であったため、新たに公園東北端に、褐色のスクラッチタイル（櫛目タイル）の外装を基調とした「復興記念館」を急遽設け（設計者は慰霊堂と同じ、伊東忠太、佐野利器）、昭和六（一九三一）年四月に竣工した同館に収蔵されるに至った。

現在同館に残る「大東京模型」、「復興街路模型」などの所収の模型や図表はこの時に収蔵されたものである。この経緯をつまびらかに辿っているのが、東京震災記念事業協会の活動報告書『被服廠址』である。この報告書によると「復興記念館」の項目にみる収蔵物は単純累計で二〇一六点にのぼる。

さらに、同書には、慰霊堂、記念館、庭園仕様、付属施設、祭祀の経過などの詳細も示されており、中華民国から送られた慰霊の鐘などの献納品についても経緯等が詳細に記されている。

10　排日移民法の成立と太平洋会議

大正十二（一九二三）年二月中旬、米国全権大使としてワシントンに着任した埴原正直（本章2参照）は、一九二〇年に開始されたばかりのラジオ放送を通して、米国民にメッセージを送っている。各国大使が、ラジオ放送を通じて一般国民にメッセージを送るのは、米国史上においても初めてのことだった。（チャオ埴原三鈴・中馬清福『「排日移民法」と闘った外交官』参照）。

三月三日、埴原はハーディング大統領から信任状を受理するが、そのハーディングは、この年の八月に心臓発作で急逝し、副大統領のクーリッジ★（John Calvin Coolidge, Jr.）が大統領に就任する。

クーリッジの大統領就任早々、九月に関東大震災が起こる。地震発生時、ニューヨークにいた埴原は、東京の情報をなかなか得られず苦労したようだが、クーリッジ大統領から連絡があり、ホワイトハウスに赴き、できる限りの援助を要請する。その後埴原は、大統領が自ら率先して日本救済援助活動に全力を挙げ、米国民の大規模な義捐金募集に尽力したことを、日本国内に紹介する。その際、米赤十字を中心とした全米へのアピールは、十七年前のサンフランシ

★ルーズベルト（1882-1945）アメリカ合衆国の政治家。第三二代大統領。一九三三—四五年の長期政権で、世界恐慌、第二次世界大戦と激動の時代に大統領を務めた。

★ヒューズ（1862-1948）アメリカ合衆国の政治家、法律家。ニューヨーク州知事、ハーディング、クーリッジ政権の国務長官、連邦最高裁判所長官を歴任。

★アサートン（1877-1945）
米国の実業家、慈善家。ホノルル出身。一九一七年、日米関係委員として来日。この時は基督青年会会長でもあった。

★岩永裕吉（1883-1939）
東京出身。初代同盟通信社社長。長与専斎の四男。満鉄に就職後、鉄道院へ移り、後藤総裁の秘書官。退官後渡米、さらに新渡戸稲造や鶴見祐輔らと渡欧。帰国後通信事業に携わる。

スコ大地震に対して、日本赤十字が十万ドルを送金したことへの返礼を強調していた。

この赤十字の運動の中心にいたのが、ハーディング大統領と、クーリッジ大統領の商務長官を務めたフーヴァー★（Herbert Clark Hoover）であった。フーヴァーは、一九二九年の大恐慌の年に大統領となり、フーヴァー・ダムなど恐慌対策で歴史に名を残す。なお、この日本に理解を示すフーヴァーの政敵が、フランクリン・ルーズベルト★（Franklin Delano Roosevelt）であった。

駐米大使としての埴原は、このフーヴァー商務長官と国際派のヒューズ★（Charles Evans Hughes）国務長官と連携して、西部を中心として広がる排日運動に抵抗するために、マスコミを巻き込んだ運動を展開していた。ヒューズと埴原は、紳士協定の内容とその運用を上院に対して明らかにすることが、排日的条項阻止のために不可欠であるとの判断で一致していた。

そのような状況のなかで、大正十三（一九二四）年五月、米国で排日移民法（ジョンソン＝リード法）が成立し、七月一日に施行された。クーリッジ大統領は「この法案は特に日本人に対する排斥をはらんでいるものであり、それについて遺憾に思う」という声明を出して否定的な立場をとったが、議会の排日推進派による圧力に屈する形で拒否権発動を断念、日系人は「帰化不能外国人」の一員として移民・帰化を完全否定されることになってしまう。

★**沢柳政太郎**（1865-1927）
松本出身、文部官僚、教育者。帝国大学文科卒。京都帝大総長、成城小学校創立、自由主義教育を先導。帝国教育会会長。貴族院議員。

★**穂積陳重**（1856-1926）
愛媛出身。法学者、東大教授、枢密院議長。英国流の学風を導入。法典調査会委員として、民法など諸法案の編纂、起草に参画。

この排日移民法の成立は、この法案の阻止に向けて活動してきた渋沢栄一、新渡戸稲造らにも大きな衝撃をもたらした。新渡戸は「排日移民法が廃止されない限り、二度とアメリカの土を踏まない」と宣言したという（草原克豪『新渡戸稲造』）。

この排日移民法が施行された同年七月、渋沢のもとに、日米関係委員会のメンバーであるアサートン★（Frank C. Atherton、ハワイYMCA理事長）から、ホノルルで太平洋問題に関する国際会議を開催したいと提案があった。排日移民法の成立に衝撃を受けていた渋沢は、日米関係をこのままにしていてはいけないと考え、この会議の実現と日本の参加、そして日本の太平洋問題調査会の創設と発展に主導的な役割を果していく。

この太平洋会議は、第一回が大正十四（一九二五）年七月にホノルルで、第二回もホノルルで昭和二（一九二七）年に開かれ、第三回は新渡戸が太平洋問題調査会の理事長となった昭和四（一九二九）年に京都で開催された。日本は第六回（一九三六年）まで参加したが、以後は参加を取り止めている。太平洋問題調査会と太平洋会議で注目されることは、後藤と関係の深い人物が多く参加していることである。新渡戸稲造のほか、前田多門、鶴見祐輔、岩永裕吉《いわながゆうきち》★、沢《さわ》柳政太郎《やなぎまさたろう》★、高木八尺などである。ここに見られるように、渋沢、新渡戸、後

★**穂積歌子**（1863-1932）渋沢栄一の長女、法学者穂積陳重の妻。『穂積歌子日記』は明治史特に演劇史の重要資料。

★**グルー**（1880-1965）米国の外交官。日米開戦時の駐日大使。日米開戦回避に努めた。一九三二年六月に赴任。グルーは任期中十三巻に及ぶ日記を記していた。

藤らは、次第に険悪化する日米関係を何とか修復しようと、各々その努力を傾けているが、やがて、時代の趨勢は取り返しのつかない方向へと傾いていく。また、日米関係については、渋沢、益田とハリス（駐日初代米国公使）に関わる以下のエピソードも印象的である。

渋沢は伊豆の玉泉寺におけるハリス記念碑の建設に尽力し、昭和二（一九二七）年十月一日に除幕式を行った。渋沢はハリスの日記の一節「借問す。予が思惟する如く、日本のために真に有益なりや如何にと」を引いて、これに対して声を大にして「然り」と応えたという（『渋沢栄一伝記資料』第三八巻）。なお、渋沢の長女で、法学者穂積陳重《ほづみのぶしげ》★夫人の穂積歌子《ほづみうたこ》★は渋沢の伊豆旅行に同行して歌日記を残しているが、その中で後藤新平が高野長英の詩文を鑑定する話が出ていて興味深い。

今ひとつ。昭和六（一九三一）年四月十八日、益田孝は麻布の善福寺でハリスをしのぶ「七十年前の憶い出」と題する演説を行った。八十四歳の鈍翁は流暢な英語で、「日米交渉史に長く遺るべき」一場の演説を、高く張ったテノールで淀みなく行ったという。昭和十一（一九三六）年十二月十九日、この善福寺でハリス顕彰の除幕式がグルー★（Joseph Clark Grew）駐日米国大使らの列席のもとに行われた。益田は十三歳の少年のころ、ハリスに注いだ熱い視線を思い出しながらスピーチしたという。

第5章

実業家たちと後藤新平の文化・社会活動

帝国ホテル　ライト館（1930年代）

★コンドル（1852-1920）
英国の建築家。工部大学校の建築学教授として来日。辰野金吾ら、創成期の日本人建築家を育成し、以後の日本建築界の基礎を築く。

★榎本武揚（1836-1908）
東京出身。政治家、旧幕臣。江戸開城時、幕府軍艦の引き渡しを拒否、函館に逃走し、五稜郭で官軍に抗す。後に新政府の顕職を歴任。

1 「社交空間」としての別邸

明治十三（一八八〇）年六月、大倉は向島に別邸蔵春閣《ぞうしゅんかく》を竣工させた。一五〇坪の平屋造りであり、文化的なサロンとして、また、政界の要人たちの「密会」の場所としても提供された。一方、同じ頃に、大倉とは幕末の丁稚時代からの旧友であり、大銀行家となった安田善次郎が名士の懇親会「偕楽会」を定期的に主催するようになった。「偕楽会」の「正会員」には、大倉喜八郎はもちろんのこと、渋沢栄一、益田孝、浅野総一郎が顔を揃えた。ほかに、馬越恭平、高橋是清、さらには「客員」として桂太郎、井上馨、松方正義などの政界の著名人もいた。

海運業界における岩崎・三菱の独占に挑む渋沢たちの「作戦会議」は、大倉の別邸や安田の「偕楽会」の場が舞台として活用されたことであろう。「社交空間」の誕生である。

翌明治十四（一八八一）年、外務卿となった井上馨は「鹿鳴館」の建設を企画、大倉と堀川利尚が共同出資した土木用達組がコンドル★（Josiah Conder）の設計により建設に着手し、明治十六（一八八三）年十一月に開館している。

ちなみに渋沢らの「社交空間」の拡大と発展をなぞっていくと、以下のとおりである。

明治十七（一八八四）年、安田善次郎は本所区横網町に邸宅を新築、さらに明治二十四（一八九一）年には同じ横網町の旧岡山藩主・池田章政侯爵邸を購入した。

明治二十九（一八九六）年、益田孝は、御殿山の碧雲台で、弘法大師の書を賞玩する「大師会」を開いた。この会は茶会でもあり、以後大正三（一九一四）年まで一四回開催されたという。益田は弘法大師の書といわれる「崔子玉座右銘」の一部を所蔵していた。

明治十（一八七七）年、渋沢栄一は、王子飛鳥山《あすかやま》に約四千坪の土地を求め、明治十二（一八七九）年、別邸が竣工した。明治二十九（一八九六）年十月十七日、渋沢は別邸の曖依村荘《あいいそんそう》で、第一国立銀行が第一銀行として継続することを披露する園遊会を催した。出席者は、榎本武揚《えのもとたけあき》★農商務相、小村寿太郎外務次官、高橋是清、三菱の岩崎弥之助《いわさきやのすけ》★・豊川良平、三井の三井高保《みついたかやす》★・中上川彦次郎・益田、日本郵船社長の近藤廉平、大倉といった錚々たるメンバーであった。なお、曖依村荘は、儒学者の阪谷素《さかたにしろし》（朗盧《ろうろ》★）が陶淵明《とうえんめい》★の詩から命名したものだという（『渋沢栄一を知る事典』）。

明治三十四（一九〇一）年、増改築した飛鳥山邸は本邸となった。ここは渋沢にとって国際的な社交空間であり、民間国際交流の場となっていった。大正

★岩崎弥之助（1851-1908）
高知出身。実業家。三菱財閥の二代目総帥。岩崎弥太郎の弟。古典籍、書画、茶道具、刀剣などの古美術を多数収集、静嘉堂文庫を築く。

★三井高保（1850-1922）
京都出身。三井高福の五男。益田孝と共に銀行業務視察のために欧米各国を巡遊。後に三井銀行総長に就任。一九二〇年まで社長を務めた。

★阪谷素（朗盧）（1822-81）岡山出身。官僚、漢学者。大塩中斎に学ぶ。学舎興譲館館主。明治維新後は官吏としても活動した。東京学士会院議員。阪谷芳郎は四男。

★陶淵明（365-427）中国の魏晋南北朝時代（六朝期）、東晋末から南朝宋の文学者。字は元亮。または名は潜、字が淵明。後世「隠逸詩人」「田園詩人」と呼ばれる。

十一（一九二二）年、後藤新平が東京市政の助言者として招いた米国の政治学・歴史学者チャールズ・ビーアドも、飛鳥山に招待されている。

明治三十九（一九〇六）年、益田は小田原に地所を買い、翌年別荘掃雲台が完成した。隣りには山県有朋の別荘古稀庵があり、さらにその隣りには大倉の別荘共寿庵がある。益田も山県も別荘でミカンを育てており、二人とも実ったミカンを皇太子に献上したところ、益田のミカンのほうが甘いと言われるので、山県が悔しがったという逸話がある。益田は施肥するなど専門的にミカンの栽培をしていたからである。

明治三十一（一八九八）年、浅野総一郎は、東京三田の札の辻に邸宅を建て始めた。明治四十（一九〇七）年に建物が完成し、浅野はこれを紫雲閣と名付けるが、あまりの豪華さに、贅沢を嫌う明治天皇の逆鱗に触れたので、浅野はこれを迎賓館として用いるようにした（『浅野学園六十年史』）。桃山風の建物は、佐々木岩次郎という帝室技芸員の設計だが、その顧問として、伊藤忠太や渡辺譲も設計に絡んでいた。紫雲閣の内装等が全て整ったのはそれから二年ほど後のことである。格子天井は西陣の川島織物で埋め尽くされ、襖絵には川合玉《かわいぎょく》堂《どう》や小堀鞆音《こぼりともと》らを起用、屋根には金の鯱が据えられていた。

明治四十二（一九〇九）年の六月十四日、伊藤博文は韓国統監を辞任した。この年の六月か七月頃、伊藤と後藤は大倉の向島別邸蔵春閣で密談を行い、ハ

紫雲閣

蔵春閣（2010 年撮影）

★**大岡育造**（1856-1928）
山口出身。政治家、弁護士。大井憲太郎らの講法学舎で法律を学んだ。大正政変時の衆議院議長。渋沢栄一による労使「協調会」副会長。

ルビンでの伊藤とロシアの蔵相ココフツォフ（Vladimir Nikolayevich Kokovtsov）との会談を計画した。

伊藤も大倉には実に世話になったようである。八月十六日、伊藤は神戸の大倉の安養山別荘に滞在したのち、神戸から玄海丸に上船している。この間、七月六日、閣議は韓国併合を決定した。十月九日、後藤は、伊東巳代治や大岡育《おおおかいく》造《ぞう》★らとともに、大倉が大森の恩賜館で催した浄瑠璃の会に出席、鶴沢仲助の三味線で浄瑠璃「源平布引の滝」の一段を聞いている。そうして同月二十六日、伊藤博文はハルビンでロシア蔵相ココフツォフと会談の直後、遭難したのである。

渋沢は八月から十二月にかけて渡米していた。伊藤遭難の報を聞いた時の渋沢の様子について、渋沢雅英氏（栄一の曾孫）は次のように語っている（新渡戸没後七五年記念講演）。

　そのニュースが全世界を駆けめぐった日、渋沢栄一はたまたま渡米実業団という大型の使節団とともに、アメリカ東海岸の各都市を回っていました。ボストンからスプリングフィールドに向かう列車の中で、「団長のご感想を願います」と迫る記者団に対して、栄一は伊藤の人となりや維新以来の長い付き合いの数々やその功績をぽつぽつと語り始めましたが、やがて目に涙があふれ、こみ上げてくる激情に堪えかねて、ついに声を上げて泣き出してしまいました。展望車の中は突然しんとして、規則正しい車輪の音だけが明るい秋の日差しの中にうつろに響いていたという記録が残っております

（渋沢雅英「新渡戸稲造と渋沢栄一」『新渡戸稲造の世界』一八号所収）

後藤は、後に著した「厳島夜話」（一九二七年）の中で、「兇報飛来の後、私は食味を感じないこと、幾日であったか知らない。鬱々憂悶、あたかも魂がぬけて自己を喪失したもののようだった。そのために亡き妻が怪しんで私を呼び醒ますこと一再に止まらなかった」と回顧している。

2 東京市養育院、聖路加病院、済生会、ＹＭＣＡ会館

渋沢栄一と後藤新平の「接点」がどこにあるのか、という観点から、渋沢栄一記念財団実業史研究情報センターがインターネットで公開しているデジタル版『渋沢栄一伝記資料』の検索を行った。その結果、予想を超えて渋沢と後藤の接点は長期かつ多岐にわたることが判明した。そして、その特徴としては、『伝記資料』で「社会公共事業」に分類されているものが多く、とりわけ、社会事

業、国際親善、教育、道徳宗教、学術文化、家庭健康、記念事業の分野が多いことが判明した。

検索結果の中には、渋沢と後藤の関係を示す、以下のような記述もあった。

竜門雑誌　第二四七号・第七〇頁　明治四十一（一九〇八）年十一月
○穂積博士令嬢の結婚　本社名誉社員穂積陳重氏二女光子嬢は、後藤男爵の媒酌を以て、法学士石黒忠篤氏と去月二十八日目出度結婚せられたり
（『渋沢栄一伝記資料』第二九巻）

以下では、この検索結果に基づく調査の一部を紹介したい。

東京市養育院は、明治五（一八七二）年、ロシア皇太子が来日時に浮浪者など「窮民」を収容したことがきっかけで設立された施設である。その財源は寛政の改革の一環として設置された江戸町民の積立金が東京市に引継がれたものであった。渋沢栄一は養育院を管轄していた東京会議所会頭だったため、明治九（一八七六）年に院長となり終生その職を勤めている。渋沢は貧窮者を助け、貧富の格差をなくすことは公益であると主張し、巣鴨分院、井の頭学校、板橋分院、安房《あわ》分院など、多様な施設を建設した。後藤新平は、明治四十二（一九〇九）年六月五日の巣鴨分院の開院式に出席している（『渋沢栄一伝記資料』第二四

★前田多門（1884-1962）
大阪出身、内務官僚、政治家。東京帝大卒。後藤内相秘書官、都市計画課長、東京市助役、朝日新聞、戦後文相。後藤のブレーン。

★フォールズ（1843-1930）
英国の医師、指紋研究者。一八七四年に来日、東京の築地病院で治療とともに日本人学生を指導。日本でエドワード・モースと親炙。

巻）。

前田多門《まえだたもん》★は、渋沢の死後、次のような「秘話」を明らかにした。

想起するのは、故後藤新平伯が市長に選れ《ママ》てその受諾を躊躇して居られた時、故渋沢子爵は切々の言を以てその就任を慫慂《しょうよう》せられ、市の養育院長として、憐れな人達に代って御願すると言われた。後藤さんを動かしたのはこの一語であったと思う。不遇者に対する子爵の同情は常に真剣であった。

（『渋沢栄一伝記資料』第三〇巻）

当時、東京市においては、養育院を市の社会事業として社会局の所管にする案が検討されていたが、後藤市長は「養育院が〔渋沢〕先生によって初めて今日あるを諒解せられ、衷心先生の御努力を感謝されて、市の一般社会事業と別に取扱うこと」になったのだという（『渋沢栄一伝記資料』第三〇巻）。

渋沢史料館編集・発行の『王子・滝野川と渋沢栄一――住まい、公の場、地域』（平成二十年三月、同書一六頁）には、「養育院関係者招待会」と題する写真が掲載されており、後藤と渋沢が並んで写っているのが印象的である。

聖路加病院は、明治七（一八七四）年、英国国教会の宣教師ヘンリー・フォールズ★（Henry Faulds）が築地の外国人居留地に健康社という病院を建てたのが始

★トイスラー（1876-1934）米国ジョージア州出身。米国聖公会の宣教医師、日本初の近代型医療施設の聖路加病院の開設者で初代院長。聖路加国際病院で死去。

★尾崎行雄（1858-1954）神奈川出身。政治家。六十三年間衆議院議員を務め「議会政治の父」と呼ばれる。第二・三代の東京市長も務める。

まりで、明治三十五（一九〇二）年に米国聖公会のルドルフ・トイスラー★（Rudolf Bolling Teusler）がこれを継承して聖路加病院と命名した。トイスラー院長はこれを拡張して国際病院にする計画を立て、渋沢、後藤逓信大臣、尾崎行雄《おざきゆきお》★東京市長の熱心な賛同と支援を得て進めていった。しかし、米国では寄付金が集まったが、日本では思わしくなかったため、大隈重信首相は、大正三（一九一四）年七月一日に首相官邸に関係者を集め協議した結果、評議員会を組織することとなった。会長に大隈、副会長に渋沢・後藤・阪谷芳郎という顔ぶれであった。この時、トイスラー院長の通訳を新渡戸稲造が務めている。

聖路加国際病院の建設は大正十二年三月に基礎工事に着手したが、同年九月一日の関東大震災で悉く灰燼に帰するという悲運に見舞われた。しかし、病院職員の努力により一人の焼死者も出すことなく、多くの避難者を救助した。同病院は大正十四年一月十三日にも火災に遭ったが、渋沢たちは再度再建に尽力している。工事を担当したのは、渋沢が経営指導していた清水組（後の清水建設）である（『渋沢栄一伝記資料』第三六巻）。

それより以前の明治四十四（一九一一）年二月十一日、明治天皇の「済生勅語」と宮廷費一五〇万円の下付を基金として五月三十日に貧窮民の救済を目的とした恩賜財団済生会が設立された。渋沢は多額の寄付をしている。大倉は一〇〇万円、浅野は五万円寄付したが、安田は三〇万円を一〇年分割で寄付するとし

『ニューヨーク・タイムズ』紙
一九二九年四月十八日付・読者欄

故・後藤伯のこと

ニューヨーク・タイムズ編集者様

ニューヨーク・タイムズの特電で後藤新平伯の訃報に接し、東京の聖路加国際病院の院長として、私自身および同僚一同の深甚なる哀悼の意を表したく存じます。

後藤伯は、我々の組織の顧問団の、尊敬すべき一員であり、我々の最も誠実で助けとなる友人でした。数年前、大震災に続く火災で破壊された我々の施設の再建のために日本人から募った基金の一部として、彼は五万円を集めてくれました。彼自身ドイツで医学を学んでいたので、日本において近代医学を適用することの弱さも強さも、その諸要素にわたって鋭く見抜いていました。臨床医学および予防医学における西洋の標準を示し、看護婦に適切なトレーニングを提供しようという我々の努力を、熱心に支援してくれました。

彼の無私の精神と栄誉を示す典型的なものとして、医学校を出てすぐのことでしたが、彼自身が短い間入獄した経験があるという事実があります。それは、ある友人を守るためで、その友人の覚書を支持し、彼が財政的に満たすことができないその友人の未完の責務のためでした。

常に傑出し、独立したリベラリストで、国際的に善意を促進するために力を尽くしました。我々の事業のうちに、彼の原則の現実への適用をみとめていました。我々の事業を全身全霊をもって支持してくれたことは、それは最高の賞賛に値します。彼の死によって、日本は高貴な精神をもつ政治的指導者を失い、聖路加国際病院は賢い助言者と献身的な友人を失いました。

R・B・トイスラー、医学博士
一九二九年四月十三日
ニューヨークにて

(編集部訳)

GOTO DIES IN JAPAN; SAT IN WAR CABINET

Former Foreign Minister, Foe of the Party System, Was Considered for Premier.

EDUCATED AS A PHYSICIAN

Solved Formosa's Opium Problem and Founded and Led Country's Boy Scouts—Here 3 Times.

Wireless to THE NEW YORK TIMES.

KYOTO, Japan, Saturday, April 13.—Count Shimpei Goto, former Foreign Minister, who was stricken with apoplexy on April 4, died here today at the age of 73, after continuing his active career as a statesman to the end.

Before Count Goto died he received that promotion in court rank which Emperors of Japan invariably confer as a last reward on distinguished servants of the State. Almost to the hour of his death he was counted as a possible Premier should a sudden emergency have made a Cabinet above party necessary.

Count Goto's abilities, energy and command of public confidence were considered greater than those of several recent Premiers. He failed to reach the highest post because, faithful to old bureaucratic traditions, he refused to ally himself with a political party and discovered too late that the day of the non-party Premier was over.

His death removes almost the last possible super-party Premier. His son-in-law, Yusuke Tsurumi, is well known in the United States.

Studied in Germany.

Count Goto was educated in Japan and in Germany as a physician, but his career ranged from being the first president of the South Manchuria Railway, a semi-government undertaking, to the Foreign Ministry, The Associated Press recalls.

Soon after his return home from Berlin, where he became a Doctor of Medicine, he became director of the Sanitary Bureau of Japan and was Sanitary Commissioner of the army in the Sino-Japanese war. His later administration of Formosa was chiefly remarkable for his drastic solution of the opium problem.

He received his first Cabinet portfolio, that of Communications, in 1908 and later held the post of Home Minister. In 1918 while Japan was at war with Germany, he became Foreign Minister and to his lot fell the difficult task of deciding the Japanese attitude toward the former German colonies and concessions in China which had been captured.

He was known as a man of great action and advocated outspoken, if not always open, diplomacy for Japan. He early was a leading advocate of Japan's recognizing the Soviet Union and his insistence upon this in recent years had made him a stormy petrel in Japanese politics. He believed that Japan would gain many advantages on the neighboring Asiatic mainland by an alliance with Russia and Germany.

Career Compared to Wood's.

The career of Count Goto was often compared with that of the late General Leonard Wood. Both studied medicine and entered public life through their sanitation achievements. Both attained fame as colonial administrators in the same part of the world, one as Governor of the Philippines and the other as Civil Governor of Formosa.

Count Goto was probably the most distinguished politician in Japan who had never held the Premiership. His elevation to the rank of Count was one of the few honors marking the recent enthronement of Emperor Hirohito.

He visited the United States three times and was a friend of President Hoover, Elihu Root and other distinguished Americans. He was the leading organizer of the Boy Scout movement in Japan and was president of the national organization.

★モット（1865-1955）米国ニューヨーク州出身。ＹＭＣＡの指導者。エディンバラ宣教会議の議長。一九四六年にノーベル平和賞を受賞。来日十回。

★長尾半平（1865-1936）新潟出身。キリスト者、禁酒を貫く。埼玉県土木課長から台湾総督府土木局長に抜擢され、後藤の片腕として働く。教文館初代会長等。

たために、安田は「ケチ」という世評ができてしまった。安田は済生会を慈善活動の団体ととったようである。安田は慈善ではなく救貧・防貧が先決と考えていて、これは後藤の思想とも近い。

関東大震災で焼失した東京基督教青年会館（ＹＭＣＡ会館）の再建にも、渋沢と後藤は連繋している。大正十四（一九二五）年十二月、アメリカ合衆国基督教青年会理事長、ジョン・モット★（John Raleigh Mott）が来日し、建築資金募集後援会組織の設立を要請した。大正十五（一九二六）年一月二十八日、渋沢は、後藤邸に阪谷芳郎、長尾半平《ながおはんぺい》★（基督教青年会理事長）らと集まり、後援会を設置することにした。大正十五年三月十日、阪谷を会長、渋沢、後藤、徳川家達《いえさと》を顧問、長尾らを幹事とする後援会が発足した。

3　帝国ホテル

帝国ホテルの歴史は、そのまま、明治以降の日本の近代化の流れを象徴する事績である。

明治十六（一八八三）年に、欧米列強への国威誇示のための社交場「鹿鳴館」を竣工させた井上馨は、明治十九（一八八六）年、エンデとベックマンにより日比谷・霞ヶ関への官庁集中計画が練られた際、外国人接待の大型施設として

★**大倉喜七郎**（1882-1963）
東京出身。実業家。大倉喜八郎の長男で大倉財閥二代目総帥。男爵。ホテル業に大きな足跡を残した。

★**渡辺譲**（1855-1930）
東京出身。建築家。創業時（初代）の帝国ホテルの設計者として知られる。工手学校（現工学院大学）造家学科教員。

ホテルを計画に組みこんだ。翌二十（一八八七）年には、渋沢らとともに具体的な事業として「帝国ホテル」の建設に取り組み、明治二十三（一八九〇）年十一月三日に落成、同七日に開業した。隣接の鹿鳴館と密接に関係する外交的意義の大きなホテルであるとして、構想者の井上馨が、まず渋沢と大倉の二人を説いた。次いで益田・安田・浅野らも加わって、明治二十一（一八八八）年「有限責任帝国ホテル会社」（設立当初は、有限責任東京ホテル会社）が運営に当たった。明治二十三年初代会長に渋沢が就き、明治四十二年には二代会長に大倉が就いた。その後、大正十一年に大倉の息子・喜七郎《きしちろう》★に会長職を譲るまで、大倉がその実権を握った。

帝国ホテルの当初設計は、官庁集中計画を担当したドイツ人建築家のエンデとベックマンの設計に拠ったといわれる（『帝国ホテル物語』）が、日比谷付近一帯が中世の入江であり、極めて軟弱な地盤であることから、日本人建築家・渡辺譲《わたなべじょう》★の設計に変更、大倉の「日本土木会社」が施工を請け負って明治二十三（一八九〇）年三月、木骨煉瓦造のドイツ風を基調とした和洋折衷の建築が完工した。しかし大正八（一九一九）年失火で全焼する。

明治四十二（一九〇九）年、帝国ホテル会長に就任した大倉喜八郎は、ニューヨークの日本美術店・山中商会に勤務していた林愛作《はやしあいさく》を支配人として呼び寄せ、木造の帝国ホテルを鉄筋コンクリートに建て替える計画が浮上し、ここにアメ

★ライト（1867-1959）米国の建築家。北米に多くの建築作品があり、日本にも作品を残している。「近代建築の三大巨匠」の一人。

リカの近代建築家フランク・ロイド・ライト★（Frank Lloyd Wright）との接点が生じた。ライトの帝国ホテルが誕生するまでには、興味深い日米文化交流があったので、簡単に触れておきたい。

明治二十六（一八九三）年、コロンブスがアメリカ大陸を発見してから四百周年を記念して、シカゴで「コロンブス万国博覧会」が開催され、大倉が経営する日本土木会社が会場内に平等院鳳凰堂を彷彿とさせる「鳳凰殿」を日本人だけで建造した。この時、パビリオン「交通館」の工事を担当していたのが弱冠二十四歳のライトだった。ライトは日本の建築・美術を目撃し、浮世絵などの美術品を蒐集し始め、明治三十八（一九〇五）年に初来日を果たす。ライトは山中商会でも浮世絵などを購入し、林と親しくなっていたのである。ライトは帝国ホテルに滞在し、土地と周囲の状態を研究して帰国した。

新館の設計は大正五（一九一六）年契約。翌年ライトが再来日、大正八（一九一九）年九月着工。ライトは大谷石の装飾材など、用材の選定や細部意匠にまで徹底的に目を配った。

隣接の本館の全焼後は、新館の早期完成が急務となり、しばしば設計者側と経営側は対立したものの、完成した部分から臨時営業を開始する。設計を依頼した総支配人林の辞任やライトの離日などを挟みながらも、ライトの弟子である遠藤新の指揮の下で工事は進められ、大谷石や濃褐色スクラッチタイルを多

帝国ホテル（1930 年代）

★犬丸徹三（1887-1981）
石川出身。ホテルマン。ボーイからスタートし、海外のホテル勤務を経て、帝国ホテル副支配人となり、一九四五年、社長に就任。

用し、深い庇《ひさし》が独特の印象を醸し出した鉄筋コンクリート造三階（宴会場五階）建の新館は、大正十二（一九二三）年七月に竣工した。

同年九月一日午後、落成記念披露が催される予定であったが、関東大震災に遭遇。ライトの新館は軽微な損傷はあったものの大部分は持ちこたえ、支配人犬丸徹三《いぬまるてつぞう》★の機転によって電気を遮断、火気を制御し得たのも幸いであった。躯体の大部分が低層であったことと比較的大きな地下階の存在が幸いしたものであろうか。

竣工時には経営陣と険悪な関係にあったライトは、半月後、遠藤からの報告で帝国ホテル新館の無事を確認、また震災直後、大倉より発せられたとされる「帝国ホテルは被害なし、天才の記念碑の如く」の電報を受けて狂喜したと伝えられている。

このライトの新館は、昭和四十三（一九六八）年に解体される。震災を耐えた新館について、昭和十年代にライトと林愛作の間で交わされた手紙の一節には、以下のような文章がある。今日の日本人にとって教訓とすべき点があると思われる。

いかなる民族にもその歴史を語る建造物があり……その建物を造り上げた精神、あるいは理想というものは亡びることなく受け継がれ、発展して

★**福沢桃介**（1868-1938）
埼玉出身。実業家。福澤諭吉の婿養子。日露戦争後の株式投機で財を成し、その後実業界に転じる。「電気王」「電力王」と呼ばれる。

★**日比翁助**（1860-1931）
久留米出身。実業家。福沢諭吉に傾倒。慶應義塾卒業後、三井銀行から三越呉服店に入り、同店の経営を改革。

ゆくものです。ところが日本は今、それがありません。日本は自らの文明を放り投げ、他国の文明を借用しています。……自分たちの素晴らしい文化を犠牲にして。

（砂川幸雄『大倉喜八郎の豪快なる生涯』）

東西文明の融合を「現代日本の天職」だと言い切った後藤新平の精神は、大倉には理解されてはいたが、帝国ホテル建設から数十年たって保存・取り壊しを巡るギクシャクした経緯を辿ると、未だに受け継がれていないといわざるをえない。

4 帝国劇場

帝国劇場の創立は、大倉、渋沢、浅野が共同で行ったものである。

近代日本を象徴する初の洋式大劇場「帝国劇場」は、明治四十四（一九一一）年三月一日、開場式を迎えた（嶺隆『帝国劇場開幕』）。日清・日露戦争をへて、国際的に注目される日本にとって、外国からの賓客を迎えて、演劇を観覧させるにふさわしい劇場を建設することは急務であった。伊藤博文も賛同して帝劇創立委員会が開かれたのは、五年前の明治三十九（一九〇六）年のこと、渋沢栄一を取締役会長に、他の取締役に大倉喜八郎、福沢桃介《ふくざわももすけ》★、益田太郎（益田孝

★横河民輔（1864-1945）
兵庫出身。建築家、実業家。横河グループ創業者。日本の鉄骨建築の先駆者。横河工務所を開設。東京帝国大学で鉄骨構造の講義も担当。

★嘉納治五郎（1860-1938）
兵庫出身。教育者、柔道家。従来の柔術を基に柔道を創始。講道館を創設し、柔道の普及に貢献。東京高等師範学校校長。

の次男）、日比翁助《ひびおうすけ》★（三越）ら、監査役に浅野総一郎らがなり、帝国劇場株式会社が誕生した。渋沢と大倉は、明治十九（一八八六）年に設立された「演劇改良会」に深く関わり、改良演劇の上演や外国演劇の紹介、歌唱会、音楽会などを催す目的で資本金二五万円の劇場新築を企てたが、実現しなかったという経緯があった。初代会長は渋沢であり、二代目会長は大倉となる。

創立期の帝劇に関わった人たちの中に、演劇関係者が一人も含まれず、渋沢ら実業家らの顔ぶれが目につく。当時、世間の眼には、当代一流の実業家たちが、なんで水商売のような劇場経営にたずさわるのか奇異なものに映ったことであろう。

しかし、実業家たちは自らの社会事業の一環として、文化活動を真剣に行うことを考えていた。また渋沢栄一は、慶応三（一八六七）年、パリ万博訪問団として訪欧、いくつかのオペラを観賞、劇場の豪華さとともに強い印象を受けていた。

帝劇は三階建てルネサンス風のフランス式建築（設計者、横河民輔《よこがわたみすけ》★）で、この白亜の殿堂は日比谷丸の内界隈に光彩を放った。開場式当日、特等席には後藤新平逓信大臣の姿も見られた。取締役会長渋沢栄一の式辞があって来賓祝辞がつづいた。余興は「式三番叟《しきさんばそう》」。柿落《こけら》とし公演は、懸賞当選作「頼朝」、「伊賀越道中双六」、「羽衣」の三作であった。

帝国劇場（1915年）

★クライスラー（1875-1962）
オーストリア出身の世界的ヴァイオリニスト、作曲家。ユダヤ系。一九二三年に来日。パリに移住。後に米国籍を得る。

★ハイフェッツ（1901-87）
二十世紀を代表するヴァイオリニスト、作曲家。「ヴァイオリニストの王」と称された。一九一七年にはカーネギー・ホールで米国デビュー。

豪華な装飾の付いたプロセニアム・アーチの中で演じられる歌舞伎には違和感を表明する劇評家もいた。渋沢栄一、嘉納治五郎《かのうじごろう》★、浅野総一郎が支援する説経節浄瑠璃公演もここで行われた。いずれにせよ帝劇は、日本演劇界の改良と活性化に貢献したのである。新劇で最初に上演されたのは、坪内逍遥の文芸協会による「ハムレット」であった。

帝劇は外国の芸術家の招聘に力を入れ、また世界の音楽界からも活用された。バイオリニストのフリッツ・クライスラー★（Fritz Kreisler）、ヤッシャ・ハイフェッツ★（Iosif (Yasha) Ruvimovich Heifetz）、バレエのアンナ・パヴロワ★（Anna Pavlovna Pavlova）など、枚挙にいとまがない。大正八（一九一九）年、大倉は中国の京劇の名優梅蘭芳《メイランファン》★を四月に招聘して、帝国劇場でその名演技を披露させた。これは、大倉が鳳凰山鉄鉱問題を解決するために中国に渡ったとき、北京で梅蘭芳の公演を観て感激し、日本への招聘をもちかけたために、このたびの来日となったのである。しかし、第一次世界大戦後、山東省のドイツ利権が中国に返還されず、広範な反日運動（五四運動）が起こっているさなかの来日で、中国人留学生の激しい抗議の声をもって迎えられた。

こうした本格的劇場の開場と、大正期に入って近代化の様相を呈していた東京では、「今日は帝劇、明日は三越」というキャッチフレーズが、モダン都市生活の幕開けを象徴する言葉として人口に膾炙《かいしゃ》するようになった。

★パヴロワ（1881-31）
ロシアのバレリーナ。バレエ団パヴロワ・カンパニー結成。ロンドンに移住し世界を巡演。一九二二年に来日、全国八都市で公演。

★梅蘭芳（1894-1961）
京劇俳優。本名は梅瀾。北京出身。女形で名高く「四大名旦」の一人。京劇の近代化を推進。「梅派」を創始した。代表作は「宇宙鋒」等。

大正十二（一九二三）年の関東大震災では、南側に隣接した警視庁方面（現在の第一生命）からの火災により建物外郭を残して焼損したが、設計者の横河民輔により迅速に改修され、翌大正十三（一九二四）年に大倉の米寿祝いと帝国劇場の改修竣成祝いを兼ねて、中国から再度、梅蘭芳を招聘した。これを機に大倉は隠退を決意。大倉の家督は息子喜七郎に譲られたのである。

5　三越

「今日は帝劇、明日は三越」という一世を風靡した三越宣伝部浜田四郎のキャッチフレーズによって、帝劇と三越はきってもきれない関係になった。そもそも、この帝劇と三越本店の両方の設計を手掛けたのは、建築家横河民輔である。横河は東京帝大工科大学造家（のち建築）学科を明治二十三（一八九〇）年に卒業するや、日本人として初の建築設計事務所の経営に乗り出した。明治三十八（一九〇五）年三井社員になり、建設委員長の益田孝のもとに本館設計に取組んだ。横河は益田の命により、鉄骨建築の調査のため渡米するが、同時に、三越呉服店理事の高橋義雄《たかはしよしお》★から、「デパートメント・ストア」の視察報告も求められていた。

高橋義雄は慶應義塾で学んだ後、時事新報に入社、渡米後三井銀行に入り、

★**高橋義雄（箒庵）**（1861-1937）
水戸出身、実業家、茶人。慶応義塾卒。三井銀行、三越、王子製紙等を経営。『東都茶会記』など。後藤新平から相馬事件など聞き取り。

★**巌谷小波**（1870-1933）
日本近代児童文学の開拓者。東京出身。硯友社に入り尾崎紅葉らと交友。博文館の『少年世界』等に童話、お伽噺、昔噺、戯曲を発表。

明治二十八（一八九五）年に三越呉服店の理事に抜擢され、老舗を近代的な百貨店に変えるという大事業に着手したのである。益田孝は、明治三十七（一九〇四）年十二月、三井呉服店を三井家から分離させ、株式会社三越呉服店を設立した。三井一族の十一家には株を持たせないこととし、代表発起人は益田がなり、専務に日比翁助を起用する。

横河は明治四十四（一九一一）年に帝劇を完成させた後、三越本店の建築に着手し、大正三（一九一四）年九月に完成させた。「スエズ運河以東最大の建築」といわれた三越本店は、地上五階地下一階、帝劇と同様に白色レンガタイル貼のルネサンス様式で、全館暖房、日本最初のエスカレーター、ライオン像が話題をよんだ。三越のシンボルともなったライオン像は、日比がトラファルガー広場で見たものであり、百貨店ハロッズとともに「英国仕込み」の趣向であった。

星野小次郎著『日比翁助——三越創始者』の序には、後藤新平の「日比は珍しい士魂商才の実業家で、また学俗協同の実を挙げた人である」という評が載っている。「士魂商才」とは、福澤諭吉の「身は前垂れを纏うとも、心のうちには兜を着ていることを忘れないようにせよ」という教えを踏まえたものであろう。それにもまして、「学俗協同」は後藤の「学俗接近」ともろに共振する日比の経営理念であった。星野によれば、日比は経営者として、「国民外交」と「学俗協同」を提唱したそうである。

三越（1910年）

★森鷗外（1862-1922）
島根出身。軍医、小説家、劇作家、翻訳家。日本の衛生学の草分け。公務の傍ら、多様な文学活動を展開。作品は「舞姫」「青年」など多数。

★内田魯庵（1868-1929）
東京出身。作家、文学者。旧幕臣の子として生まれる。明治期の評論、翻訳、小説分野で活躍。二葉亭四迷、坪内逍遥と交流。

高橋義雄と日比翁助のラインは、明治三十八（一九〇五）年に流行研究会を作り、「衣装、調度などの流行、社会風俗の傾向などを研究し、三越にアドバイスする」ことを目的とした。そのメンバーには、巌谷小波《いわやさざなみ》★、石橋思案ら尾崎紅葉門下、森鷗外《もりおうがい》★、新渡戸稲造、内田魯庵《うちだろあん》★、坪井正五郎《つぼいしょうごろう》★ら、幅広い学者、文化人が参加した。山口昌男によれば、三越の重役室は「伊藤博文、井上馨、後藤新平などの政府高官をはじめとして、俳優、画家、芸者、学者、（略）外国の要人も訪れ、絶えず人の集まるサロンのような活気があったという。特に後藤新平は（専務の日比）翁助に対し、知識人を尊重して上手に利用すべきであると教えた」という（山口昌男『経営者の精神史――近代日本を築いた破天荒な実業家たち』）。

関東大震災では三越も焼失したが、横河の監修により改修され、再開にこぎつける。ライオン像をはじめ、当初の威風そのままに復活した。

6　茶道と食養

明治二十九（一八九六）年、益田は御殿山碧雲台で大師会を初めて催した。前述したように（第5章1）これは弘法大師の書を観賞すると同時に茶会でもあった。益田は弘法大師の名筆とされる有名な「崔子玉座右銘《さいしぎょくざうめい》」★の一部を所持していたのである。以後、大正三（一九一四）年まで十四回も催すことになる。

★坪井正五郎（1863-1913）東京出身、人類学者、考古学者。帝国大学理科大学卒。英国留学、帝大理科大学教授。「日本石器時代人＝コロポックル説」を唱える。

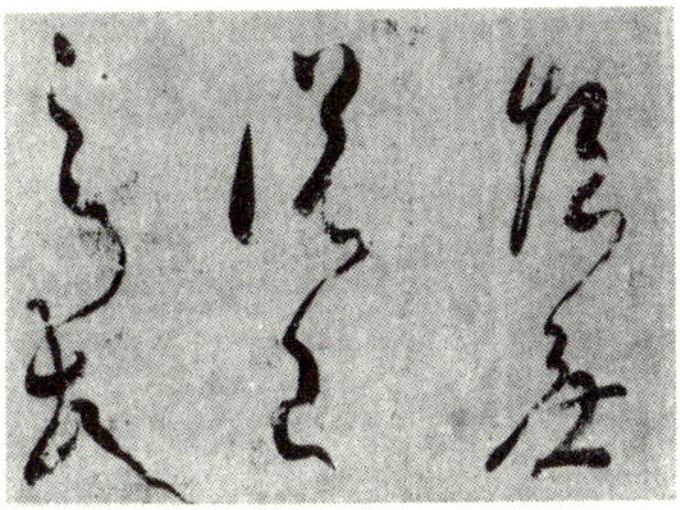

★崔子玉座右銘

益田は明治四十（一九〇七）年、小田原に掃雲台を完成、早々にミカン園を造りはじめるが、三井三郎助を伴って洋行、ロスチャイルド★（Rothschild）と会談。また、益田はボストンで、大阪の山中吉郎兵衛の支店からの連絡で、千家の名物茶碗が手に入ったと聞き、帰国後早速手に入れたのが、茶碗「鈍太郎★」である。以後、益田はその銘をとって、「鈍翁」と号するようになる。

明治四十五（一九一二）年、七月三十日、天皇崩御。嘉仁親王が皇位を継がれ、大正と改元、九月十三日、御大葬。

明治天皇を偲び、山県有朋は小田原の別荘古稀庵に槇岡宮を造り、益田も別荘掃雲台に松ヶ岡神社を造った。益田はこの年、農園経営を本格化、箱根湯本、石垣山、伊東宇佐美に農園用の土地を購入した。彼は、本来資源の乏しい日本で食糧を自給自足し、さらに優良品を作って輸出までしようと考え、そのため農園経営をそのモデルにしようとしたのである。のみならず、さらに、人間の健康と長寿を保つためには、いかなる食品がよく、いかなる食品が有害かという、いわゆる食養ということを理念として、さまざまな実験を自分の農園で行いはじめたのである。

大正四（一九一五）年四月二十五日、益田は御殿山の大茶湯を催した。この茶会は秀吉の北野の大茶会以来の大茶会と称せられ、その様子は高橋箒庵〔高橋義雄〕によって詳細に記述されている。高橋は益田の茶の弟子で茶道の研究

★ロスチャイルド
ロスチャイルド家（「ロスチャイルド」は英語読み。ドイツ語読みは「ロートシルト」。フランス語読みは「ロチルド」）は、財閥、貴族、門閥。

★鈍太郎

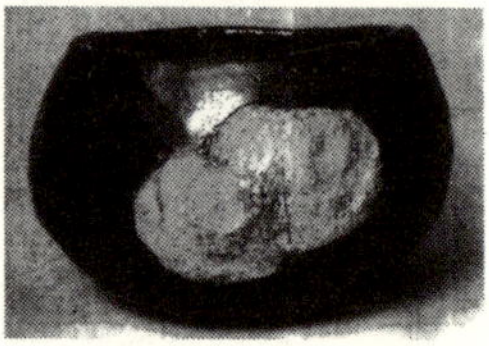

家でもあり、その編著『大正名器鑑』は、関東大震災以前にいかなる名器が存在したかを知る貴重な文献である。また、高橋は三井銀行から三井呉服店をへて三越の社長をも務めており、さらに枢密院議長秘書官でもあった関係で、山県有朋と親密で、のちに伝記『山公遺烈』を書くことになる。

大正十四（一九二五）年、益田は食養ということに注目しつつあったが、八月に慶応義塾大学医学部の付属として、食養研究所を設立させ、所長に大森憲太郎博士をすえた。

齋藤康彦氏の『近代数寄者のネットワーク――茶の湯を愛した実業家たち』によれば、益田孝と高橋義雄は近代数寄者のキーパーソンであった。この益田、高橋を核として、石黒、渋沢、安田、大倉らの名前が茶の湯のネットワークの中に登場している姿が興味深い。このネットワークの中に、数は少ないが茶客として登場する山県有朋、後藤新平、杉山茂丸《すぎやましげまる》★らの名前があることに、齋藤氏は留意している（齋藤康彦、前掲書）。

7　古美術と集古館

明治十（一八七七）年、三井物産はフランスの博覧会への出品の取扱いを大蔵省から命じられ、それが機になって益田は美術品への眼が開いた。

集古館（2012 年撮影）

★杉山茂丸（1864-1935）
福岡出身。大アジア主義を唱え、玄洋社の頭山満、佐々友房らと親交を結ぶ。日本興業銀行、台湾銀行の設立に尽力。夢野久作の父。

★河口慧海（1866-1945）
大阪堺出身。黄檗宗の僧侶。仏教学者にして探検家。仏教研究のため単身チベットへ出発、帰国後『西蔵旅行記』を出版し、評判を呼ぶ。

大正六（一九一七）年八月十五日、赤坂本邸に隣接する大倉集古館が設立の認可を受けて、翌年の五月に開館した。これは大倉が折々に集めた古美術品を展覧する、日本初の私立美術館である。大倉が理事長、館長は今泉雄作、評議員に渋沢栄一、石黒忠悳、阪谷芳郎、馬越恭平らが顔をそろえていた。大倉が美術品を集めるようになった経緯について、石黒忠悳は次のように語っている。

震災で焼けて了ったやうだが、其中に芝増上寺にあった御霊屋《みたまや》があった。（略）ドウ云ふ訳で、翁〔大倉〕が其れを買ったと云ふと、維新後間もなく翁が上野に行くと、今西郷の銅像の建って居る所に金壁燦爛たる山王社があったが、其社を解いて、荷造りして居るので、ドウ云ふ訳かと聞くと、外国人が買って、横浜へ運搬するのだと云ふことを聞いて、翁は憤然として惜んだ。其後芝の御霊屋が売物に出たのを聞き、手付金を払ふて其れを買ふ約束をした。所が日限通りに金が出来なかったので、止むなく利息の付く金を借りて引取ったのであった。

（『鶴翁余影』）

しかしこうして集めた美術品は、後に関東大震災によって、その五分の四を焼失することになる。

義和団の乱（一八九九年）の際、中国の美術品（ことに仏像）が大量に欧米に流

★チャンドラ・サムセール王（生没年不詳）
河口慧海は、二回目のチベット旅行の際、時のネパール執権のチャンドラ・サムセールに再会し、前回の訪問時の約束を果たした。

★金杉英五郎（1865-1942）
千葉出身。医学者。高木兼寛経営の東京病院に勤務する傍ら、東京慈恵医院医学校で講義を行う。東京慈恵会医科大学の初代学長。

れて行くことを憂えた大倉は、遠くはチベットの仏像まで収集し、集古館に大量に陳列した。大倉の関心は、能の「翁《おきな》」の三番叟《さんばそう》（大倉が得意とした浄瑠璃の一中節にも三番叟がある）の起源の探究にもあり、その起源がチベット語にあることをチベット仏教の専門家・河口慧海《かわぐちえかい》★の探索から知るに至る。そしてネパールの執権チャンドラ・サムセール王★（Chandra Shumsher Jang Bahadur Rana）に日本刀正宗を贈り、河口に渡航の費用を工面し、国宝の古梵《こぼん》仏典を得るように陰から応援したのだった。

8　「悪友会」と遊び心

明治四十一（一九〇八）年七月十四日、後藤は第二次桂内閣の逓信大臣となった。この頃に後藤を囲む「悪友会」という組織ができたと考えられる。その事について、後藤のドイツ留学以来の親友である耳鼻科の医者の金杉英五郎《かなすぎえいごろう》★が、次のように語っている。

後藤伯の大規模なる諸建案は天下一品であったが、これには終始匿れたる一参謀の在りしことを見逃すことは出来ぬ。それは希代の知謀家杉山其日庵主人である。彼は能く親切に伯に建言実行せしめたものであった。今

★加藤正義（1854-1923）　鳥取出身。官僚、実業家、政治家。農商務権少書記官として、三菱汽船と共同汽船の合併に奔走、日本郵船の創立をみた。日本郵船副社長。

より二十年ほど前より悪友会なるものを組織し、毎月二回会合して先ず後藤に各種の建策を為し、引き続き書画の批評、暴飲暴食等をするのであった。

（『正伝』第四巻、二五頁以降）

ここに出てくる「杉山其日庵主人」とは、政界の黒幕とされた杉山茂丸である。金杉の言の中に「後藤伯」とあるが、後藤が伯爵になったのは、昭和三（一九二八）年十一月十日であるから、「今より二十年ほど前」と言えば、後藤が第二次桂内閣に入閣した時期前後と言える。「悪友会」の会員には、日本郵船社長の近藤廉平、芝浦製作所社長で茶人でもある岩原謙三、日本郵船副社長で中国長江航路の湖南汽船社長でもある加藤正義《かとうまさよし》★などの実業家たちも加わっていた。

後藤と実業家たちの交わりに「悪友会」なるものがあったことは、先に述べたのであるが、それがどのようなものであったかの一例を、白崎秀雄の『鈍翁・益田孝』一六章から見てみよう。

後藤が東京市長であった大正十一（一九二二）年の十二月一日、「悪友会」のメンバーの一人である、芝浦製作所社長の岩原謙三（謙庵）が後藤を訪ねて、自家で催す茶会に招いた。後藤の他、招かれた顔ぶれは、「悪友会」の主要メンバーたる杉山茂丸、加藤正義、金杉英五郎の三人であった。四日正午、四人はそれぞれに岩原邸に赴き茶事が催されたのであろうが、この日の詳細な記録は残っていない。

ところが、その翌日の茶会の記録が、野崎広太筆の『茶会漫録　第十集』に「形勢不穏の茶会」という標題で残されている。その正客は益田鈍翁で、野崎ともどもその茶席の妙味を称え、このような茶事は他の友人にも広めるべきだとして、これまでどのような顔ぶれを招いたのかを尋ねたところ、謙庵（岩原謙三）は、「今日が即ち初回にして、未だ同好を招くに至らず」（『茶会漫録　第十集』）と応答。野田と鈍翁は、さらに馬越化成翁（恭平）、後藤子（新平）、杉山其日庵（茂丸）、高橋茜庵（是清）らの名を招くべき顔ぶれとして挙げたが、謙庵は「左様々々、いづれそんな連中も招かねばならぬやも知れぬ」と答えたという。つまり、謙庵は、前日の茶会は茶会ではなく、出入りの道具屋某に語ったように、悪友どもの暴飲暴食に午餐を供したまで、という心づもりだったのだ。

後日、後藤は、避寒旅行の際、汽車の中で益田鈍翁と出くわすが、二人の談は、たまたま謙庵の茶会に及ぶ。謙庵出入りの道具屋に、謙庵の心づもりを吹聴された鈍翁は、事の経緯を暴露し、あなた方は謙庵におちょくられたのですぞ、さあ、どうされますか、と問いかけたのである。

そこで後藤は、当日の連客杉山、金杉、加藤の三者と密会し、名誉回復要求

案を決め、告訴状を謙庵に送り、もう一通の告訴状を鈍翁の弟子の高橋箒庵（義雄）にも送ったのである。この告訴状の骨子は、

一、謙庵は茶礼によってはじめ招待状を出して置きながら、あれは茶事ではない、ただ昼飯を食はせるまでだと第三者に語った事実を確認すること。

一、謙庵は原告らの名誉を回復するため、あらためて正式に原告らをまねいて茶会を催すべきこと。

一、もし謙庵にして右の要求に応じないならば、原告ら一同は謙庵邸に押しよせ、茶席を借用して逆に謙庵を招待する。その際悪意によらざる過失により、道具の損傷または露地庵室の踏み荒し等については、謙庵は不問に付すこと。

むろん、この告訴状は彼らの遊び心から出たものだが、箒庵としては、裁判する前に和解に持ち込むしかなかろうと、「原告等を茶客扱ひにしなかったことを遺憾とし、来る三月三十一日までの間にあらためて茶会を催し、正式に原告等四人を茶客として招待すること」と謙庵に告げた。これを受け謙庵は、四月十日に市長はじめ告訴人たちを招いて茶会を催し、彼らに対する義務を遂行

★都（太夫）一中（1868-1928）東京出身。十代目一中。一八八六年、江東中村楼で「三番叟」を語り襲名披露。日本演芸矯風会技芸員、東京音楽学校邦楽調査掛囑託。

した。またその翌日、益田鈍翁に対する慙愧の念を示すために、鈍翁と箒庵、山本条太郎、道具商梅沢鶴叟《かくそう》、川部太郎の五人を招き、前日の茶会を再現した。床の掛軸には、反省を示すべく、「物いへば唇寒し秋の風」の句が入っていたという。その一方、告訴人たちのあだ名を暗示する花などを配して、謙庵のひそかな揶揄も添えられていた。

後藤市長は、モスクワ労農政府極東代表ヨッフェを招いたばかりで、その応対や、母の葬儀と法事など、極めて忙しい最中での茶会であった。多忙中の閑、悪友らの茶目気とともに、益田が茶事を、一期一会の機会として重んじていたことを窺わせるエピソードではなかろうか。

9 一中節と狂歌

大正四（一九一五）年四月十五日には、大倉が向島の別邸で、「感涙会」を催し、これには、後藤も安田とともに出席していた。大倉は狂歌が得意であったばかりでなく、一中節の愛好家でもあったのだ。一中節は、延宝（一六七三～八一）のころ、京都の都一中《みやこいっちゅう》★が創始した京浄瑠璃の一派で、享保（一七一六～三六）年間に一時衰えたが、五代目一中が復活させ、江戸末期から流行してきた流派であって、大倉の一中節は政財界でも知られ、「感涙会」を催して、著名人たちを集めて披露する機会をもっていたのである。

なお、大倉喜八郎が生涯愛唱した一中節について触れておきたいことがある。父千之助が新発田で流行っていた一中節に熱を上げていたことが知られ、その影響を受けて喜八郎ものめりこんだのであろう。『稿本　大倉喜八郎年譜　第三版』の一九〇六（明治三十九）年七十歳、の記事にはこうある。

　三月一七日　某所での河東節《かとうぶし》、一中節のおさらい会に出て、一中節を謡い、狂歌を詠うことを求められ、河東節の「邯鄲《かんたん》」を聞き、「三味線の糸もはかなし邯鄲を　聞けば栄華も夢の間拍子《まびょうし》」と詠み、一中節の「鉢の木」の題で、「往《ゆき》かいは雪に耐えても武士《もののふ》の　庭は埋もれぬ佐野の夕暮れ」と詠んだと報道される。

河東節は、享保二（一七一七）年、十寸見《ますみ》河東が江戸でおこした。そこで江戸節と言われ、一中節・宮薗節・荻江節《おぎえぶし》と共に古典と総称される浄瑠璃の一派である。派手で淡白で気品が高く、江戸っ子的性格のものとされる。

これに対し、喜八郎が最も好んだ一中節は、京都風の味わいをとどめた上品

★本阿弥光悦（1558-1637）
京都出身。安土桃山、江戸初期の芸術家。刀剣鑑定を軸に、陶芸、書画、漆芸などに亘る才能を発揮。晩年、洛北鷹ケ峰に光悦村を作る。

で重厚温雅なものとされる。

荻江節は、明和年間（一七六四～一七七二）に初世・荻江露友《ろゆう》が長唄から独立させた三味線音楽の一種である。

喜八郎は明治四十二年（一九〇九年、七十三歳）、嗜好についてのアンケートに答えて、「最も嗜好するものは一中節・狂歌・書画・骨董・美術館、仕事の余暇での文人墨客との交流。狂歌は五五年前に田舎〔新発田〕にいる頃からぼつぼつやり、美術館道楽は明治十一（一八七八）年頃から。一中節は面白いので保存をはかり稽古している。これらの嗜好は頭をくつろげ、仕事上で心配するときに心気一転するなど利益が多い」と。

大正七（一九一八）年、益田孝は「光悦会」を発足させた。京都鷹ヶ峰の本《ほん》阿《あ》弥《み》光悦《こうえつ》★が造ったかつての芸術村が荒れているのを復興させようと考えたのである。一方では、光悦の作品を集めて鑑賞する茶会でもあった。大正十四（一九二五）年の光悦会で、大倉は次のような狂歌を詠んでいる。

鷹が峰光悦翁がなかりせば
俗で無趣味な丹波街道

鷹が峰とは京都洛北にある、現在、光悦寺と称されている名勝の地である。

当時の光悦寺の近辺の丹波街道は周囲が畑ばかりの本当の田舎道であったのだ。

大正五（一九一六）年四月、齢八十の大倉喜八郎は、狂歌振興のための同好会「面白会」を結成し、月刊誌「みなおもしろ」を発行している。会の規約には、談笑娯楽の間に古今の狂歌を専攻、狂歌師の伝記逸話を調査、古狂歌集を保存翻刻、狂歌に関係ある他の徳川文学の研究を目的とす、とある。

「国の富つなぐちからも麻糸とより合いてこそ強くなりぬれ」（帝国製麻の設立を祝って、一九〇七）

「共寿亭むかし翁の三番叟　たらりとふたりとわれたりして」（共寿亭は喜八郎の小田原の別荘、山県有朋を偲んで。一九〇七）

「高麗やまと両国かけてあげ花火　川の涼み開けゆく世や」（大倉組主宰の納涼会が川開きの日に開催され、韓国統監・伊藤博文や韓国の名士を招く。柳橋の亀清楼にて詠む。一九〇八年）

「三味線の天人の曲駿河舞　のどを廻して語る狭衣《さごろも》」（天狗連の都会で「羽衣」の一中節を聞いて。一九〇九）

「日清の合弁成りぬ今よりは　誠の一字守り本尊」（本渓湖煤公司成立の日に、一九一〇）

「七十路を一つ重ねし齢より　高きは君のいさをなりけり」

「かね黒く心はあかき青ふち（青淵＝渋沢）の君の千代さを黄菊白菊」（渋沢栄一の古希を祝い、一九一〇）

「溶鉱炉焔の海の大紅蓮《だいぐれん》　流るる鉄は金竜の波」（本渓湖煤鉄公司第一高炉火入れ式に臨んで、一九一五）

「べら棒に勇ましそうな手振りかな　薩摩踊り木太刀なぎなた」（観劇を兼ねた帝国劇場役割狂歌の第七回面白会にて。一九一六）

「十露盤《そろばん》の玉の春とて年の数　寄算《よせざん》の九九八十の一」（一九一七、八十一歳の新年）

10　商業教育の系譜

渋沢栄一の教育事業への関わり方は広く、またその生涯に及ぶ持続的なものであった。しかもその関心は、国家の側が必ずしも十分な光を当てなかった商業教育、女子教育、社会福祉教育の分野に注がれたという（『公益の追求者　渋沢栄一』）。なかでも渋沢の商業教育への関与は当然のことながら早くも明治初期から始まっている（『渋沢栄一と日本商業教育発達史』）。

明治八（一八七五）年、駐米公使であった森有礼《もりありのり》★が設立した商法講習所を東京会議所が所管することになり、渋沢はその経営に関与することとなった。この商法講習所こそのちの東京商科大学、現在の国立大学法人一橋大学である。

★森有礼（1847-89）鹿児島出身。政治家。六社の結成に参画。伊藤内閣の文部大臣として一連の「学校令」の公布に関与し、学校制度の整備に尽力した。

所長は外交官で益田孝の義弟の矢野二郎である。明治十四（一八八一）年、東京府会は商法講習所への経費支出を否決したが、渋沢は益田孝とともに農商務省にはたらきかけ、補助を獲得してこの危機を乗り越えた。このときの渋沢の活動の背景には、彼の合本主義の思想と、岩崎が講習所を三菱の傘下にいれようとしたことへの対抗心があったという（前掲書）。

明治十七（一八八四）年、商法講習所は農商務省直轄となり、東京商業学校と改称、渋沢は益田孝、富田鉄之助とともに同校の校務商議委員となっている。校長は矢野二郎が明治二十六（一八九三）年まで務めた。詳細は省くとして、その後渋沢はこの学校の後身である神田一ツ橋の高等商業学校、東京高等商業学校、そして大正九（一九二〇）年の東京商科大学への昇格へ、という動きの中で、「申酉《しんゆう》事件」（一九〇八〜〇九年に生じた、東京高等商業学校（後の一橋大学）と文部省の間で生じた紛争）その他の何度かの危機に献身的に対処し、常にこの学校の存続と発展のために重要な役割を果したのであった。同窓組織の「如水会」も渋沢の命名によるものである。

渋沢は商業教育を「陽炎《かげろう》の教育」、すなわち天下りではなく、陽炎のように「湧き上る」、下から発達したものである、として誇りにした。また、官立であっても政治の支配を受けない、学問の独立が可能であると考えていた。そして、学問と実業の一致、学理と実際の密着が彼の教育観の核心にあったという。このような思想は、後藤新平の「学俗接近の思想」と共鳴するところがあったのではなかろうか。

大正十二(一九二三)年の関東大震災で壊滅的な被害を被ったため、東京商科大学は郊外の国立《くにたち》に移転することを決定した。当時の学長・佐野善作が主導し、場所の選定等には箱根土地社長であった堤康次郎が関わったという。そして、この学園都市の計画には後藤新平が関わった可能性が高く、満洲・長春の都市計画が参照された(『「くにたち大学町」の誕生――後藤新平・佐野善作・堤康次郎との関わりから』)。もし、そうだとすると、後藤は佐野、堤はもちろん、渋沢とも「新しい大学町」の構想について意見を交わした可能性が高い。

学校といえば、大倉喜八郎は直接学校を設立している。明治三十三(一九〇〇)年九月、東京・赤坂葵町の大倉本邸の隣に開校した大倉商業学校である。その二年前の明治三十一(一八九八)年一月、大倉は石黒忠悳(陸軍軍医総監)に商業学校の設立と運営について協力を依頼した。還暦と銀婚の記念に商業人を養成したいというのである。この年五月、盛大な祝賀会が行われ、石黒と渋沢、そして渡辺洪基(帝国大学初代総長)連名による「大倉氏商業学校設立の主意書」が公表された。この学校は大正八(一九一九)年に大倉高等商業学校となり、昭和二十(一九四五)年戦災で消失後国分寺へ移転、昭和二十四(一九四九)年に東京経済大学となった。大倉は、明治四十(一九〇七)年に大阪にも大阪大

★内村鑑三（1861-1920）
東京出身。キリスト教思想家。札幌農学校時代に入信。日露戦争の際非戦論を提唱。無教会主義を唱え、雑誌『聖書之研究』を創刊。

倉商業学校を、朝鮮の京城にも善隣商業学校を設立している。なお、大倉高商は商業学校の時代から東京高商との連繋を強め、その教授陣の多くは東京高商の出身か、あるいは兼務を委嘱されていた（三好信浩『日本商業教育発達史の研究』）。

前に述べたように、大倉は、台湾協会の設立には積極的に関わっている。明治三十三（一九〇〇）年に設立された台湾協会学校は、その後、大正八（一九一九）年には拓殖大学に昇格し、後藤新平が学長、新渡戸稲造が学監を務めた。

付言すれば、後藤は大学における植民政策の学問的研究を重要と考え、京都帝国大学法科大学長の織田万にはたらきかけて新渡戸を京都帝大教授と兼務させている。のちに新渡戸は東京帝大の植民政策講座の教授となり、のちに彼が国際連盟事務局次長に転出したあと、法科から独立した経済学部の教授になったのが矢内原忠雄である。一高時代に新渡戸校長と内村鑑三《うちむらかんぞう》★の影響を強く受けたクリスチャン学徒であった。

なお、安田善次郎も教育への関心は強く、私立東京植民貿易学校の経営への関与をきっかけとして、安田の死後大正十二（一九二三）年の東京保善商業学校の設立、安田学園の設立へと発展していく（『安田学園六十年史』、『安田保善社とその関係事業史』）。

一方、浅野総一郎は、これまで手がけてきた産業において、科学技術の重要性を痛感し、科学に強い人材の育成をめざし、大正九（一九二〇）年、横浜市神奈川区に浅野綜合中学校（現在の浅野中学校・高等学校）を設立した。（浅野総一郎『父の抱負』）浅野はしばしば学校を訪れ、生徒たちに話をしたが「その話がとてもおもしろかった」という生徒の回想が伝えられている（『浅野学園六十年史』）。

エピローグ

★張作霖（1875-1928）
中華民国初期の軍閥政治家で、北洋軍閥の流れを汲む奉天派の総帥。満洲の統治者であり張学良・張学銘・張学思の父。字は雨亭。

大正十五（一九二六年、十二月二十五日より昭和元年）年二月十一日、後藤は第一回目の脳溢血で臥床する。回復後の四月、政治の倫理化運動を開始、二十日、青山会館でその第一声を挙げ、以後、各地で講演会や、普選準備会を合わせたパンフレットを刊行した。十月には日独協会会頭となる。

昭和二（一九二七）年八月四日、後藤は二回目の脳溢血で倒れる。回復後の十二月五日、訪ソの旅に上り、年を越えて、スターリンなどソ連の主脳と中国問題や極東シベリア開発、日ソ漁業条約について会談をかさね、昭和三（一九二八）年の二月七日に帰朝した。

四月二十二日、大倉喜八郎没する。享年九十。六月、関東軍による張作霖《ちょうさくりん》★爆殺事件が起こる。後藤は十一月十日、京都での昭和天皇即位式に列席。十一日、渋沢は東京中央放送局から全国放送をして、国際連盟運動支援の一環として平和を訴えた。

十二月五日、後藤は帝国ホテルで行われた独大使ゾルフ★（Wilhelm Heinrich

★ゾルフ（1862-1936）
ドイツの学者、外交官、政治家。ヴァイマル共和政下で駐日ドイツ大使を務め、日独関係の修復に尽力し、日独通商航海条約締結を実現。

★ゾルフの歓迎会

Solf）の公式の送別会に出席。

宴まさに終わらんとする刹那、ゾルフ大使は起ち上がり、「ただ今本国ストレーゼマン外相より本官にあてて、後藤伯爵にハンブルグ大學より名誉法学博士の称号を贈られた旨の電報が到着した事を、後藤伯爵に御報告し諸君と喜びを分ちたい」と挨拶した。伯も思い設けぬ栄誉に相好をくずし、「たった今まで僕は夢にもこんな名誉にありつこうとは思わなかったよ。全くうれしい。元来ハンブルグ大學は植民政策ならびに世界政策に多大の注意を払っているので、その結果僕のごときものにこの名誉を贈ったのかと思う」と述べた。

（『正伝　後藤新平』第八巻、四八五頁）

昭和四（一九二九）年四月三日、後藤新平は、少年団の式に臨んだ夜、日本性病予防協会総会と岡山県支部発会式に同協会総裁として臨席するため、寝台列車で岡山へ出発した。翌日早朝、米原の手前で三度目の脳溢血に見舞われ、京都の府立医科大学病院に運び込まれたが、関係者の懸命の看護もむなしく、十三日没した。享年七十二であった。

昭和五（一九三〇）年、益田と渋沢は三井と共同で箱根温泉供給会社を設立、社長を阪谷芳郎とする。この年の十一月九日、浅野総一郎も没する。享年八十二である。

昭和六（一九三一）年十一月七日、渋沢栄一没する。享年九十一。そして、益田孝は、箱根の開発に腐心していたが、昭和十三（一九三八）年十月二十八日に没した。享年九十であった。

かくして、後藤新平の死に前後して、渋沢、益田、安田、大倉、浅野という明治大正期の巨頭たちも亡くなり、時代は大きく転換しようとしていた。

あとがき

二十一世紀に入ってまもなく起ちあげた後藤新平のプロジェクトは、「後藤新平の全仕事」と銘打って、二〇〇四年秋、第一弾として、後藤新平の全貌を描いた『時代の先覚者・後藤新平』を出版した。総勢三九名の執筆者の協力の下で。

翌月から、それまで入念に準備されてきた『〈決定版〉正伝・後藤新平』（全八巻・別巻一）の第一巻が刊行された。その刊行を記念したシンポジウムが、十一月、安田善次郎の寄附で建てられた東京大学の安田講堂で開かれた。粕谷一希氏を司会に、鶴見俊輔、御厨貴、青山佾、新村拓、加藤登紀子各氏らをパネリストに迎え、「今なぜ後藤新平か？」をテーマに熱弁が交わされた。

翌春、「後藤新平の会」が創設された。と同時に事務局では、毎月恒例の研究会が開かれた。これが「後藤新平研究会」の発足である。メンバーは、西宮紘（故人）、能澤壽彦、市川元夫、春山明哲、鈴木一策、河﨑充代、川西崇行ら各氏。各々が各々の立場で後藤新平にアプローチし、研究し、報告をするという自由な討論の場である。

二〇〇六年七月には、『正伝』本巻全八巻が完結し、残すは別巻のみとなった。別巻は、後藤新平の詳細年譜や主要人名解説、生涯の仕事、小伝などを収録した『後藤新平大全』として、本シリーズは、〇七年六月に刊行され、同年秋の毎日出版文化賞特別賞〈企画部門〉の栄誉に輝いた。

本書の元になった二〇一三年作成の小冊子『後藤新平と五人の実業家たち――公共・公益の精神』の発案は、今は亡き西宮紘氏である。従来、見過ごされてきた後藤と実業家たちとの関係を探っていくと面白いことが見えてきた。後藤の事業に、いうまでもなく金は付き物。その金を後藤は一人で捻出してきたのか？　後藤の周囲にそういう経済・経営に明るい人間が居たのではないか。もし居たなら一体誰なのか。後藤という男なら、その関係者は決してカネさえ儲ければいいという強欲な人間ではないだろう……と。彼ら実業家も、公益、公共という視点をもって商いをしている人物に違いない。果たして『正伝』を読み直すと、渋沢栄一、益田孝、安田善次郎、大倉喜八郎、浅野総一郎という面々が浮き彫りにされてきた。台湾時代から、出会いがあった。

この一年、小冊子『後藤新平と五人の実業家たち――公共・公益の精神』の全面見直し作業をやってきた。今思うに、こういう仕事は、共同研究、共同作業をおいてはありえず、しかも『正伝』という土台があってはじめて成り立ったものだと。

各々の実業家の専門研究者の叱正は覚悟の上、大胆にその時代を描いた。その中で、一九二〇年代初頭から、二四、五年にかけて、世界が大きく蠢動していた時代であることがわかってきた。わが国では、そこに未曽有ともいうべき大地震が、首都圏に突如勃発したのである。その年の暮れに、皇太子暗殺テロ未遂（虎ノ門事件）があり、山本権兵衛内閣は総辞職。後藤も内務大臣、復興院総裁を辞職することになる。アメリカでは、排日移民法が施行され、全権大使埴原正直が帰国を余儀なくされる。ソ連ではレーニンの死去、スターリンが登場する。中国では孫文の死と。

後藤新平とこの五人の実業家たちは、人生最後の総決算という時代に、何を考え、何をやろうとしたのか。

百年近く前の世界史を検証することは、現在、これから起こり得ることを洞察するのに、必ず役立つことだろう。東日本大震災が起きた時、全国紙のコラムで、〝平成の後藤新平、出でよ〟という言葉が次々と湧き起った。それは、とにもかくにも、後藤新平が関東大震災が起きた時に復興のグランドデザインを描き、素速い行動力でどんどん進めて行ったからだろう。しかし作業は、なかなかそう簡単ではなかった。後藤を支える、後藤に協力する賢人たちが居なかったら、あの重大事を乗り切ることはできなかったということが、本書を作る中で否応なく知らされた。

後藤が、最晩年に遺した言葉に、「財を残すは下、仕事を残すは中、人を残すは上」「一に人、二に人、三に人」とある。後藤ほど、人を愛し、人に愛された人は居ない。この社会を作るのは人。肌の色も、言葉も生活習慣……も違う人びとが、お互い認め合い敬愛して生きていく道はないものか。

それこそ、後藤が生涯を賭けて考え実行してきたことではなかろうか。この後藤の願いは、百年経った今も実現されてはいない。それどころか、作ってはいけない、持ってはいけない、生物絶滅の〝核〟を大量に作り出し、所有してしまった。愚かなことである。

今われわれがやれることとは何か。次世代の人々に何を遺さねばならないかを、一人ひとり真摯に考える以外にない。現代に生きるわれわれは、今そこまで来ていることを、この本を作りながら考えてきた。

本書が、広範な読者に読まれることを切に願う。後藤新平研究会の方々、有難うございました。この研究会を下で支えてくれた小社のスタッフ（刈屋琢、小枝冬実、中島久夫）も本当に有難う。また、次の一歩を踏み出したいと思う次第である。

令和元（二〇一九）年七月

編者を代表して

「後藤新平研究会」主宰　藤原良雄

後藤新平

渋沢栄一

益田孝

■後藤新平（ごとう・しんぺい／一八五七―一九二九）

一八五七年、水沢（現岩手県奥州市）の武家に生まれ、藩校をへて福島の須賀川医学校卒。一八八〇年（明一三）、弱冠二十三歳で愛知病院長兼愛知医学校長に。板垣退助の岐阜遭難事件に駆けつけ名を馳せる。八三年内務省衛生局に。九〇年春ドイツ留学。帰国後衛生局長。相馬事件に連座し衛生局を辞す。日清戦争帰還兵の検疫に手腕を発揮し、衛生局長に復す。九八年、児玉源太郎総督の下、台湾民政局長（後に民政長官）に。台湾近代化に努める。一九〇六年九月、初代満鉄総裁に就任、満鉄調査部を作り満洲経営の基礎を築く。〇八年夏より第二次・第三次桂太郎内閣の逓相。その後鉄道院総裁・拓殖局副総裁を兼ねた。一六年秋、寺内内閣の内相、一八年春外相に。二〇年暮東京市長となり、腐敗した市政の刷新、市民による自治の推進、東京の近代化を図る「八億円計画」を提唱。二二年秋アメリカの歴史家ビーアドを招く。二三年春、ソ連極東代表のヨッフェを私的に招き、日ソ国交回復に尽力する。二三年の関東大震災直後、第二次山本権兵衛内閣の内相兼帝都復興院総裁となり、再びビーアドを緊急招聘、大規模な復興計画を立案。政界引退後は、東京放送局（現ＮＨＫ）初代総裁、少年団（ボーイスカウト）総長を歴任、「政治の倫理化」を訴え、全国を遊説した。一九二九年遊説途上、京都で死去。

■渋沢栄一（しぶさわ・えいいち／一八四〇―一九三一）

埼玉出身。名主の長男で、漢学・武芸を修めながら家業（農業・製藍）に励む。二十二歳で江戸に出て尊王攘夷思想に触れ、横浜外人館焼討ちを企てるが果たさず、のち一橋慶喜に仕える。一八六七（慶応三）年慶喜の弟昭武に随行して渡欧、パリ万国博覧会を見る。翌年帰国後、明治政府からの拝借金を基に日本最初の株式会社である商法会所を設立。六九（明二）年大蔵省に入るがまもなく退官、実業界に転じ、第一国立銀行を創設、頭取となる。以後、多数の事業を起こし、特に親しい益田孝、大倉喜八郎、浅野総一郎、安田善次郎らといくつもの会社を創立、資本主義実業の基礎確立に大きな足跡を残した。満鉄創立委員にも名を連ね、後藤新平を東京市長に推し、関東大震災後は、復興計画案に関して、後藤総裁らと政友会との間を調停した。

■益田孝（ますだ・たかし／一八四八―一九三八）

新潟出身。三井財閥創業期の経営者。一八七四（明七）年井上馨とともに先収会社を起こす。井上の政府入りで同社は三井組国産方と合体、七六年三井物産となり、雇われ社長として日本最大の貿易会社に育てる。三井財閥の近代化に貢献した中上川彦次郎が一九〇一年亡くなると、三井合名の最高経営者となる。また、渋沢栄一、大倉喜八郎、浅野総一郎、安田善次郎らと組み、いくつもの会社を作り、近代資本主義の基盤確立に貢献した。益田は満鉄創立委員会に渋沢、大倉、浅野、安田らとともに名を連ねている。

安田善次郎

大倉喜八郎

浅野総一郎

■安田善次郎（やすだ・ぜんじろう／一八三八―一九二一）
富山出身。明治・大正期の実業家で銀行王と呼ばれ、安田財閥の祖。一八五八（安政五）年江戸へ出て銭両替商に奉公。六二（文久二）年鰹節商に入婿、銭投機に失敗し離縁。六四（元治一）年銭両替商安田屋として独立。八〇年安田銀行設立。次第に一大金融網を築き上げ、一九一二（大一）年安田系企業を統轄する合名会社保善社を設立。浅野総一郎、雨宮敬次郎らの事業を援助。後藤新平が東京市長のとき、都市研究会の会合で意気投合、東京市政調査会設立に資金提供を約した直後、大磯の別荘で右翼、朝日平吾に刺殺された。その後安田家から資金が提供され、市政会館が設立された。

■大倉喜八郎（おおくら・きはちろう／一八三七―一九二八）
新潟出身。十八歳で江戸に出て鰹節商店員。のち鉄砲店を開き、戊辰戦争で官軍に武器を売り巨利を得る。日清・日露戦争で軍部の御用商人となる。渋沢栄一と親交を結び、一八七八（明一一）年東京商法会議所、八六（明一九）年東京電燈会社、翌年帝国ホテル、内外用達会社など創設、先見性を発揮。九八（明三一）年大倉商業学校（現・東京経済大）を創設。明治後期から大正期にかけて、満洲・朝鮮で各種事業を展開。手掛けた事業は多岐にわたり、大日本麦酒、日本皮革、帝国製麻、東京毛織、大倉鉱業などがある。一九二四（大一三）年隠退、家督を喜七郎に譲る。後藤新平とは、日清戦後の「軍夫救護」問題以来の知己であり、大倉組台北支店長賀田金三郎は後藤の読書会のメンバーであった。

■浅野総一郎（あさの・そういちろう／一八四八―一九三〇）
富山出身。三三両を懐に上京、横浜で包装用竹皮売買を行う。七四（明七）年石炭専業商。やがて渋沢栄一の知遇を得る。八三（明一六）年深川にセメント工場創業（現在の日本セメントの前身）。九八（明三一）年浅野セメント合資会社設立を機に、安田善次郎と知り合う。渋沢、安田のバックアップで、ガス、炭鉱、石油、造船、製鉄、東京湾埋立てなど多彩な事業を展開。後藤新平が第二次桂内閣逓相のとき、逓相官邸への訪問客のうち最も早朝に来るのが浅野であった。資金面で安田銀行との結びつきが強く、安田財閥の事業部門的役割を担った。学歴はないとはいえ、事業にかけての勉強ぶりや着眼力・先見性に非凡な才能を発揮した。

参考文献

＊著者名五十音順

浅野泰治郎・浅野良三『浅野総一郎』愛信社、一九二三年
石黒忠悳『懐旧九十年』大空社、一九九四年
内山章子『看取りの人生──後藤新平の「自治三訣」を生きて』藤原書店、二〇一八年
上品和馬『広報外交の先駆者　鶴見祐輔 1885-1973』藤原書店、二〇一一年
大江志乃夫『東アジア史としての日清戦争』立風書房、一九九八年
奥田義人『熊沢蕃山』（偉人伝叢書　第七冊）博文館、一九一五年
大倉財閥研究会編『大倉財閥の研究──大倉と大陸』近藤出版社、一九八二年
岡田靖雄『日本精神科医療史』医学書院、二〇〇二年
長内敏之『「くにたち大学町」の誕生──後藤新平・佐野善作・堤康次郎との関わりから』けやき出版、二〇一三年
鶴友会編『鶴翁余影』鶴友会、昭和四年
粕谷誠『豪商の明治──三井家の家業再編過程の分析』名古屋大学出版会、二〇〇二年
片桐庸夫『民間交流のパイオニア　渋沢栄一の国民外交』藤原書店、二〇一三年
河﨑充代『無償の愛──後藤新平、晩年の伴侶きみ』藤原書店、二〇〇九年
北康利『陰徳を積む──銀行王・安田善次郎伝』新潮社、二〇一〇年
木村昌人『渋沢栄一──民間経済外交の創始者』中公新書、一九九一年

草原克豪『新渡戸稲造 1862-1933――我、太平洋の橋とならん』藤原書店、二〇一二年
久保巌『日本の7大商社――世界に類をみない最強のビジネスモデル』平凡社新書、二〇一二年
久保文克『植民地企業経営史論――「準国策会社」の実証的研究』日本経済評論社、一九九七年
見城悌治『渋沢栄一――「道徳」と経済のあいだ』(評伝・日本の経済思想)、日本経済評論社、二〇〇八年
小島直記『三井物産初代社長』中央公論社、一九八一年
チャオ埴原三鈴・中馬清福『「排日移民法」と闘った外交官――1920年代日本外交と駐米全権大使・埴原正直』藤原書店、二〇一一年
後藤新平『国家衛生原理』復刻版、創造出版、一九七八年
後藤新平『自治生活の新精神』新時代社、一九一九年
後藤新平『日本植民政策一斑』拓殖新報社、一九二一年
後藤新平研究会＝編著『震災復興　後藤新平の120日――都市は市民がつくるもの』藤原書店、二〇一一年
後藤新平研究会編『一に人　二に人　三に人』藤原書店、二〇一五年
後藤新平歿八十周年記念事業実行委員会編『自治』藤原書店、二〇〇九年
後藤新平歿八十周年記念事業実行委員会編『官僚政治』藤原書店、二〇〇九年
後藤新平歿八十周年記念事業実行委員会編『世界認識』藤原書店、二〇一〇年
後藤新平歿八十周年記念事業実行委員会編『都市デザイン』藤原書店、二〇一〇年
後藤新平述、堤康次郎編纂『日本植民論』(公民同盟叢書　第八巻)公民同盟出版部、一

九一五年
後藤新平文書マイクロフィルム版
齋藤康彦『近代数寄者のネットワーク――茶の湯を愛した実業家たち』思文閣出版、二〇一二年
坂本藤良『幕末維新の経済人――先見力・決断力・指導力』中公新書、一九八四年
渋沢栄一述、長幸男校注『雨夜譚――渋沢栄一自伝』岩波文庫、一九八四年
渋沢栄一述『青淵回顧録』青淵回顧録刊行会、一九二七年
渋沢栄一記念財団編『渋沢栄一を知る事典』東京堂出版、二〇一二年
渋沢栄一記念財団渋沢史料館編集・発行『王子・滝野川と渋沢栄一――住まい、公の場、地域』(企画展図録)二〇〇八年
渋沢栄一記念財団渋沢史料館編集・発行『渋沢栄一と関東大震災――復興へのまなざし』(テーマ展シリーズ〝平和を考える〟)二〇一〇年
渋沢栄一記念財団実業史研究情報センター公開・デジタル版『渋沢栄一伝記資料』
渋沢研究会編『公益の追求者・渋沢栄一――新時代の創造』山川出版社、一九九九年
島田昌和『渋沢栄一――社会企業家の先駆者』岩波新書、二〇一一年
志村和次郎『富豪への道と美術コレクション――維新後の事業家・文化人の軌跡』(ゆまに学芸選書ULULA4)ゆまに書房、二〇一一年
白崎秀雄『鈍翁・益田孝』中公文庫、一九九八年
杉森久英『大風呂敷』角川文庫、一九六七年
鈴木五郎『黎明日本の一開拓者――父鈴木藤三郎の一生』実業の日本社、一九三九年
砂川幸雄『大倉喜八郎の豪快なる生涯』草思社、一九九六年

戴國煇「伊沢修二と後藤新平」春山明哲・松永正義・胎中千鶴・丸川哲史編『戴國煇著作選II　台湾史の探索』みやび出版、二〇一一年
台湾製糖株式会社東京出張所編『台湾製糖株式会社史』台湾製糖東京出張所、一九三九年
高橋義雄『山公遺烈』慶文堂書店、一九二五年
高橋義雄「万象録抄」『現代日本記録全集　第7』筑摩書房、一九七一年
高橋義雄編『大正名器鑑』（全九編・索引）大正名器鑑編纂所、一九二一―一九二七年
拓殖大学創立百年史編纂室編『後藤新平――背骨のある国際人』拓殖大学、二〇〇一年
武内孝夫『帝国ホテル物語』現代書館、一九九七年
田中英夫『御雇外国人ローレツと医学教育――愛知県公立医学校における新ウィーン学派医学の受容』名古屋大学出版会、一九九五年
鶴見俊輔『評伝　高野長英　1804-50』藤原書店、二〇〇七年
鶴見俊輔『まなざし』藤原書店、二〇一五年
鶴見祐輔著・一海知義校訂『〈決定版〉正伝・後藤新平』（全八巻）藤原書店、二〇〇四―二〇〇六年
東京経済大学史料委員会・大倉喜八郎関係史資料刊行委員会編『稿本　大倉喜八郎年譜　第三版』東京経済大学、二〇一〇年
東京経済大学編纂『東京経済大学沿革史料』東京経済大学、一九八三―一九八六年
新田純子『その男　はかりしれず――日本の近代をつくった男浅野総一郎伝』サンマーク出版、二〇〇〇年
益田孝著、長井実編『自叙益田孝翁伝』中公文庫、一九八九年
野崎広太『茶会漫録　第十集』中外商業新報社、一九二五年

花立三郎『横井小楠の弟子たち——熊本実学派の人々』藤原書店、二〇一三年
原奎一郎編『原敬日記』第一～第六、福村出版、一九六五年
春山明哲『近代日本と台湾——霧社事件、植民地統治政策の研究』藤原書店、二〇〇八年
ビーアド、Ch・A『ルーズベルトの責任——日米戦争はなぜ始まったか』（上・下）藤原書店、二〇一一年
藤井昇三『孫文の研究——とくに民族主義理論の発展を中心として』勁草書房、一九六六年
藤森照信『明治の東京計画』岩波書店、一九八二年
藤原銀次郎述、石山賢吉記『思い出の人々』ダイヤモンド社、一九五〇年
藤原書店編集部編『学芸総合誌・季刊　環——歴史・環境・文明』29号、藤原書店、二〇〇七年
藤原書店編集部編『後藤新平の「仕事」』藤原書店、二〇〇七年
藤原書店編集部編『時代が求める後藤新平——自治／公共／世界認識』藤原書店、二〇一四年
星野小次郎『日比翁助——三越創始者』宮越信一郎、一九五二年
御厨貴編『時代の先覚者、後藤新平 1857-1929』藤原書店、二〇〇四年
御厨貴編『後藤新平大全』藤原書店、二〇〇七年
源了圓編『別冊　環⑰横井小楠——公共の先駆者』藤原書店、二〇〇七年
源了圓『横井小楠研究』藤原書店、二〇一三年
嶺隆『帝国劇場開幕——今日は帝劇明日は三越』中公新書、一九九六年
三好信浩『渋沢栄一と日本商業教育発達史』（産業教育人物史研究3）風間書房、二〇〇

一年
三好信浩『日本商業教育発達史の研究』風間書房、二〇一二年
モロジャコフ、ワシーリー『後藤新平と日露関係史――ロシア側新資料に基づく新見解』木村汎訳、藤原書店、二〇〇九年
安場保吉編『安場保和伝 1835-99――豪傑・無私の政治家』藤原書店、二〇〇六年
矢内原忠雄『帝国主義下の台湾』岩波書店、一九二九年
安田学園六十年史編纂委員会編『安田学園六十年史』安田学園、一九八三年
安田不動産株式会社編・刊『安田保善社とその関係事業史』一九七四年
安田学園松翁研究会『松翁安田善次郎伝』安田学園、一九五八年
山口昌男『経営者の精神史――近代日本を築いた破天荒な実業家たち』ダイヤモンド社、二〇〇四年
由井常彦『安田善次郎――果報は練って待て』(ミネルヴァ日本評伝選)ミネルヴァ書房、二〇一〇年
由井常彦「解説　経営哲学・経営理念 明治・大正編」『財界人思想全集　第1』、ダイヤモンド社、一九六九年
ヨッフェ、ナディエジュタ・A『ナディエジュタ・A・ヨッフェ回顧録　振り返る――私の人生、私の運命、私の時代』ハル・ニケイドロフ訳、柘植書房新社、二〇一九年
歴史学研究会編『日本史年表　増補版』(岩波書店、一九九三年)

ま行

や行

ら行

わ行

さ行

た行

な行

は行

人名注一覧

ここに掲載されている人名は，本文の中の上段に注として掲載されているものの一覧です。

あ行

か行

安田善次郎	大倉喜八郎	浅野総一郎	日本史・世界史事項
	1–6 宮内省に隠居届けをし，男爵家の家督を喜七郎に譲ると共に，喜七郎が男爵を襲爵する。 **2**–13 滞日5年のフランス大使クローデルの送別宴に出席。 **10**–1 タウンゼント・ハリス記念碑除幕式。–11〜26 朝鮮旅行を行う。–27 京城に着き，斎藤実（朝鮮総督）を訪問し会談する。（90）	**4**–10 妻サクが没する。 沖電気，東京シアリングなど，社長をおかず，総一郎自ら指揮。（79）	**2**–7 大正天皇御大葬。 **4**–20 田中義一政友会内閣成立。 **5**–28 第1次山東出兵（**9**–8 撤退）。 **7**–15 コミンテルン日本問題委員会で「27年テーゼ」決定。 **9** 毛沢東ら根拠地を井崗山に。
	1–20 午後2時，天皇から直接，勲一等旭日大綬章を授与される。この受章は実業家としては初めて。 **4**–22 死去。享年91。–28 葬儀，会葬者1万2000名に達す。	**6** 留萌鉄道株式会社創立。 川崎鶴見150万平方メートル埋立地完成。また，群馬に佐久発電所が完成。（80）	**3**–15 共産党員の全国的大検挙。 **6**–4 関東軍河本参謀ら奉天引揚げ途上の張作霖を爆殺。 **7**–3 内務省に特別高等警察課をおく。 **11**–10 天皇即位式挙行。
		（81）	**3**–5 元労農党代議士，山本宣治暗殺される。 **4**–16 日本共産党員の大検挙。 **6**–10 拓務省設置。
		2 浅野セメント中央研究所を設立。 **5**–18 欧州・南米視察に出て，**8**–2 帰着する。 **11**–9 浅野総一郎死去。享年82。	**1**–21 ロンドン海軍軍縮会議開会。 **11**–14 浜口首相，東京駅で狙撃され重傷。
			3 3月事件。 **10**–17 10月事件。
			1–16 第一次近衛内閣声明。 **4**–1 国家総動員法公布。

年	後藤新平	渋沢栄一	益田孝
1927（昭和2）70歳	**4**–16 政治の倫理化運動一周年大講演会を開く。 **6**–15 田中首相を訪い，一書を呈して対中外交の重要性を警告する。 **8**–4 第2回目の脳溢血に襲われる。 **10**–3 久原房之助邸において田中首相と会見し，訪露に関して談合する。 **12**–5 ロシア訪問の途に上る。随行者は田中清次郎，八杉貞利，前田多門，森孝三，関根斎一，引地興五郎，佐藤信。–25 レーニンの墓参。–26 ヨッフェの墓参。–30 カラハンと会商。	**2** 日本国際児童親善会創立。三越で親善人形展覧会。 **10**–1 下田の玉泉寺においてタウンゼント・ハリス記念碑除幕式（大倉喜八郎も参加）。（87）	（79）
1928（昭和3）71歳	**1**–7 党書記長スターリンと会談。–14 スターリンと第2回会談。–21 漁業条約調印決定の電報に接する。 **8**–7 床次竹次郎と会見する（そのため新党樹立の風説飛ぶ）。 **11**–10 京都で天皇即位式参列。伯爵となる。 **12**–5 帝国ホテルで独大使ゾルフの送別会があり出席。	**4**–18 石黒忠悳と共に病床の大倉喜八郎を見舞う。 **11**–11 東京中央放送局から全国放送で国際連盟運動支援の一環として平和を訴える。（88）	（80）
1929（昭和4）72歳	**4**–3 夜，日本性病予防協会講演のため岡山に向けて東京駅発西下。–4 米原付近の列車中で3回目の脳溢血発病，京都に下車して京都府立医大病院に入る。–13 午前5時30分，死去。享年72。	**1** 東京銀行倶楽部の演説で「利を見て義を忘れると云うのが今日の時代」と論ずる。 **5** 楽翁（松平定信）公遺徳顕彰会設立。（89）	（81）
1930（昭和5）		益田と三井に協力して箱根温泉組合を設立。（90）	渋沢・三井と箱根温泉組合を設立。社長は阪谷芳郎。（82）
1931（昭和6）		**11**–11 渋沢栄一死去。享年91。	**4**–18「七十年前の憶い出」（ハリスを偲ぶ講演）。（83）
1936（昭和11）			**12**–9 麻布善福寺ハリス記念碑除幕式でスピーチ（88）
1938（昭和13）			箱根の開発に腐心するが，**10**–28 益田孝死去。享年90。

安田善次郎	大倉喜八郎	浅野総一郎	日本史・世界史事項
	9 関東大震災救護資金として100万円を寄付。–1 関東大震災により，帝国劇場などは全焼，帝国ホテル新館（落成準備中のライト館）は被害を免れる。 **10**–26 大倉集古館の理事会が，焼け残った美術品と維持金50万円を基礎に，同館の再建を決定。（86）	**9**–1 関東大震災で100万円を寄附。 東洋汽船と日本郵船との合併が討議される。（75）	**9**–1 関東大震災（死者9万1344人，全壊焼失46万4909戸）。–2 第2次山本内閣成立。 **11**–15［独］マルク最低へ暴落。 **12**–15 排日条項を含むジョンソン法案，米議会に提出。–27 虎ノ門事件起こる。–29 山本内閣が引責総辞職。
	2 大倉組，蒙古奈曼王と借款3万円供与契約を締結する。 **7** アメリカで排日移民法が実施されるなど海外・国内の情勢を憂え，時局対策の意見書を首相・加藤高明に提出。 **9**–24 米寿記念に，『狂歌鶴彦集』刊行，序文は幸田露伴。鶴友会，米寿を記念して喜八郎初の伝記『大倉鶴彦翁』を編纂・刊行する。校閲は徳富蘇峰，序文は渋沢栄一・徳富蘇峰，跋言は石黒忠悳《ただのり》。（87）	**5**–18 子安台の丘で浅野の銅像除幕式が行われ，渋沢・後藤新平・内田嘉吉・藤山雷太・白石元治郎らが出席する。 鶴見臨港鉄道を企画する。この頃，後藤新平や総持寺の石川和尚と共に天風会なるものに顔を出す。（76）	**1**–7 清浦奎吾内閣成立。 **4**–10 アメリカ議会で審議中の移民法案に埴原駐米大使が抗議。 **5**–25 排日移民法案に大統領クーリッジが署名。 **6**–11 加藤高明内閣成立。 **8**–20 復興局に疑獄事件（鉄道省に波及）。 **11**–29 東京放送局設立。
	5–12～**8**–5 満州・蒙古・華北を旅行。奉天で張作霖と数回会見する。 **9**–1 大倉土木，日本初の地下鉄工事に着工。–23 帰朝の祝賀を兼ねた台湾クラブ主宰の会に招かれ，50年前の台湾入り，今回の中国旅行に関連して秦の始皇帝の話まで行ったので，出席していた後藤新平のお株を奪う大風呂敷を広げたと報道される。（88）	**3** 小名浜漁港修築を完成。 **5**–18 尾崎行雄邸での講演会にゲスト出演（後藤新平，中村天風らと）。（77）	**1**–20 日ソ基本条約に調印（国交回復）。 **3**–19 治安維持法議会を通過。 **7** 細井和喜蔵『女工哀史』刊。–6 安田善次郎寄贈東京帝国大学講堂竣工式。 **10**『資本論』訳刊行開始。 **12**–18［ソ］スターリンの一国社会主義理論採決。
	4–8 向島別邸で感涙会を開催し，200余名を招待。 **8**–7 南アルプスの赤石岳を踏破する。（89）	**12**–25 浅野超高級セメント株式会社を創設する。 鶴見臨港鉄道線に安善駅を設けて故安田善次郎を偲ぶ。（78）	**1**–30 若槻内閣成立。 **4**–6 太平洋問題調査会設立。 **12**–25 大正天皇崩御，摂政裕仁親王が践祚，昭和と改元。

年	後藤新平	渋沢栄一	益田孝
1923 (大正12) 66歳	**2**–1 ヨッフェ来日，築地精養軒で後藤と長時間会談。 **4**–25 東京市長辞職を表明。 **5**–6 精養軒でのヨッフェとの会談で，日ソ交渉基礎案ができる。–30 後藤の斡旋で日ソ漁業条約調印。 **9**–2 山本内閣成り，内務大臣となる。帝都復興根本策を練り，復興費を30億円と見積もる。–4 帝都復興の議を作成。–6 閣議に提出。–29 帝都復興院総裁を兼任する。 **10**–6 ビーアド博士再来日。	**9**–1 関東大震災。内相後藤新平が騎兵を遣わして飛鳥山邸の渋沢を呼び出し，協調会による罹災者救援を求める。震災善後会副会長となる。帝都復興審議会委員となる。渋沢の飛鳥山邸は家屋が破損，庭に小屋を建てて寝起きした。(83)	**9**–1 御殿山本邸は無事だったが，小田原掃雲台は松ヶ岡神社が損壊した。(75)
1924 (大正13) 67歳	**2**–25 盛岡市で「政治闘争の倫理化」と題し講演。 **3**–5 東北帝大で「国難来」と題し講演。 **4**–3 家庭電気普及会が創立され，会長となる。 夏，猪苗代湖畔にて少年団がキャンプ生活中，秩父宮殿下が訪問。後藤らと晩餐，天幕内に一泊。 **9**–4 上野自治会館における震災復興記念講演会で「自治精神」と題して講演。–15 駐日仏大使ポール・クローデルと自邸で会談。 **10**–16 社団法人東京放送局初代総裁となる。–28 芝増上寺にて「政治の倫理化」を講演。 **11**–7 上野池之端無線電話普及展覧会において初めての放送演説を試みる。	**3** 財団法人日仏会館設立，理事長。東京女学館館長に就任。 **5** 米議会で排日移民法が可決されたため，渋沢は金子堅太郎・団琢磨と共に清浦首相を難詰する。–18 浅野の銅像除幕式に出席する。 **9**–24 伝記『大倉鶴彦翁』に序文を寄せる。 **9** 東京震災記念事業協会設立。会長永田秀次郎東京市長，顧問に渋沢，後藤ら。(84)	(76)
1925 (大正14) 68歳	**3**–19 姉初勢没す。享年80。–22 東京放送局仮放送に際し挨拶を放送する。–26 東京発，満鮮の旅に。 **4**–2 奉天に到着，張作霖と会見。 **5**–9 加藤高明首相を訪い極東開発企業の件につき談合する。 **7**–12 芝愛宕山新築放送局で本放送を開始，挨拶を放送。 **9**–1 大倉帰国祝賀会に出席。 **12**–17 万国キリスト教青年会(YMCA)モット博士が来朝，自邸に旅装を解かせる。–19 自邸でモット博士を正賓として朝野名士を招じ晩餐会を催す。	**1** 製鉄鋼調査会顧問。 **9** 浅草寺臨時営繕局顧問。 太平洋会議の開催に尽力。(85)	**8** 食養研究所を慶応義塾大学医学部付属として設立させ，所長を大森憲太博士とする。食養とは，茶事に通ずると常々考えていた。(77)
1926 (大正15／昭和1) 69歳	**2**–11 第1回目の脳溢血。 **4**–1 政治の倫理化運動を開始し，–20 青山会館において第一声。以来，全国を遊説，翌年2月に至る。 **9**–20 小冊子『政治の倫理化』を百万部発行。 **10** 日独協会を再生し会頭に。 **11**–30 政友会と政友本党の提携斡旋。	**1**–28 YMCA会館再建について後藤新平邸で話し合う。 **3** 日本太平洋問題調査会会長。(86)	(78)

安田善次郎	大倉喜八郎	浅野総一郎	日本史・世界史事項
3–23 片倉製糸紡績株式会社創立に参加。 **7**–10 東京帝国大学講堂建設費寄附の意思を表明。–14 西国三十三ヶ所めぐりにちなみ，石仏作りを始める。善次郎の信仰は浄土教である。 **11**–24 東洋火災海上保険㈱を設立し，安田関係会社に編入。 **12** 後藤新平を東京市長にと尽力。–20 中央開墾㈱設立に参加。–21 同族会議で善之助を安田宗家に立てる。善三郎は鎌倉に居を移す。（82）	**1**–7 張作霖と共に，東蒙古開墾を企画し，日中合弁組織として満蒙興発公司を起こす。 **9**–2 アメリカの日本人移民排斥に関して，日米の経済的協調を説く。–8 大倉集古館に米国議員団を招待。 **11**–22 日華実業協会の北支那飢民救済の委員長として，義捐金募集の記事を新聞に掲載，1万円を寄付。 **12** 後藤新平を東京市長にするために尽力。 この年，日露協会に1万5000円を寄付。（83）	**1**–12 浅野総合中学校設立許可を申請し，**4** 開校式となる。指導方法にゲーリー・システムを導入。 **9** 日本鋳造株式会社・信越木材会社を創立。 **11** 富士製鋼会社の整理を安田とともに引き受け，代表取締役に推される。（72）	**4**–6［ソ］シベリアのチタで極東共和国樹立宣言（のちソビエト・ロシアに合併）。 **5**–24 尼港で日本軍人と居留民・ロシア人がパルチザンに惨殺される（尼港事件）。 **12** 宮中某重大事件おこる（山県有朋と杉浦重剛・頭山満らが対立）。
3 東京市長後藤新平は東京市政調査会資金を得るため，安田グループの東京建物に麻布本町の自邸を売ることを依頼。 **5**–5 東京帝国大学に講堂寄附を申し出る。–14 浅野と共に東洋汽船大洋丸で上海へ初航海，広東で孫文と意見交換。 **7**–20 市政調査会資金は自分が寄附すると後藤市長に申し出，後藤の8億円計画についても「市債を出すまでもない，ご融資いたします」と申し出る。 **9**–4 300万円を以て社団法人安田修徳会を設ける。–28 善次郎，大磯の寿楽庵で朝日平吾に刺殺される。享年83。	**1**–13 新橋芸妓一同，大倉喜八郎が和田豊治らと共に活動している中国飢饉救済活動に協力し，帝国劇場で慈善演芸会を開き，5000円を寄付。 **3**–4 日華実業協会（会長・渋沢栄一）に北支救済特別委員会に役員として出席。（84）	**1** 日本カーリット会社を創立。 **4** 青梅鉄道が石灰石採掘権を浅野セメントに譲渡。以後，青梅鉄道・五日市鉄道・南部線鉄道の経営に参入，石灰産地と京浜埋立地とを結ぶ。 **5**–14 古船大洋丸の安全性を誇示するため，安田と共に長崎を出航，上海・マニラ・香港・広東を訪問，広東で孫文と会談。 **9**–29 安田の死に最も早く寿楽庵に駆けつける。 この年，宝田石油と日本石油が合併，日本石油となる。（73）	**2**–12 大本教幹部が不敬罪・新聞紙法違反で一斉検挙。 **5**–5［中］広東新政府が成立し孫文が非常大総統に就任。 **7**–1［中］上海フランス租界で中国共産党創立大会開く（委員長陳独秀）。 **11**–4 原首相，東京駅頭で中岡良一に刺殺される。–7 蒙古人民政府，クーロンに成立。–13 高橋内閣成立。 **12**–13 ワシントン会議で日英米仏四国協約に調印（日英同盟廃棄）。
〔**1** 安田家から東京市に対し，東京市政調査会設立費として350万円の寄付の申し出。翌月同調査会が認可される。〕	**5**–19 飢餓アルメニア人救済委員会委員となる。 **8**–2 大倉ら，米国に渡航するオペラ歌手・三浦環に，首飾りなどを贈る。 **10**–20 米寿記念として社会・教育事業に100万円を寄付，25万円を東京市養育院にと，後藤新平・渋沢栄一に申し込む。 **11**–26 東京市養育院創立50周年記念式に参列。 この年，徳富蘇峰の青山会館建設費に3万円を寄付。（85）	**10**–4 関東水力発電の利根川水力発電起工式が渋川村で行われる。暮，小倉市紫川以東60万7000坪の埋立許可がおりる。（74）	**1**–10 大隈重信没す。 **2**–1 山県有朋没す。 **3**–3 全国水平社創立大会（京都）。 **6**–12 加藤（友）内閣成立。–24 政府，シベリア派遣軍撤退を声明。 **7** 日本共産党が非合法に結成。 **9**–4 日ソ長春会議を開くが決裂。 **10**–25 没海州派遣軍を撤退。

年	後藤新平	渋沢栄一	益田孝
1920 (大正9) 63歳	**2**–18 日露協会会頭に就任。 **3** 頃『大調査機関と国家の二大急要問題』起草印刷。 **5**–25『大調査機関設置の議』を印刷発表する。 **6**–16 大調査機関案につき原首相，横田法制局長官と，長時間協議する。 **8**–18 大調査機関案，一頓挫をきたす。 **9**–15 麻布桜田町新邸に移る。–24 日露協会，日露協会学校を設立。 **12**『自治生活の新精神』を刊行。–18 正式に東京市長として初登庁する。–22 市会で後藤の推薦による永田秀次郎，池田宏，前田多門の三助役を決定。	**3** 日米関係委員協議会を開催する。座長は渋沢。米国よりアレグザンダー・ムーア・ホイラーらが来日。 **4** 国際連盟協会会長に就任。 **6** 日華実業協会会長。 **9** 子爵に。 **12** 後藤新平を東京市長にと尽力。 東京高等商業学校，東京商科大学の昇格。 (80)	(72)
1921 (大正10) 64歳	**1**–26 市長俸給全額を市に寄付する。 **3**–3 ニューヨーク市政調査会の大要を印刷して有志に配布する。 **4**–1 無党派連盟の大要を発表する。–27「新事業及び其財政計画綱要」(いわゆる8億円計画)を市参事会に提出。 **5**–6 大阪経済会の招きで「大調査機関と刻下の二大急要問題」と題して講演。 **6**–23 警視庁防疫評議員となる。 **7**–14 大隈重信の招きで邸に臨み，互いに意気相投。 **9**–3 東宮殿下訪欧からの帰朝を迎え，市民を代表して賀表を奉呈する。 **11**–3 市連合青年団神宮例祭第1回運動会に東宮殿下の臨席を仰ぎ，団長として説明を奏上。同日，来朝中の英新聞王ノースクリフ卿，米上院議員フィーラン氏一行を自邸に招き，茶の湯の歓待。 **12** 青山会館を徳富蘇峰邸に建設する旨が発表され，その実行委員に名を連ねる。	**10**–3 ワシントン会議への正式招請を受け，日本の全権団に付添って渡米し，米大統領ハーディングと会見。 (81)	(73)
1922 (大正11) 65歳	**1**–15 安田家より東京市政調査会設立費350万円の寄付を申出る。 **3**–20『江戸の自治制』を発行する。 **4**–15 全国少年団総裁として，少年団と共に赤坂離宮に英皇太子を奉迎。–16 財団法人東京市政調査会会長となる。 **5**–23 国際キリスト教青年協議会のため来朝中のジョン・R・モット博士らを招いて園遊会を催す。 **6**–12 東京連合少年団団長となり，後，少年団日本連盟総裁となる。–26 工業倶楽部で東京市政調査会発会式を挙行。 **9**–14 東京市政調査会顧問ビーアド博士来朝。–25 子爵となる。	**1**–30 米国から帰国する。 **5**–19 飢餓アルメニア人救済委員会を発足。 **9**–16 丸ノ内銀行倶楽部でのビーアド博士歓迎会に招待される。また，ビーアド博士を東京市養育院に案内する。 (82)	**12**–31 列車中で避寒旅行中の東京市長後藤新平に出会い，去る5日に岩原謙庵(謙三)が催したいたずら茶会について語り合う。 大師会を財団法人とする。 (74)

安田善次郎	大倉喜八郎	浅野総一郎	日本史・世界史事項
2–4 大倉の詩歌集『鶴乃とも』に文章を寄せる。 **5**–24 横須賀市安浦町埋立権を譲受け工事に着手（大正11年末完成）。 **7**–10 安田関係会社の日本製銅硫酸肥料㈱を安田商事㈱に合併し，安田製肥所に。 この年，東京帝国大学文学部仏教講座基金5万円を寄附する。（78）	**2**–4 詩歌集『鶴乃とも』を刊行。各界から傘寿祝いを寄せられる。 **4** 狂歌の同好会「面白会」結成，「みなおもしろ」発刊。 **4**–21 大倉組，江蘇省鳳凰山鉱山の採掘権を北京政府から許可される。 **7**–20 日露協約成立祝賀会の発起人となる。 早稲田大学の講堂の建築費，慶応義塾医科大学の創設費に各1万円を寄付。（79）	**4** 横浜造船所を創立する。長男泰治郎，千代子（板垣退助娘）と結婚。 地洋丸が座礁したため，渡米してコレア丸・サイベリア丸を入手する。石狩炭鉱を三井に売る。（68）	**3** 参謀本部，宗社党援助を画策（満蒙独立運動）。 **5**–29 インドの詩人・タゴール来日。 **7** 蒙古パプチャップ軍，宗社党を助け南下。–3 日露協約調印。 **8** 宗社党軍解散。 **10**–5 大隈内閣総辞職。–9 寺内内閣成立。–10 同志会・中正会・公友倶楽部合同し，憲政会結成。
2 秋田電気㈱の経営を引受け，安田関係会社に編入。 **3** 第三十六銀行を救済し，安田関係銀行に編入。 **8** 満州興業㈱を設立し，安田関係会社に編入。 **10** 岡山県長浜村開墾事業を引受ける（大正12年末完成）。（79）	**1**–26 国際病院建設の日本側評議員会主宰の午餐会に出席。 **3**–20 理化学研究所創立委員となる。 **6** 北京での政変により鳳凰山鉱山採掘権を取消される。 この年，大倉組土木部，木造の帝国ホテルの鉄筋コンクリートへの建て替え工事に着手。東京市養育院の常設委員となる。（80）	**1**–12 横浜造船所を浅野造船所と改称。 **3** 東洋汽船が神戸オリエンタル・ホテルを買収。 **5** 利根川水利権を買収。 **8** アメリカの鉄鋼輸出禁止令に抗議する。 **9** 京浜運河会社創設。日本銑鉄会社創立。 **11** 中央倉庫創立。日支炭鉱汽船会社創立。大島製鋼を共同経営する。（69）	**1**［中］西原亀三の斡旋で日本から巨額の借款を受ける。 **9**–10［中］孫文，広東に軍政府を樹立。 **10**–8 三菱造船設立。 **11**–2 石井・ランシング協定で，中国の機会均等・門戸開放と日本の満洲権益を認める。 **11**–7（露暦**10**–25）［露］ロシア10月革命。
7–10 秋田瓦斯㈱の経営を引受け，安田関係会社に編入。–19 日本酸素株式会社に資本参加。 **12** 東京植民貿易語学校に6万円寄附（なお同校の経営関与から，安田の死後1923年の東京保善学校の設立，安田学園の設立へと発展）。（80）	**5**–1 大倉集古館の会館式挙行。 **7**–4 シベリア出兵（**8**–2）を断行することになる寺内正毅《まさたけ》首相の官邸に赴き，蔵相・勝田主計に会い，鳳凰山鉄鉱・製鉄所建設に関わる西原亀三の構想との調整の善処を要望。 **8** 中旬に米騒動，救済のため2万円を寄付。（81）	**3** 浅野物産設立，その中に製鉄所を設ける。 **7** 朝鮮鉄山創立に加わる。 **9** 浅野造船所と浅野製鉄所を合併させる。のち日本鋼管に吸収。 この年，アメリカの鉄鋼輸出禁止に対して，船鉄交換という形で鉄を確保できるようにする。（70）	**5**–4［中］広東軍政府改革で孫文が大元帥を辞任，日本へ亡命。 **8**–2 寺内内閣，シベリア出兵宣言。–3 富山県に米騒動。 **11**–11［独］連合国と休戦条約に調印（第一次世界大戦終わる）。
2 満蒙繊維工業㈱を設立し，安田関係会社に編入。 **6**–18 群馬電力㈱を設立し，安田関係会社に編入。 **7**–1「安田家家憲および同補足」を制定実施。これに基づき安田同族会を設置。–4 保善会業務執行体制を改革，理事制を設ける。 満鉄（総裁野村龍太郎）が倒産の危機を迎えたため，翌年にかけて建て直しに尽力。（81）	**4**–25 京劇の梅蘭芳《メイランファン》を帝劇に招く。 **5**–1〜15 帝国劇場での梅蘭《メイラン》芳《ファン》の公演は，歌舞伎との合同公演。 **7**–19 東京市斎場建設費として100万円を寄付。 **8** 台湾電力㈱が設立され，幹事となる。 **10**–11 歌劇の原信子の渡米を浅野総一郎らと共に後援する。–27 満蒙における鉄鉱，農牧，数種の利権，奉天の電車敷設などの問題を張作霖と懇談。（82）	**9** 庄川水力電気会社（小牧ダム）を創立。 **10** 小倉製鋼所を設立する。また，関東水力電気（のちの東京電力）社長となる。–11 歌劇の原信子渡米を大倉と共に後援。（71）	**1**–18 パリ講和会議開く（全権西園寺公望・牧野伸顕ら）。 **3**–2 モスクワでコミンテルン創立第1回大会。 **4**–12 関東都督府を廃止，民政は関東長官，兵権は関東軍司令官とに分離。 **8**–1 国家主義団体猶存社結成（大川周明・北一輝ら）。

年	後藤新平	渋沢栄一	益田孝
1916 (大正5) 59歳	**2**『日本膨張論』を出版。 **8** 通俗大学講演会のために長野県地方を巡回する。–12 大隈重信の内閣居据わりについて論じた書簡を山県有朋公に致す。 **10** 永田秀次郎，三重県知事から警保局長に転任。後藤との長い交流の始まりに。–4 寺内正毅に招かれ内閣組織につき凝議。–5 寺内邸で寺内，平田東助と共に組閣を凝議。 **11**–21 大隈内閣の対中政策行詰まりの打開を計る覚書を起草する。外交官，関係軍人の部署の異動断行，「東亜経済同盟の建設」の提唱など。 **12** 藤原銀次郎ら信州出身財界人に通俗大学設立の寄付を呼びかける。	**2** 日米関係委員会発足，常務委員。–4 大倉の詩歌集『鶴乃とも』に文章を寄せる。 **7**–25 東京貯蓄銀行会長と東京銀行集会所会長を辞任する。 **9**『論語と算盤』刊行。 **10** 理化学研究所創立委員長。 第一銀行頭取を退き，実業界第一線から完全引退。(76)	**2**–4 大倉の詩歌集『鶴乃とも』に文章を寄せる。(68)
1917 (大正6) 60歳	**1** 財団法人信濃通俗大学会設立。本部は東京。会長は新渡戸稲造，理事に沢柳政太郎，加藤正治，伊藤長七。評議員に後藤新平，前田多門，柳田國男ら。 **5**–29 地方長官会議において一場の訓示を述べる。 **6**–5 臨時外交調査委員会を設置する。–6 同委員会委員となる。 夏，「大正7年度財政計画ニ対スル私見」なる建策の文を首相に提出。後藤の財政計画意見の全貌を窺える。 **10** 内田嘉吉らが都市研究会を発足させ，後藤はその会長に就任する。	**1**–26 国際病院建設の日本側評議員会主宰の午餐会に出席。 **2** 日米協会創立，名誉副会長。 **3**–20 理化学研究所創立委員長となる。 **8**–15 大倉集古館評議員。米銀行家ヘボンから東京帝国大学に国際関係の講座の寄附を受けて「米国憲法歴史及び外交」講座を設けることに尽力する。(77)	(69)
1918 (大正7) 61歳	**4** 都市計画法公布。対露貿易促進のためハルビン商品陳列館を設立。–8 和子夫人永眠，享年53。–23 外務大臣に。 **5**–14 地方長官訓示に際し，外務省出入記者団と衝突。のち各社幹部の組織・春秋会との対立に。 **7**–15 宮中元老会議に出席，シベリア出兵問題につき協議。夜は満鉄社宅に文士を招く。 **9**–21 寺内内閣総辞職。–29 依願免外務大臣。 **10**–16 臨時外交調査委員会委員仰付。	**1**『徳川慶喜公伝』(竜門社)刊行。 シベリア出兵に反対する。 田園都市株式会社(のちの東急電鉄・東急不動産)を設立。四男秀雄が社長。(78)	光悦会を発足させる。(70)
1919 (大正8) 62歳	**2**–20 ハルビン日露協会学校創立委員長となる。この日，『自治生活の新精神』を発行。–24 拓殖大学第3代学長に就任。 **3**–4 欧米視察の途に。–21 サンフランシスコに上陸。 **6**–8 ロンドンに到着。–30 パリに入る。 **7**–1 珍田駐英大使来訪，ブリストンホテルに西園寺以下各全権大使を訪問，午餐を共にする。–3 かつての露国宰相で落ちぶれたココフツォフと再開し会談。 **11** 新産業参謀本部としての大調査機関の設立に関するメモを四葉記す。–13 横浜入港帰朝。	**1**–19 東京市斎場建設問題で大倉に招かれる。 **8** 二松学舎舎長。 **12**–23 財団法人協調会を設立する。労資間の調停を目的とする。(79)	光悦会第2代会長となる。(71)

安田善次郎	大倉喜八郎	浅野総一郎	日本史・世界史事項
1 大倉に大陸進出の資金を融通する。–1 保善社の資本金を1000万円に増加し法人組織にする。 **3** 浅野の鶴見埋立組合に参加し，埋立許可願いを神奈川県に申請。 **11**–21 保善社業務組織を秘書役場，監督部，管理部に改正。 **12**–15 台湾製麻㈱を設立し，安田関係会社に編入。（74）	**3**–7 大倉組，蒙古挙兵運動支援のための蒙古喀喇沁王グンサンノルブへの借款11万円供与契約を締結。 **4**–22 日本鋼管の発起人会に出席。 **12**–19 渋沢栄一ら11名と共に発起し設立した支那学生同情会に寄付。辛亥革命勃発による学費途絶に同情し，日本への留学生に学費を貸与。（75）	**2**–8 日本鋼管を設立，社長に白石元治郎，技師長に今泉嘉一郎をすえる。この設立には渋沢・大川平三郎も参加する。 **3** 鶴見埋立組合を設立，渋沢の助けを借りて安田と共に，鶴見・川崎間50万坪埋立計画を神奈川県に出願する。 **8** 白石はエナメル会社社長も兼ねる。（64）	**1** 高橋箒庵実業界を引退，茶道文策に入る。 **8**–1 友愛会創立。 **9**–13 明治天皇御大葬。乃木大将夫妻自刃。 **11**–15［米］ウィルソン大統領選出。 **12**–21 第3次桂内閣成立。
2–15 日中合弁中国興業設立発起人会に加わる。神奈川県の埋立造成計画許可がおりる。この頃，浅野から大磯の別荘寿楽庵を譲られる。 **10**–9 善三郎は桐廼舎安田家を正式に相続する。（75）	**2**–15 日中合弁中国興業設立発起人会に参加。–24 孫文，大倉美術館を観覧，向島別邸の晩餐会に臨席。 **10**–26～28 喜寿「寿像」（大倉の全身像）の返礼として，帝国劇場に3000人を招いて祝宴を開く。 **12**–5 東洋協会の副会頭となる。–16 渋沢栄一・益田孝らと共に，東北救済会を設立。（76）	**10** 中外アスファルトの社名を中外石油アスファルトに改める。 神奈川県から鶴見・川崎間埋立計画の許可がおりる。（65）	**1**–12 政府反対の15団体が日比谷公園に大会を開く。 **2**–20 山本権兵衛内閣成立。–24 尾崎行雄ら，政友会倶楽部結成。 **5**–2［米］カリフォルニア州議会で排日土地法案可決。 **10**–6 中華民国を承認。 **12**–23 立憲同志会結成式（総裁加藤高明）。
3–4 鶴見埋築株式会社に加わる（大正9–1 東京湾埋立㈱と改称）。–14 富山市立職工学校および商業学校生徒貸費基金および学校建築費6万円を寄附する。（76）	**5**–11 孫文と会談。 **8**–16 第1次大戦勃発に際し，首相・大隈重信による実業家招待会に，渋沢・安田善三郎らと共に招かれ，協力を要請される。 この年，東京市養育院の移転を助成する移転助成会に1万5000円を寄付。（77）	**3**–4 鶴見埋築株式会社を東京芝区に設立。この埋立造成事業は昭和3（1928）年に一応完成。 **7** 東京瓦斯取締役を辞任。（66）	**3**–24 シーメンス事件。 **4**–16 第2次大隈内閣成立。 **8**–23 ドイツに宣戦布告（第一次世界大戦に参加）。 **11**–7 青島を占領。
4–15 大倉が向島別邸で催した「感涙会」に後藤新平と共に出席。 **11**–10 従四位に叙せられる。（77）	**1**–2 本渓湖煤鉄公司の第1高炉火入れ式への参列と，太子河上流鉄鉱問題の交渉のため，満州へ出発。 **4**–15 感涙会で一中節「三番叟」を謡う。参会者に，後藤新平，阪谷芳郎，安田善次郎，5名の中国人など。 **7**–31 海軍との間に，純銑鉄製造所・山陽製鉄所設立に関する契約を締結。 **10**–19 理化学研究所設立発起人となる。（78）	**4** 日本昼夜銀行を開業，24時間受け付ける。（67）	**1**–7 中国，山東省より日本軍撤退要求。–18 中国政府に対華21ヶ条要求提示。 **2**［中］21ヶ条反対学生運動。 **5**–7 21カ条要求につき最後通牒。–9 中国受諾。 **5**–13［中］漢口で排日暴動勃発。 **10**「近代思想」再刊。 **11**–10 大正天皇即位式。

年	後藤新平	渋沢栄一	益田孝
1912 （明治45 ／大正1） 55歳	**7**–6 伊藤博文の遺志を継いで桂太郎と共にロシア訪問の旅に出る。–12 車中で，袁世凱大総統の使者徐世昌と会談。–21 サンクト・ペテルブルグに着くと同時に，本野《もとの》駐露大使より明治天皇不予を知らされる。–22 桂と共に露国首相ココフツォフを訪問し，重要会談。–28 帰国の途につく。–30 スイズラン駅で明治天皇崩御の悲報に接する。 **8**–11 新橋に帰着，ただちに参内。 **12**–21 第3次桂内閣が成立，再度，逓信大臣兼鉄道院総裁兼拓殖局総裁となる。	**2**–8 日本鋼管発起人総会に出席。浅野・安田の鶴見埋立事業にも協力。 **4** 帰一協会設立。 **8** 鈴木文治主導の労資調停を目的とする友愛会設立を援助。 **12**–19 支那学生同情会設立。（72）	掃雲台に明治天皇を偲び松ヵ岡神社を建立する。隣接する山県有朋の別荘古稀庵にも槙岡宮が造られる。また，益田は日本農業のモデルとして農園経営を本格的に始め，市川将貴を雇い経営の中核としていき，農園用の土地を箱根湯本・石垣山・伊東宇佐美などに購入する。また，食養という視点からさまざまな実験を始める。（64）
1913 （大正2） 56歳	**1**–17 桂首相の代理で西園寺を訪問し，その進退を難詰。–18 前日の会談覚書を西園寺に送る。–20 桂，新党結成を発表，後藤立会う。 **2**–1『東京日日新聞』に内密の西園寺宛後藤書簡が掲載され，天下の大問題に。–19 孫文ら一行を華族会館に招待。–20 逓信大臣，鉄道院総裁，拓殖局総裁を免ぜられる。 **10**–11 加藤高明を訪問し同志会に関する14項目の覚書を提出。–31 常務委員会は後藤の脱退を承認。	**2**–15 日中合弁中国興業株式会社設立発起人会を設け，日本側からは渋沢・益田・安田・大倉・山本条太郎・中橋徳五郎・三村君平が，中国側は孫文・印錫嶂ら8名が加わる。 **4** 日米同志会を組織，会長となる。また，在米同朋慰問使として添田寿一・神谷忠雄を渡米させる。 **12**–16 大倉，益田と東北救済会を設立。（73）	**2**–15 日中合弁中国興業設立発起人会に加わる。 **12**–16 渋沢，大倉と東北救済会を設立。–31 三井物産を辞し，団琢磨を後継者とする。（65）
1914 （大正3） 57歳	**6** 下旬，山県公を訪ね東洋銀行設立の要を説く。同月，幸倶楽部で講演，「日支共立東洋銀行を設立し，大アジア主義をもって東洋平和の枢軸を握る」ことを提唱。 **7**–5 東洋銀行設立計画の草案を脱稿。 **8** 東亜共同経済機関設置案を発表。 **9**–15 築地精養軒で満洲会発会式，会長に推される。	鶴見埋築株式会社設立に参加。 **5**–2 馬越恭平（大日本麦酒社長）と中国訪問の旅に出る。北京で袁世凱と会見。 **8**–16 大隈の実業家招待会に出席。 **11**–9 東北振興会会長に。 この年，東京養育院移転助成会会長となる。（74）	**9** 三越本店完成。 **11**–6 東北振興会に加わり尽力。（66）
1915 （大正4） 58歳	**3**–24 対華21カ条要求を大隈内閣の失政と罵倒し，その覚書を手記する。 **4**–15 大倉の「感涙会」に出席。 **6**–4 貴族院で対中外交問題を引っ提げ大隈首相に論戦を挑む。 **9**–25 満鮮巡遊の途につく。同伴者は中村是公，菊池忠三郎。 **10**–10 南満医学堂新築落成式および第1回卒業式に臨む。–11 旅順に赴き，そこで大谷光瑞に出会う。 **11**–10 京都紫宸殿にて大正天皇即位の大典。先に5日京都着。この間，政界の巨星たちと会い策謀を練る。	**4** 渋沢同族株式会社を興し，敬三を社長とする。 **9**–1 元老井上馨が没し，後藤新平・阪谷芳郎らと弔問する。 **10**–19 大倉と共に理化学研究所設立発起人となる。–23 渡米して日米関係委員会の初会合を行い，帰国後，新渡戸稲造らと日米関係委員会を組織する。（75）	**4**–25 御殿山の大茶湯を催す。この茶会は秀吉の北野大茶会以来の大茶会と称せられ，その様子は高橋箒庵（高橋義雄）が記す。（67）

安田善次郎	大倉喜八郎	浅野総一郎	日本史・世界史事項
1–4 善次郎，安田の全事業監督を善三郎に譲り，第一線引退を表明。 **4** 中国鉄道㈱を援助し，安田関係会社に編入。 百三十銀行が安田系列の第五十八銀行を合併。 **6** 大垣共立銀行を救済し，安田関係銀行に編入。 京浜電気鉄道㈱の経営を引受け，安田関係会社に編入。 –1 熊本電気㈱設立を援助し，安田関係会社に編入。（71）	**6** 帝国ホテルの会長になる。–25 第3回実業振興会を日本銀行倶楽部で開催。 **6**か**7** 大倉の向島別邸で，逓相・後藤新平と伊藤博文が密談を行い，伊藤とロシア蔵相ココフツォフとの会談を計画する。大倉は，黒子に徹し，陰で支える。 **7** 帝国劇場付属女優養成所が帝国劇場付属技芸学校と改称，森律子らが学ぶ。 **8**–18 日本最初の対中国投資専門機関・東亜興業設立に参画。 **10**–9 大森の恩賜館にて，鶴沢仲助の三味線で，浄瑠璃「源平布引の滝」の一段を聞く。–10 新高製糖（本社台湾）を設立。（72）	**2** 南洋航路新設に関する補助金問題で，逓相後藤新平と面会し，サンフランシスコ線の2隻には東洋汽船の新鋭船天洋丸・地洋丸（1万2000トン）を就航させ，それまで使っていた6000トンの2隻を南洋航路に振り向けることを相談。 **4** 南北石油を宝田石油に吸収させる。また，国有鉄道に良質で安価な浅野セメントを納入。この頃，浅野は後藤新平邸にしきりに出入り。（61）	**2**–11 摂政令・皇室登極令など公布。 **5**–6 新聞紙法公布（内相の発売禁止権）。 **10**–26 ハルビン駅構内で伊藤博文，列車を降りたとき狙撃され横死。–29 韓国銀行設立。 **11** 自由劇場設立。–4 東京日比谷で伊藤公の国葬。 **12**–4 韓国一進会，日韓合邦上奏書提出。–16 山手線運転開始。 この年，［独］ハンザ同盟創設。
2–5 安田銀行，第三銀行は低利公債借換に協力。 **4** 台湾倉庫㈱を設立。 **7** 桂川電気㈱の設立に協力し，安田関係会社に編入。 **9**–16 帝国ホテルで浅野・森村・大橋と会合し，鶴見沖埋立と運河開削について相談する。 **12**–27 浅野総一郎を後援し，東京湾築港計画願書を再提出するが，不許可に。（72）	**4**–28 本渓湖炭鉱合弁交渉，伊藤博文遭難地訪問などのため，満州・朝鮮に旅行。ソウルや釜山で古木を救うため，電鉄を迂回させるよう懇願。 **5**–22 商弁本渓湖煤礦《ばいこう》有限公司を設立。–30 東亜興業，直隷省長芦の塩商95名と借款300万円供与の契約を結ぶ。 **7**–7 東京養育院への簡易図書館設置を協議。 **8** 神戸市に別荘を寄付，大倉山公園となる。（73）	**3** 三田に外国人のための迎賓館紫雲閣を竣工させた。日本文化の粋を集めた。また，地洋丸の外国人客56人を招いてパーティーを催した。 **9**–16 帝国ホテルで安田・森村市左衛門・大橋新太郎（博文堂館主）と埋立・運河開削について相談，出願するが返事は煮えきらない。（62）	**5**–25 大逆事件の検挙始まる（**6**–1 幸徳秋水逮捕）。 **7**–4 第2回日露協約調印（秘密協定で満洲を両国の特別利益地域に分割）。 **8**–22 韓国併合につき日韓条約調印（–29 公布施行，**10**–1 寺内統監を朝鮮総督に任命）。
3–10 越後鉄道㈱設立に参加。 **5** 恩賜財団済生会設立に当って，30万円を10年分割で寄附するというので，「ケチ」という世評ができあがる。 **6** 日本電灯㈱設立に参加（大正9–3東京電灯に合併）。–1 正隆銀行を救済し，安田関係銀行に編入。 **7** 台湾倉庫㈱を解散。 **8**–22 株式会社安田銀行（資本金100万円）を設立。 **9**–8 安田商事株式会社（資本金50万円）を設立。（73）	**2**–4 漢学塾・二松学舎の基金募集について，渋沢らと協議。–10 帝国劇場の落成。 **5** 恩賜財団・済生会設立に100万円寄付。 **9**–27 本渓湖煤礦有限公司の合弁交渉のため，満州に向け出発。 **10**–6 奉天で総督と協議を重ね，製鉄事業の合弁契約に調印。–15『致富の鍵』刊行。 **11**–18 中華民国臨時革命政府に300万円借款。–28 大倉組㈱を設立，社長となる。 帝国劇場の創立に尽力。（74）	**3** 帝国劇場開設にかかわる。埋立事業で，他の業者が得ていた2件の小規模埋立許可権を買収して埋立事業を開始する。 **5** 恩賜財団済生会設立に当って5万円寄付する。 **6** 航路調査でインドに派遣してあった白石元治郎が帰国，持ち来ったベンガル銑鉄について今泉嘉一郎に相談。（63）	**1**–18 大審院で大逆事件に判決（–24 幸徳ら，–25 管野の死刑執行）。 **7**–13 第3回日英同盟協約に調印。 **8**–30 第2次西園寺内閣成立。 **11**–16［中］袁世凱内閣成立。 **12**–29［中］中華民国臨時政府で孫文を臨時大総統に選出。

年	後藤新平	渋沢栄一	益田孝
1909 (明治42) 52歳	**1** 議会で阿里山官営問題起こる。 **2**–19 南満鉄道と東清鉄道の合同経営問題につき露国財務官ウィルレンキンと会談。第25帝国議会に「造船奨励法中改正法律案」「遠洋航路補助法案」を提案する。 **4** 国有鉄道に浅野セメント納入を許可。 **6** 鉄道本院に職員教習所，各管理局に職員地方教習所を設置。–25 第三回実業振奨会に出席。 **6**か**7** 大倉の向島別邸で伊藤博文と密談。 **10**–9 大森・恩賜館での大倉の浄瑠璃の会に出席。–14 伊藤博文，後藤の論により欧露漫遊に出ることを考え，まず，露国宰相ココフツォフとハルビンで会談することに。この日ハルビンに向かう伊藤を大磯駅で見送る。 **11**–20 日露間鉄道貿易と対清政策について露国大使マレヴィッチと再三会談。 □この年，後藤発案『東亜英文旅行案内』編纂事業に。全5巻，1917年４月完結。	**6** 古稀に際し，第一銀行及び東京貯蓄銀行を除く会社，団体の役職を辞任。–5 養育院巣鴨分院開院式に後藤出席。 **8**〜**12** アメリカ訪問実業団長として渡米，**10**–26 スプリングフィールドで伊藤博文遭難逝去の報せを聞く。 **8**–18 日本最初の対中国投資専門機関・東亜興業設立に参加。 政界疑惑の大日本製糖事件で相談役であった渋沢は社会的批判を浴びる。これについて逓相後藤新平は『実業之世界』5月号に渋沢擁護の一文を載せる。 (69)	**8**–18 東亜興業設立に参加。 **11** 三井合名会社発足。益田は顧問。「三井コンツェルン」の成立。 (61)
1910 (明治43) 53歳	**3**–29「業務調査会議」という鉄道関係の研究所創設。 **4**「清韓郵便規則」を制定施行し，隣国との通信を円滑化。 **5**–1 長距離逓減法を採用，通話者の利便を増進。 **6**–22 新設拓殖局の総裁を兼任する。 **7** 郵便貯金局に調査部を設け，簡易保険の調査開始。 **11**–1 朝鮮海峡の海底電信線における外国会社の特権を解消。電報料金は内地と同率に。 **12**–9 幸倶楽部で広軌案説明する。–12 政友会政務調査会で，–15 日本国民党本部で広軌案を説明。	**7**–7 大倉，三井と共に東京養育院の簡易図書館設置を協議。 (70)	(62)
1911 (明治44) 54歳	**2**–11「速達郵便制度」を実施。国民の急需に応ずる通信方式を案出。 **5**–5 拓殖局副総裁の兼官を免ぜられる。同時に拓殖局の内容に一大変化，朝鮮総督府の中継所たる地位に下落。後藤の拓殖省設置の案も葬られる。 **6** 清国政府，奉天にて肺ペスト処置の国際会議開催。後藤の後援を得た北里柴三郎が列国を指導。ついに惨禍の鎮圧が叶う。 **7**–20 正三位に叙せられる。 **8** 日露協会副会頭となる（会頭寺内大将）。–30 逓信大臣，鉄道院総裁を辞する。	**2**–4 三島毅（中洲）創設の漢学塾・二松学舎の基金募集を協議。 **3**–1 帝国劇場が開場。この創立（前年**10**）は渋沢・大倉・浅野が共同して行った。初代会長は渋沢であり，二代目は大倉が引継ぐ。 **5** 恩賜財団・済生会設立に寄付。 (71)	後藤逓相が立ち上げた広軌鉄道改築準備委員会委員となる。 この年，王子製紙が業績不振のため，建て直しに藤原銀次郎を専務として送り込む。藤原は以後，建て直しと拡大に専心。 (63)

安田善次郎	大倉喜八郎	浅野総一郎	日本史・世界史事項
2–9 雨宮敬次郎と組んで，東京・大阪間を結ぶ高速電気鉄道敷設計画を申請するが，却下される。 **4**–1 保善社，練習生制度を新設。 **5** 沖電気の合資会社化に加わる。第五十八銀行を救済し，安田系列銀行に編入。 **7**–26 帝国製麻会社を設立（日本製麻㈱と北海道製麻㈱を合併）。 **8**–15 水戸鉄道㈱の経営を引受け，安田関係会社に編入。 この年，第五十八銀行を整理し，第百三十銀行に合併する。また四分利公債発行につき政府に献策。　（69）	**2**–28 帝国劇場創立，取締役となる。 **3** 台湾彩票事件をめぐる後藤の論弁を聞く。 **5**–10 日本化学工業創立，会長となる。 **6**–1 1回目の本格的な満州視察旅行に出発。本渓湖炭鉱合弁交渉を，東三省《とうさんしょう》総督・除世昌《じょせいしょう》（1855–1939）らと行う。 **7** 慈恵会設立，理事となる。–26 帝国製麻設立，取締役となる。 **9**–15 大倉組，奉天商務総会との合弁で，日清商弁瀋陽馬車鉄道股份《こふん》有限公司《こうし》を設立。　（70）	**2** 東洋汽船の第三船春洋丸を三菱造船に発注する。またタンカーを英国に2隻，日本で3隻造らせる（米から重油を買うための準備）。 **5** 沖牙太郎が没したため沖電気を合資会社とし，浅野が渋沢・安田と共に経営に参加する。 深川セメントの粉塵問題が表面化。（59）	**1**–15 日刊『平民新聞』創刊（**4**–15 発行停止）。–21 東京株式市場暴落。 **2**–4 足尾銅山で暴動。 **6**–4 別子銅山争議暴動化。–10 日仏協約・仏印についての日仏宣言に調印。 **7**–19［朝鮮］日本が皇帝を退位させる。 **11**–16 米大使が日本人労働者移民の渡航制限を要請（日米紳士協約第1号）。
1 東京慈恵会へ金3万円寄附する。 **7**–22 信濃銀行整理を引受ける。 **9**–16 東洋拓殖株式会社創立委員となる。 **12**–21 安田商事㈴は釧路安田鉱業所を併合する。 この年，高知銀行を整理する。 浅野に巨船建造費の800万円を融資。また，鶴見川沖埋立の計画をもちかけられる。　（70）	**4**–17 多方面の名士を向島別邸に招き，来賓一同が隠し芸を出し合い，その芸の精妙さに感涙を催す「感涙会」を開催。 **9**–15 夫の川上音二郎と欧米を巡業した川上貞奴《さだやっこ》を中心とする帝国劇場付属女優養成所の開会式に参列。 **9** 東洋拓殖㈱の設立委員に任命される。 **10**–3 後藤新平（逓相），深川の日銀倶楽部に唐紹儀一行を招き宴をはり，渋沢と共に大倉も招待される。 **11**–11 高峰譲吉の晩餐会に招かれる。　（71）	**1** 第24議会に「重油輸入関税引上げ案」が提出され，浅野の石油事業が打撃を受ける。 **4** 天洋丸が引渡され，**6**–2 香港で就航。 **6** 渡米し，高橋是清の紹介でニューヨークの実業家シフを訪ね，外債100万ドルを工面。また，安田から巨船建造費に800万円の融資をうける。さらに，鶴見川沖の埋立による大工場地帯造成計画を安田にもちかけ，「鶴見沖150万坪埋立地」の申請を検討。 **11** 地洋丸が完工。　（60）	**3**–28 監獄法公布。 **4**–20 台湾縦貫鉄道完成。–28 第1回ブラジル移民783人出発。 **6**–22 赤旗事件。 **7**–4 西園寺内閣総辞職。–14 第2次桂内閣成立。 **7**–24［土］青年トルコ党の武装蜂起。 **10**–13 戊申詔書渙発される。 **11**–1 香港で日貨排斥運動。–28 天理教の独立を認可。 **11**–15［中］西太后の死。 **12**–5 鉄道院官制公布。–28 東洋拓殖株式会社設立（朝鮮）。

年	後藤新平	渋沢栄一	益田孝
1907 (明治40) 50歳	**2** この頃，満鉄を基軸とする大陸政策につき請問書を首相，外相，蔵相，逓相に提出する。 **3** 台湾彩票（富くじ）事件で，大阪公会堂における東洋協会支部大会で藤堂検事長と大論争。 **5**–7 満鉄総裁として初めて大連に上陸。–29 北京にて西太后，皇帝に謁見。 **6**–3 袁世凱と会見。 **9**–27 厳島に参拝，白雲洞に投宿。–28 来島した伊藤と激論を交し，新旧大陸対峙論を提唱，その実行を伊藤に迫る（「厳島夜話」）。 **10**–1 横浜正金銀行頭取高橋是清と会見，満洲の投資銀行および通貨問題について会談。 **11**–3 後藤肝いりの『満洲日日新聞』初号発刊。	**1**–25 株式会社帝国ホテル取締役会長。 **2**–28 帝国劇場会長となる。 **5** 沖電気の合資会社化に加わる。 **6** 慶喜公伝編纂開始。 **7**–26 帝国製麻設立，相談役となる。 (67)	小田原掃雲台が完成し，早々にミカン園を造る。 **6**–14〜**11**–11 三井三郎助に同行して欧米に出張。ロスチャイルドと面会，「どんな事業でも資本家が良くして高く売れるようになったら売ってしまえ」と言われる。帰国後は「欧米視察復命報告書」を三井八郎右衛門に提出。 米ボストンの山中吉郎兵衛（大阪）の支店で，千家の名物茶碗を入手との情報を得，帰国後手に入れたのが名品「鈍太郎」で，以後，益田は「鈍翁」と号する。三井は株式会社となる。 (59)
1908 (明治41) 51歳	**1**–1 ドイツ皇帝より国王冠一等勲章を贈られる。 **4**–22 東清鉄道と満鉄との問題解決を求めロシア訪問に出発。 **5**–3 ハルビン発，露都に向かう。–13 モスクワ着。–15 サンクト・ペテルブルグ到着。–18 露帝ニコライ2世に拝謁する。 **6**–15 東京に帰着。翌日林外相に報告。 **7**–4 林外相と共に参内，明治天皇に満鉄10年計画および訪露の結果を奏上する。–14 第2次桂内閣が成立し，逓信大臣となる。満鉄総裁被免。 **9**–14 露帝より白鷺大授章を贈られる。同日，東亜経済調査局創設される。 **10**–3 深川の日銀倶楽部で唐紹儀一行の歓迎宴を催す。 **11**–1 麻布の満鉄社宅にて唐紹儀と会談する。–11 高峰譲吉の晩餐会に招かれる。 **12**–5 新鉄道院総裁を兼任する。	**6**–6 会社は第一銀行・東京貯蓄銀行以外は一切辞任し，公共慈善関係では銀行集会所・東京養育院・高等商業学校・日本女子大学・埼玉学生誘掖会を除いて一切辞任する。 **10**–3 逓相となった後藤新平から，深川の日銀倶楽部での唐紹儀一行歓迎の宴に，大倉と共に招待される。 「在米日本人会」の訪問を受け，米西部諸州における排日気運下の人々への援助を求められ，その趣旨を日米関係に関心のある人々に伝えたところ，大倉・後藤新平・森村市左衛門・高橋是清らが寄附を申し出，2万円を集める。 (68)	**11**–1 高峰譲吉の晩餐会に招かれる。 「鈍翁」と号する。 (60)

安田善次郎	大倉喜八郎	浅野総一郎	日本史・世界史事項
1–21 山県元帥に戦時公債を引受けることを約束。**5**の鴨緑江渡河作戦で勝利すると外債価格が値を戻し，10億円の資金調達が可能となる（高橋是清が欧米で活躍）。 **6** 関西の巨大な第百三十銀行の頭取松本重太郎が，銀行の破綻救済を求めてくる。善次郎は再建に成功。また，浅野の「十日会」で聞いた鶴見・川崎間埋立計画に賛同，現地に調査に行く。（66）	**2** 大倉土木組，日露開戦と同時に，平常業務を一切中止し，戦争関係の急設工事および戦地への建設材料の輸送供給などを請け負う。 **5**–15 大倉組，鴨緑江河口の朝鮮竜巌浦に製材所を建設。 **7** 大倉土木組，朝鮮鎮南浦の海面埋築工事を起工。 暮，朝鮮・満州旅行に出発。 幸田露伴を向島別邸に招き，初めて会う。（67）	**2** 東洋汽船の6隻すべてが日露戦争に徴用される。この頃，毎月10日，浜町の常盤屋で会合する「十日会」を組織していたが，メンバーは渋沢・安田・大倉・森村市左衛門・中野武営・村井吉兵衛である。この会合で浅野は鶴見・川崎間埋立計画を提案，興味を示したのは安田であった。（56）	**2**–4 御前会議，対露交渉打切り，開戦への決定。–10 宣戦布告，日露戦争勃発。 **3**–1 国庫債券募集開始。 **8**–10 黄海海戦。–19 第三軍が旅順総攻撃を始める。–22 第1次日韓協約に調印。 **11**–10 京釜鉄道全線完成。
1–8 保善社の機構を改革（業務組織の確立，人事身分制度の整備）。 **6**–26 朝鮮，中国，満洲の視察旅行（**8**–5 帰国，満洲経営意見書を発表）。 **7**–20 安田銀行は普通銀行では最初の担保付社債信託業務を兼営する。 **9** 日本製銅硫酸肥料㈱設立を援助。 日露戦争の集結に際し政府は負債返済に四苦八苦。善次郎は桂首相に「高金利の既発債を期前償還して，新たに低利で国債発行を」と進言，第1回1億円の起債は消化したが，第2回1億円は不調となり，その相当額を安田銀行が引受ける。（67）	**2**–26 読売新聞に，政友会・進歩党，両党を強烈に批判したと報道される。 **3**–1 台湾銀行の総会，監査役に重任される。 合名会社・大倉組，保険部を設置。 **7**–5 台湾銀行の監査役を重任，3期目。 **8** 孫文ら，赤坂本邸内の坂本金弥宅で中国同盟会成立大会を開催する。 **12**–28 石黒忠悳《ただのり》邸を訪れ，50万円を出資し古希記念事業の立案を委嘱。石黒は貧民宿泊所か貧民病院を勧めたが喜八郎は同意せず。そこで石黒は大阪に商業学校を創り，韓国統監・伊藤博文に相談することを勧めた結果，大阪とソウルに商業学校を創ることになる。（68）	徴用船が返却されはじめたが，それらの再生は大変なため，**11** 天洋丸造船を三菱造船に注文。（57）	**1**–1 旅順のロシア軍降伏。 **3**–10 奉天大会戦。 **5**–27～28 日本海大海戦。 **8**–10 ポーツマスで日露講和会議。 **9**–5 日露講和条約に調印。日比谷の講和反対国民大会が国民新聞社などを焼き打ち。–27 日英同盟公布。 **12**–22［露］モスクワで労働者武装蜂起。
2–5 東北地方の大凶作に対し寄付。 **4**–1 日露戦争の功で勲二等瑞宝章を天皇から授かる。 **7**–13 満鉄創立委員となる。 **9**–12 東京電力㈱（東京水力電気㈱と武相電力㈱の合併会社）の設立に参加。（68）	**3**–26 大日本麦酒が設立され，監査役になる。 **7**–13 満鉄設立委員となる。 **9**–13 東京電力会社取締役となる。–20 小樽木材会社相談役となる。東京市養育院・資金増殖会に加わる。 **10**–18 帝国劇場創立発起人となる。–23～25 古希祝賀園遊会を赤坂本邸で開催（官民600名参加）。 **11**–20 帝国ホテルとメトロポール・ホテルが合併，株式会社帝国ホテルとなる。 **12**–3 日英銀行支店開業披露晩餐会を華族会館で挙行。後藤新平を招待。–9 太平洋遠洋漁業会社が創立。（69）	**3**–26 大日本麦酒設立に加わる。 **7**–13 満鉄創立委員となる。 **8** 東西石油会社を創立，原油輸入と国内精製を目指す。 **9** 東西石油を南北石油に合併，規模を拡大する。また，東洋汽船の第二船地洋丸を三菱造船に発注。 **10**–18 帝国劇場発起人となる。 **12**–3 日英銀行日本支店開業行事に参加。（58）	**1**–7 西園寺内閣成立。–28 堺利彦ら，日本社会党結成。 **2** –24 日本平民党・日本社会党が合同し，日本社会党を結成。 **3**「社会主義研究」刊。–2 伊藤博文初代韓国統監着任。–31 鉄道国有法公布。 **5** 北一輝『国体論及純正社会主義』刊。 **6**–7 南満洲鉄道会社設立の勅命公布（**11**–26設立）。 **7**–22［露］ストルピン首相となる。 **11**–26 南満洲鉄道株式会社を設立。

年	後藤新平	渋沢栄一	益田孝
1904 （明治37） 47歳	**3**–31 樟脳専売制度制定の功により金4000円賞与される。 **4** 台湾縦貫鉄道工事，日露戦争に対応し，濁水渓，大肚渓間に着手。同月，台湾事業公債法が改正される。 **10**–2 阿里山に登攀する。 **12**–17 桂首相に軍国経営の大策を建白する。 この年，斗六以南に蔗苗養成所を設け，改良種植付甲数を増加。また糖務局の奨励努力がみのり，一般に施肥の風が起こる。	**11**–15 八十有余の半分の会社役員を辞任する。次第に社会公共事業や国際親善に目が向けられる。浅野の「十日会」には顔を出す。（64）	**12**–6 三井呉服店を三井家から離し，株式会社三越呉服店とする。株を三井11家には持たせないこととする。三越の重役室はやがて一種のサロンと化し，文人・政治家や後藤新平などが出入りするようになる。（56）
1905 （明治38） 48歳	**5** 臨時台湾戸口調査部の官制が発布。後藤みずから部長に。–13 バルチック艦隊来航により台湾全島に戒厳令施行。 **8** この頃大胆な日露講和条約論を草し，東洋政局指導権の把握などを解く。–28 特殊な任務を帯びて満韓の旅に上る。 **9**–4 奉天の満洲軍司令部で児玉源太郎と会談。この時日露講和後の「満洲経営策梗概」を児玉に示す。–10 営口着，以後，天津，北京，大連，旅順を経て，–28 門司着。–30 似島検疫所を見る。 **10**–1〜3 台湾の戸口調査実施。（07年10 報告を完成）。この頃，戦後財政のなかで満韓経営に積極策をとるべきことを力説。	（**9**–5 ポーツマス講和条約）（65）	
1906 （明治39） 49歳	**4**–1 日露戦役従軍記章を授与される。–11 男爵となる。 **6**–9 満韓経営策について山県有朋に長文の書簡を呈する。 **8**–1 西園寺首相に満鉄総裁就任を内諾（条件付）。–10 満鉄創立委員第一回総会が華族会館で開かれる。–28「満鉄総裁就職情由書」を西園寺首相に提出（22日林外相に，24日山県に，26日寺内陸相に）。–27 夫人と子を伴って帰台の途につく。 **11**–13 満鉄総裁，兼台湾総督府顧問，兼関東都督府顧問となる。この日，勲一等旭日大綬章を賜わる。–19 明治天皇に拝謁。–30 従三位に叙せられる。 **12**–3 日英銀行の日本支店開業行事に参加。–8 阪谷蔵相と満鉄外債の協定を結ぶ。満鉄の経営方針（満鉄10年計画）は後藤が計画し，具体的な仕事は中村是公を副総裁として全面的に任せる。	**3** 末，鉄道国有化法案が成立，渋沢は鉄道はあくまで民間でという立場から，反対であった。–26 大日本麦酒設立に加わる。札幌麦酒，日本麦酒，大阪麦酒が合併したもの。 **7**–13 満鉄創立委員となる。 **9** 東京市養育院資増殖会を発起。–20 小樽木材会長となる。 **10**–18 帝国劇場創立発起人となる。–23 大倉古稀祝賀園遊会に出席，演説。 **12**–3 日英銀行支店開業行事に参加。–9 太平洋遠洋漁業会社創立に参加。（66）	**7**–13 満鉄創立委員となる。小田原に土地購入，掃雲台建築開始。（58）

安田善次郎	大倉喜八郎	浅野総一郎	日本史・世界史事項
2–22 釧路春鳥炭礦を釧路安田鉱業所と改称。 **4** 千葉第九十八銀行救済に着手する。 **5**–1 熊本第九銀行を整理し，これを開業させる。 **7**–12 岡山第二十二銀行の救済がなる。–21 第九十八銀行を救済し，安田関係銀行に編入。 **11** 渋沢の園遊会に出席。（63）	**1**–11 大倉商業学校，夜学専修科（2年）を付設する。 **3**–4 台湾総督府民政長官・後藤新平，渋沢栄一ら十数名を紅葉館に招いて宴席を持つ。 **6** 大倉土木組，台湾協会学校の校舎建設に着手。 合名会社・大倉組，ニューヨーク事務所をブロードウェイ街に設ける。 **11** 渋沢の園遊会に出席。 **12** 雅号を「和《わ》歌《か》廼《の》門《と》」から「和《わ》歌《か》廼《の》屋《や》」に改め，狂歌集『青葉和若葉』を出版。（64）	**3** 宝田石油本社を長岡に移し，宝田石油中心の石油大合同にかかわる。渋沢も同調。 **11** 渋沢の園遊会に出席。（53）	**1** 黒竜会結成（会長内田良平）。 **3**–2 愛国婦人会創立。 **5**–20 社会民主党結成（即日禁止）。 **6**–21 桂内閣成立。同日，星亨，東京市役所で暗殺。 **8** 東亜同文書院設立。 **9**［米］セオドア・ルーズベルト大統領となる。 **12**–10 田中正造が天皇に直訴（足尾鉱毒事件）。
1 湖南汽船㈱設立に参加。同月，京都銀行を救済し，安田関係銀行に編入。 **4** 横浜電気鉄道会社を救済し貸出しをなす。–8 中国大陸視察の途に上る（**5**–11 帰郷。結果的には不調に終わる）。 **3**–27 日本興業銀行監査役となる。 **9**–4 ㈱熊本電灯所の経営を引受ける。（64）	**3**–10 朝鮮協会の創立総会に出席。–27 興銀創立，監査役になる。 **4**–14 清韓協会設立。–18 渋沢栄一の渡米送別会に出席。 **9**–13 湖南汽船設立，相談役になる。 **11** 頃，第1回清国旅行。（65）	**3** 宝田石油大合同成る。（54）	**1**［露］シベリア鉄道開通。 **1**–30 ロンドンで日英同盟協約に調印。 **3**–25 商業会議所法公布。 **4**［比］アメリカに降服，独立戦争終了。 **4**–24 京義鉄道起工式。 **5**–31 ボーア戦争終結。 **6**–6 東京株式市場大暴落。立会停止。 **10** 鈴木商店設立。 **12**–17 教科書疑獄事件の検挙開始。
4 阪神電気鉄道㈱を後援。 **6** 雨宮敬次郎の事業である東京市街鉄道の株式募集が始まり援助。–5 十七銀行を救済し，安田関係銀行に編入。 **7**–1 大倉が重役の近江製糸紡織と安田の下野製麻とが合併。 **10**–14 肥後銀行を救済し，安田関係銀行に編入。（65）	**6** 浅野の札幌麦酒東京工場建設に加わる。 **7**–1 日本製麻が設立され，顧問になる。近江製糸紡織重役・大株主の大倉喜八郎と下野製麻大株主の安田善次郎が合併に尽力。 **12**–2 大倉組，三井物産と共同で，陸軍省と清国直隷総督向けの兵器払下げの売買契約を結ぶ。–13 東京商業会議所，産業保護政策に関する調査を始める。喜八郎は産業保護政策の必要性を説く。（66）	**6** 札幌麦酒の東京吾妻橋工場を完成させる。これには，渋沢・大倉も一枚噛む。 大倉組と台湾石油組合を作り，台湾での試掘にかかるが，結果は出ない。（55）	**4**–13 小学校令改正，国定教科書制確立。 **8**–12［中］ロシアが旅順に極東総督府を設置。 **8**–22 東京市電運転開始。 **10**–6 小村・ローゼン日露交渉始まる。 **11**–15 幸徳秋水・堺利彦ら平民社結成，『平民新聞』創刊。

年	後藤新平	渋沢栄一	益田孝
1901 (明治34) 44歳	**2**–5 台湾富籤(彩票)規則の勅裁を仰ぐため内務省に律令案を提出する。 **3**–4 大倉主催, 紅葉館宴席に出席。 **5**–2 新民政長官官邸に移る。–24 台湾総督府専売局官制が発布される。–30 第5回内国勧業博覧会事務官となる。 **6**–1 台湾総督府専売局長となる。–27 勲三等に叙せられ瑞宝章を授けられる。 **10** 台湾旧慣調査会規則発布, 調査会会長になる。 **11**–2 北白川宮妃殿下に従い南部に出張する。–27 台湾神社鎮座式, 北白川宮妃殿下参列, –28 大祭式典。	**3** 浅野の宝田石油大合同に同調する。–4 大倉の紅葉館宴席に出席。 **4** 日本女子大学を開校。 **5** 飛鳥山邸に移る(ここがついの住みかとなる)。 **11** 還暦の内祝い園遊会を催す。益田・浅野・大倉・安田・佐々木勇之助・西村勝三・大川平三郎・谷敬三らが参集する。 モットYMCA理事長を養育院に案内する。 **12** 大倉の狂歌集『青葉和若葉』に, 沢の屋青淵と号して撰者の一人となる。(61)	**11** 渋沢の園遊会に出席。この年, 藤原銀次郎は三井物産台湾支店長となる。 以前, 鎌倉に別荘を造ったがよく眠れなかったために, 小田原城の外堀のあった所に地所を買い, 別荘掃雲台(はじめ早雲台)を造る。近くに山県公の古稀庵がある。(53)
1902 (明治35) 45歳	**5**–10 北清事変従軍記章を授かる。–30「土匪」の掃討が一段落する。 **6** 新渡戸の意見に基づく台湾糖業奨励規則・施行細則を発布。糖務局を設置。–13 横浜出帆, 米国へ。 **7**–3 ニューヨーク着。以後, ロンドン, パリ, ベルリン, ペテルブルグ, モスクワ, ワルシャワ, ウィーン, ブダペスト, サラエボ, トリエステ, ベネチア, フィレンツェ, ナポリを視察。–18 スエズ運河を通過。 **12**–4 勲二等に叙せられ旭日重光章を授かる。–17 台湾に帰着。–26 台湾阿片制度施行の功績により金3000円を賞与される。	埼玉県出身の学生の寄宿舎として埼玉学生誘掖会を設立, 会頭となる。 **3**–10 朝鮮協会創立, 副会頭となる。–27 日本興業銀行設立。 **4**–14 清韓協会設立。–18 渋沢の渡米送別会が井上馨邸で行われる。 **5**–**9** 欧米視察。**6**月ルーズベルトと会見(本格的に日米関係に関与)。(62)	**4**–14 清韓協会設立。–18 渋沢の渡米送別会に出席。(54)
1903 (明治36) 46歳	**5**–1 第5回内国勧業博覧会に天皇陛下来訪, 台湾館巡覧の際, 案内説明する。 **5** 台湾事業第2期計画推進のため桂首相を訪問。同時に特殊の政治的地位を利用し, 桂内閣と政友会の間の調停も企てる。 **6**–17 樟脳専売法公布。この制度は母国民の経済的利益と台湾の財政的独立を促した。 **7**–10 正四位に叙せられる。 **11** 阿里山森林の大調査開始。前年に地域的安定を迎え, 開発の環境が整い出していた。–20 貴族院議員に勅選される。	**6** 浅野の札幌麦酒吾妻橋東京工場建設に大倉と共に加わる。(63)	**12**–2 大倉組と共同で, 陸軍省と清国直譲総督向け兵器払下げ売買契約を結ぶ。 遠州の梅地の山林500町歩を買う。植林して三井物産で林業をやることになり, のち台湾, 朝鮮などに数万町歩持つようになる。宇都宮で行われた山林会にも出席。山林業を盛んにするには鉄道その他の運搬機関の必要性を痛感。(55)

安田善次郎	大倉喜八郎	浅野総一郎	日本史・世界史事項
2–28 鉄道国有調査委員の内命を受ける。 **5**–20 北海道拓殖銀行創立委員となる。–26 旧浪花紡績会社を入札の上引き取る。 **6**–1 安田商事会社設立開業（安田家の事業を当社に統合）。 **7**–1 浪華紡績㈱を安田商事㈴の西成紡績所とする。 **9**–26 東京湾築港計画請願書を提出するが，不許可となる。 **10**–27 函樽鉄道㈱の設立に参加。 この年，南佐久間町2丁目の地所および仙台坂上，水谷町の地所を買い入れる。（61）	**1**–9 大倉土木組，大倉商業学校の校舎建築に着手。 **3**–26 平岡熙《ひろし》（1856–1934）主宰の宴会に，井上馨，台湾民政長官・後藤新平，渋沢栄一と共に招かれる。 **5** 大倉土木組，官設の台湾縦貫鉄道の敷設工事に従事。 **7**–5 台湾銀行の創立総会が開催され，監査役になる。 **10**–25 台湾鉄道会社の最後の発起人総会が開かれ，解散が決議され，残務委員となる。 **12**–23 有楽会に出席。 この年，大倉組，台湾での樟脳専売制度施行に伴い，製脳業から撤退。 この年，東京市営養育院の常設委員となる。（62）	**12**–5 東洋汽船マニラ航路を開航させる。東京府知事あてに東京湾築港計画請願書を出すが，時期尚早として不許可。（51）	**1**–15『中央公論』発刊。 **2** 東京・大阪間長距離電話開通。 **3**–9 商法（修正の件）公布。 **4**–28［中］福州に日本租界設置（**10**–25 厦門）。 **4** 伝染病研究所国営に。 **5**［清］義和団事件起こる。 **8**–3 私立学校令公布。 **8**–11 ボーア戦争開始。 **9**–6［米］国務長官ジョン・ヘイが各国に中国の門戸開放を提議。
2 京釜鉄道創立委員となる。 **3** 信濃金融銀行を設立し，安田関係銀行に編入。また，第四十八銀行を後援。–31 日本興業銀行創立委員となる。 **4**–10 偕楽会を催す。–11 共済生命保険㈾は解散し，株式会社を設立。 **6**–1 群馬商業銀行設立開業。–18 大阪の天満鉄工所を引受け，大阪安田鉄工所とする。 **7**–1 保善社規約改正（第3回）実施（副総長制を新設し，善三郎就任）。同日，安田銀行は合資会社を合名会社に改組。 **11** 息のかかった会社幹部が月1回集まる「八社会」をはじめる。これは後に安田財閥の核となる。 この年から明治37年にかけて金融界の危機のため，善次郎は銀行再建に奔走する。第九十八銀行（千葉）・第九銀行（熊本）・第二十二銀行（岡山）・京都銀行・第十七銀行（福岡）・肥後銀行などを救う。（62）	**1**–6 東京水力電気会社社長となる。 **2**–1 京釜鉄道創立委員になる。–14 北海道拓殖銀行創立委員相談役になる。 **3**–31 東京商業会議所より，パリ万国博覧会視察員としてパリ派遣を委託される。 **4**–10 安田善次郎偕楽会に出席。 **5**–4 パリ万国博覧会参加，パリでは，ロスチャイルド家に招待され，現在国宝の「普賢菩薩騎象像」を万博に出展。 **6** 台湾協会学校の設立が許可。第2代台湾総督・台湾協会会頭の桂太郎が初代校長，9月15開校。校名は，頻々と変わり，1952年拓殖大学となる。 **9**–1 大倉商業学校の開校式，授業開始（予科2年，本科4年）。 1899（明治32）の義和団事件の混乱で，中国美術品が外国に流出し，長崎に寄港したロシア商人から，美術品を全部買い取る。これを契機に，アジアの仏像を中心に蒐集始まる。（63）	**6** 政府は港湾調査会を設け，すべての港を調査させる。 **11** 越後に進出した浅野石油が東洋一の柏崎精油所を完成させる。 この年，小樽築港に成功。（52）	**1**–28 社会主義協会発足。 **2**–13 足尾銅山被害民，警官隊と衝突。 **3**–10 治安警察法公布。 **3**［米］金本位制を確立。 **5**–10 皇太子嘉仁結婚式。 **5**–31［中］列国の軍隊が北京入（第1次出兵）。 **7**［米］国務長官ジョン・ヘイが中国の領土保全・門戸開放の覚書を再び各国に送る。 **8**–15 連合軍，北京占領。–24 厦門へ陸戦隊が上陸。 **9**–15 立憲政友会結成（総裁伊藤博文）。 **10**–2 娼妓取締規則。–19 第4次伊藤内閣成立。 **10**［中］孫文の興中会が恵州で武装蜂起。–16［清］英独協定（揚子江協定）。

年	後藤新平	渋沢栄一	益田孝
1899 （明治32） 42歳	**1**–26 台湾銀行創立委員となる。この月，台湾協会台湾支部長となる。 **3**–22 台湾事業公債法発布。–26 平岡凞《ひろし》（1856–1934）の宴会に出席。–27 天皇陛下に拝謁。–30 台湾銀行定款認可。 **4**–9 彰化で第二回饗老典。 **6** 台湾樟脳専売制度を布く。–20 勲四等に叙せられ瑞宝章を授かる。 **9**–11 海路南部巡視に赴く。 **11**–8 台湾鉄道部官制成り鉄道部長となる。 □この年（**5**–23），安場保和，心臓病のため没。享年65。	**3**–26 平岡凞《ひろし》（1856–1934）の宴会に出席。平岡は，6歳で米国に留学，機関車製造を学び，帰国して日本初の貨客車メーカーを創業，**6** 大倉喜八郎が出資した合資会社・汽車製造の副社長。吟船と号し，茶屋遊びが好きで，大倉を含め伊藤博文，井上馨，渋沢栄一，馬越恭平などとよく遊び，音楽にも秀でて東明節の創始者となる。 **12**–23 遊楽会世話役となる。（59）	**1**–26 台湾銀行創立委員となる。 **12**–23 遊楽会世話役となる。遊楽会は井上馨を中心とした財政経済問題を議論する会。（51）
1900 （明治33） 43歳	**1**–22 天皇陛下に拝謁，台湾の近状を奏上する。 **3**–15 揚文会に臨み祝辞を朗読する。–25 福州厦門地方へ出張する。 **4**–1 台湾銀行厦門支店開設。–25 帰府。 **5** 食塩専売制度実施。 **6**–12 阿里山に発見した大森林の調査終了する。 **7** 福州の張布政司らに北清事変に処する忠告的書簡を発する。 夏，孫文と山田良政らに面会，恵州蜂起のための武器援助の密約を与える。 **8**–15 桂陸相は児玉総督に宛て南中国に陸兵派遣の密令を発す。–23 奉勅訓令あり，実行に着手。この日，厦門に急行。–28 厦門進撃中止との廟議通告あり，派兵中止，児玉総督は辞意を固める。–31 厦門より帰府。翌日，児玉総督の願意を携えて上京の途につく。 **9** 全島の阿片中毒者数を把握。–15 天皇に拝謁。–18 米田侍従と神戸より帰府。–22 米田侍従，児玉総督を慰留。 **11**–10 上京。児玉総督の名をもって拓殖務省設置に関する意見書を伊藤博文に提出。	**2**–1 京釜鉄道創立委員長となる。 **4**–10 安田善次郎の偕楽会に出席。 **5**–9 男爵を授けられる（官界以外でははじめて）。この月，井上馨邸で，台湾製糖会社設立についての協議に加わる。 **6**–18 台湾精糖会社創立に関わる。 **8** 千葉に東京養育院分院勝山保養所を創立（のちの船形学園）。この年，京釜鉄道創立。（60）	**1** 弟の克徳が茶道をやれといって御殿山に幽月亭を建ててくれる。これは後，昭和11年に小田原掃雲台に移築され，春雨庵と改称される。 **5** 児玉台湾総督の上京中，井上侯爵自邸に実業家たちと共に招き，台湾製糖会社設立について協議，益田が中心となり，現地調査のため，三井物産調査課委員藤原銀次郎が経済方面を，日本製糖会社社長鈴木藤三郎が技術方面を，品川弥二郎に紹介された山本悌二郎が農業方面を調査するため派遣され，不可能という結論だったが，総督府が資本金50万円，年6分の保護金を下すことを東京の益田に復命，設立決定となる。この会社は原料のケーンを作る土地をもたせるという有利なものであった。（52）

安田善次郎	大倉喜八郎	浅野総一郎	日本史・世界史事項
2–1 日清戦争功績で勲四等瑞宝章をもらう。 **3** 台湾銀行創立委員会がつくられ，大倉と共に加わる。 **6**–13 函館船渠《ドック》㈱設立に参加。 **7**–22 明治商業銀行を設立し，安田関係銀行に編入。–28 釧路硫黄山の採掘を中止。 **8**–4 東京建物㈱を設立し，安田関係会社に編入。 **9**–7 汽車製造に出資。–16 金城貯蓄銀行を設立し，安田関係銀行に編入。 **12**–1 第三国立銀行は営業満期で，第三銀行と改称し，普通銀行に。 この年，浅野の東洋汽船設立に加わる。 (58)	**2** 浅野の東洋汽船創立委員となる。 **5**–5 台湾鉄道会社の創立発起人となる。 **6**–13 函館船渠創立取締役。 **7**–19 安田系の東京火災保険の評議委員になる。 **9**–7 汽車製造に出資。 **10**–17 渋沢の園遊会に参加。 **12**–9 台湾視察で台湾総督府の乃木希典に面会後，台湾に大倉組支店を置く決心。 (59)	**2** 東洋汽船設立をスタートさせる。議会で航海奨励法が通ったからである。その意義を西園寺公望らに説いてまわったのは後藤新平であった。創立委員には安田・渋沢・大倉・森村市左衛門らが参加した。 **4** 磐城炭鉱で初めての竪坑が完成する。 **9** 浅野は渡米し，2日PO汽船社長ハンチントンと交渉してサンフランシスコ線に走らせる6隻のうち3隻を東洋汽船が受け持つこととした。船（日本丸，香港丸，亜米利加丸）を発注するために英国に渡る。 (48)	**1**–6 混成第7旅団が台湾平定に出発。 **3**–1 進歩党結成（立憲改進党など合同）。–31 台湾総督府条例公布（軍政を民政に移す）。 **4**–1 拓殖務省設置。 **6**–2 桂太郎，台湾総督となり，13日赴任。–15 三陸地方に大津波。 **8**–30 フィリピン革命勃発。 **9**–18 伊藤内閣総辞職，第2次松方内閣成立。 **9**–27［中］杭州に日本租界を設ける。
3 伊臣貞太郎が暉子と結婚入籍，善三郎と名乗る。善之助は安田銀行頭取である。 **8** 岩崎弥之助が善次郎を中傷し日銀総裁となったため，善次郎は日銀監事を辞任する。 **11**–2 深川製釘所を開設。–8 台湾銀行の創立委員となる。–24 養子善四郎病没。 この年，東京電灯会社より手を引く。 (59)	**2**–18 十勝開墾を設立。 **4**–24 日本体育会の懇談会に出席。 **10**–21 フランス豪商アルバート・カーンによる日本軍事公債10万円の購入を渋沢と共に斡旋。 **11**–8 台湾銀行の創立委員となる。 (60)	**1** 米国に引き返し，ハンチントンと正式に契約，帰路ハワイに寄り，**4**–19 横浜に帰着。未だに艀で乗り降りする港湾の改善を決意。 **6** 東洋汽船臨時総会で3航路を2航路に減らす。 **10**–29 磐城炭鉱で坑夫31名の賃上げストが起こり，浅野は現地に飛び，賃上げを約束する。 (49)	**3**–3 足尾銅山鉱毒被害民が上京し請願運動。 **3**–5［中］蘇州に日本租界を設ける。–15 海南島不割譲を宣言。 **4**–1 台湾銀行法公布。伝染病予防法公布。 **10**–1 金本位制を実施。 **10**［朝鮮］国号を韓と改め，皇帝号を用いる。
2 浅野セメントの合資化にかかわる。 **3**–2 農工商高等会議議員となる。 **5**–10 根室銀行設立に参画（**11**月安田関係銀行に編入）。 **6**–17 釧路硫黄山事業の一段落を告げ，解散する。 この年，北海道拓殖銀行創立委員に。 (60)	**1**–4 還暦銀婚祝賀式の記念事業として，学校創設の件を，男爵・石黒忠悳《ただのり》にはかる。–13 商業学校創設の協議会を，石黒を始め渋沢栄一らに委嘱する。 **4**–2 水野遵らと共に東京で台湾会を改組し，台湾協会の発起会を開催。 (61)	**2** 浅野セメントを渋沢の世話と安田の援助で匿名組合から合資会社に変える。 **10** 東洋汽船日本丸が第1回航海サンフランシスコ航路に就航。 この年，北越石油部を設立し，浅野石油部越後に進出。 (50)	**1**–12 第3次伊藤内閣成立。 **2**–10〜15 富岡製糸場スト。 **2**–27［中］ロシアが旅順・大連を租借。 **5** 広島商船学校創立。 **7**–16 民法全編施行。 **11**–8 第2次山県内閣成立。旧進歩党員，憲政党より分離し憲政本党を組織。 **12** フィリピンがアメリカ領となる。

年	後藤新平	渋沢栄一	益田孝
1896 （明治29） 39歳	**3** 官設痘菌製造所を実現させる。–22 台湾阿片制度施行方法につき答申する。 **4**–24 台湾総督府衛生顧問を嘱託される。 **5**–5 岳父・安場保和（1835–99），台湾鉄道会社創立発起人総代となる。 **6** 国営「血清薬院」を実現させる。–7 監獄衛生制度につき意見書を板垣内相に提出する。–13 桂太郎台湾総督赴任につき，台湾に赴き視察。–20 軍艦吉野に搭乗，南中国視察の途に上る。–24 長崎帰着。 **7** 台湾に限り酒類，煙草の製造ならびにその販売を無税にすべしと当局に建白する。 秋，独帝ヴィルヘルム2世，翻訳された後藤の『臨時陸軍検疫部報告書』を読み賞賛。	**2** 浅野の東洋汽船設立に加わる。夏，孫の敬三が生まれる。 **6**–13 函館船渠創立委員長となる。 **9**–7 汽車製造に出資。 **10**–17 王子別荘（曖依村荘）で，第一国立銀行が第一銀行として継続することを披露する園遊会を催す。出席者は榎本農商相・小村外務次官・内海大阪府知事・岩崎弥之助・三井高保・中上川彦次郎（福沢諭吉の姉の子）・益田孝・豊川良平・高橋是清・菊池大麓・近藤廉平・大倉喜八郎ら。 台湾鉄道設立に関し安場保和と共に委員となる。（56）	**3**–21 御殿山碧雲台で，弘法大師の書を賞翫する大師会を催す。これは一方では茶会でもあり，以後，大正3年まで14回も催す。益田は弘法大師の書といわれる「崔子玉座右銘」の一部を所持していた。 **10**–17 渋沢の園遊会に出席。（48）
1897 （明治30） 40歳	**4**–24 日本体育会の懇談会で演説。 **5**–25 帝国施療院設備費ほか5件予算編入につき樺山内相に建白。 **6**–8 血清薬院長心得を命ぜられる。 **7**–15 労働者疾病保険の新営および救療病院その他社会施設を完成させる恤救事務局の設置を内務大臣に建議。この日，永楽病院主管となる。 **8**–20 正五位に叙せられる。 **12**–28 勲五等に叙せられ瑞宝章を授かる。	**2**–18 十勝開墾を大倉と共に設立。 **10**–21 仏豪商アルバート・カーンによる日本軍事公債10万円の購入を大倉と共に斡旋。 **11**–8 台湾銀行創立委員となる。 渋沢倉庫を創業，篤二を取締役会長とする。のち明治42年に株式会社とする。（57）	**10**–1 金本位制断行される。松方正義首相が金本位調査委員を任命したが，賛成を唱えたのは益田孝だけで，福沢諭吉ら他の者はみな反対した。（49）
1898 （明治31） 41歳	**1** 救済衛生制度に関する件を伊藤首相に建白。–23 井上馨蔵相の嘱に応じ「台湾統治救急案」を草して閲覧に供する。 **3**–2 台湾総督府民政局長となる。–28 着任。 **4**–28『台湾日日新報』を創始。 **5**–9 総督府吏員大整理発表。 **6**–20 新官制により民政局長改め民政長官となる。 **7**–17 台北で第1回饗老典開催。–28 宜蘭の「土匪」首領林火旺の投誠式に臨む。–31 添田大蔵次官に台湾銀行設立を督促。この月，台湾地籍・土地調査規則公布。 **8**–31 台湾保甲条令発布。 **9**–8「土匪」首領簡大獅の投誠式に臨む。 **10**–1 基隆から台湾事業公債案を持って上京。 **12** 基隆などの築港事業の進捗に尽力。	**2** 浅野セメントが合資会社になるのにかかわる。大倉商業学校設立を援助。 民間への外資導入の主張を強める。（58）	台湾に渡り，樟脳や基隆の石炭を調査しようとするが，治安が悪く，台北を動けず，林維源の留守宅で馳走になり，のち広東を視察して帰国。三井物産は中国貿易のため清国商業見習生規則・台湾語研修規則を制定，若い書生20人を中国へ留学させる。これは貿易交渉におけるコムプラドル（清国人）を廃止するためであった。（50）

安田善次郎	大倉喜八郎	浅野総一郎	日本史・世界史事項
1 第八十二国立銀行を安田関係銀行に編入。 **6** 東京火災保険㈱の経営を引受け，安田関係会社に編入。–30 安田銭店を閉鎖する。 **7**–1 安田銀行を合資会社に改組。 **9**–25 帝国海上保険会社創立総会を開く（**11**–5 同社開業）。 この年，兵庫運河開削を助力。（55）	**6**–3 石黒直悳・前島密，越後11藩の旧藩主らと共に，北越鉄道のことで相談。 **6** 大倉土木組が設立される。 **9**–10 大倉派の製鉄所発起人会が開催され，社名を大日本製鉄とする。 **10**–24 帝国ホテル取締役となる。 **11**–29 合名会社大倉組設立。 **12**–3 時事風刺のオッペケペ節で売り出した川上音二郎のパトロンであるとの報道がなされる。（56）	**3** 宝田石油を設立。 **5** ボンベイ航路についてインドの民族資本家Z・N・タタと会談。 **6**–24 日露実業協会を創設する。平沼油槽所が完成し，**10** 浅野商店石油部を創設し，白石元治郎を支配人とし，輸入ロシア石油のバラ売りがスタート。（45）	**1**–16［米］海兵隊ハワイに上陸，王制を廃止。 **4**–14 集会および政社法改正を公布。 **5**–22 戦時大本営条例を公布。 **7**–1 三菱合資会社創立。–16 東北本線全通。 **10**［米］シカゴで万国博覧会開催。
7–7 大阪に安田運搬事務所を置き，兵器運搬を扱う。 **8**–31 衆議院議員に当選（**9**–7 衆議院議員の辞表を東京府へ提出）。 **9** 七尾鉄道㈱設立に参加。 **11**–21 軍事公債の件で伊藤総理大臣と会見。 戦時国債金利五分を主張，計8000万円の起債のうち2300万円を引受ける。田中長兵衛の製鉄資金を援助。砲運丸による海運輸送で戦争に側面から貢献。（56）	**6**–5 北越鉄道会社の発起人となる。 **8** 大倉組，日清戦争開始にともない軍御用達を命じられ，軍夫供給，諸材料納入，急設工事請負などに従事。（57）	**1**–21 東京瓦斯監査役2名の1人となる。 **7** 次女マンと白石元治郎が結婚。媒酌は高橋是清。 日清戦争のため，児玉次官の命で日本中の船を集める。（46）	**3**–28［朝］金玉均が暗殺。–29 東学党の乱。 **5**–11 東京商品取引所創立。 **6**–25 高等学校令公布。 **8**–1 清に宣戦布告（日清戦争はじまる）。–25 北里柴三郎，ペスト菌発見。 **9**–13 大本営を広島に移す。 **10**–21 旅順口を占領。
3 製釘会社を企てる。 **11**–8 日本商業銀行を設立し，安田関係銀行に編入。–9 中越鉄道株式会社設立に参加。 この年，共済生命保険会社を株式会社とする。（57）	**2**–24 解傭軍夫病院開院式に出席。この病院開設問題について，大倉は中央衛生会委員の後藤新平と出会う。 **7** 大倉組，台湾出張所を開設。 大倉土木組，ソウルの日本領事館の建設を開始。 **8**–20 東洋漁猟会社発起人となる。 **10** 大倉土木組，台湾の台北・基隆間の鉄道の改築工事を請け負う。 この年，広島水力電気の設立を発起。（58）	**2**–7 航海条令三案が出され，逓信省にいる内田嘉吉（白石元治郎の友人）を通じてアメリカ航路の研究をする。この年，浅野は私邸を三河台に移し，北新堀は事務所とする。新居の左隣りは渋沢邸，右隣りは蜂須賀邸である。秋，逓信大臣が大蔵省財務局長阪谷芳郎に「外国航路の補助金は150万円でどうか」と問われ，阪谷は浅野に問い合わせる。 **11**–23 日本海上保険を設立。 この年，広島水力電気の設立を発起。（47）	**3**–19 清講和全権李鴻章来日。–20 下関で講和会議。 **4**–17 日清講和条約調印（下関条約）。–23 独露仏，遼東半島の清国への返還を勧告（三国干渉）。 **6**–7 日本軍が台北を占領。 **7**–19 台湾領有権宣言。 **8**–10 台湾に軍政実施。 **10**［中］広州事件（孫文の最初の挙兵失敗）。

年	後藤新平	渋沢栄一	益田孝
1893 (明治26) 36歳	**3**–16 医術開業試験委員長となる。 **7**–21『万国衛生年鑑』(大日本私立衛生会)刊行。 **9**–8 青山墓地に誠胤の墓を暴き死体の化学的試験。 **10**–25 麻布の自邸, 第1回の家宅捜査。–28『黴菌図譜』を翻訳発行する。–30 第2回家宅捜査。 **11**–15 中央衛生会幹事兼任, 高等官三等に叙せられる。–16 神田中猿楽町の街路で拘引され, –17 鍛冶橋監獄署に収監される。 **12**–25 予審終結。–29 非職を命ぜられる。	**5** 東京人造肥料㈱会長。 **9** ㈱石川島造船所会長。王子製紙㈱会長。 (53)	(45)
1894 (明治27) 37歳	**2**–7 伝染病研究所の建築成る。–12 第1回公判開廷, 湯浅裁判長と大いに抗争する。 **5**–3 相馬事件, 東京地裁より無罪判決。–25 保釈出獄する。 **8** 初旬頃より静養し,『自叙伝』を記す。 **12**–7 東京控訴院は原判決のとおり無罪の判決を下す。–16 高崎市での雪冤会に出席。–20 金杉英五郎ら主催の雪冤会に出席。 この年, 徳富蘇峰と知り合う。この年の暮から翌年にかけ解傭軍夫救済事業に関し, 大倉喜八郎と初めて出会う。	**1** 東京瓦斯㈱, 東京海上保険㈱会長。 **6**–5 北越鉄道会社の発起人となる。 **7**–25 日清戦争(〜明治28年)が始まり, 渡辺国武蔵相が渋沢・安田・中上川彦次郎に戦時国債発行について相談する。 (54)	(46)
1895 (明治28) 38歳	**1**–28 石黒の肝いりで中央衛生会委員となる。 **2**–24 解傭軍夫病院(会長近衛篤麿)理事となる。–26 日清戦争からの帰還兵検疫に関して児玉源太郎, 石黒忠悳と会見協議する。 **4**–1 臨時陸軍検疫部(部長児玉源太郎)事務官長に任ぜられ, 高等官三等に叙せられる。–9 広島に着任。–10 検疫所の位置設定のために下関に出張。 **6**–1 似島, 桜島検疫部開所。–5 彦島検疫部開所。–27 この頃より凱旋兵中にコレラ発生猖獗を極める。 **7**–10 児玉の紹介で伊藤博文と初めて会見する。–12 長女愛子生れる。 **8**–20 臨時陸軍検疫部広島出張所を閉鎖。 **9**–7 再び内務省衛生局長に, 中央衛生会幹事を兼任。 **11**–13 台湾の阿片政策につき伊藤博文に意見書。	(**4**–17 日清講和条約調印) 清国からの賠償金を軍事公債の償還に当てることに反対。 **8**–20 東洋渙猟会社発起人となる。 この年, 広島水力電気の設立を発起。 (55)	(47)

安田善次郎	大倉喜八郎	浅野総一郎	日本史・世界史事項
2–24 大日本電灯会社相談役となる。 **5** 第八十四国立銀行を救済する。 **6** 第七国立銀行を救済する。 **8**–19 日銀の移転に伴い，建築事務の総監督となる。永代橋のほとりから日本橋本両替町に移転。辰野金吾の設計。事務手伝いに高橋是清。また帝国ホテル創設に加わる。–30 東京水道会社発起人創立委員に。 **10**–18 養子善助没する。 東京商業会議所メンバーとなる。（52）	**2**–24 大日本電灯会社委員となる。相談役は渋沢，安田善次郎ら。–26 東京商業会議所幹事となる。 **3** 頃，渋沢栄一・浅野総一郎らと共に青山製氷会社設立。–15 琵琶湖疏水の建設工事を完工し，帝国ホテルの建設工事に着手。 **8**–30 東京水道会社発起創立委員となる。 **11**–3 帝国ホテルが開業。 この年，徳富蘇峰と知り合う。（53）	**3** 頃，青山製氷会社設立。 **6** 帝国ホテル創設に加わる。 東京商業会議所代表となる。（42）	**1**–18 富山で米騒動（こののち各地で頻発）。 **2**–1 徳富蘇峰，『国民新聞』創刊。 **5**–1 世界初のメーデー。 **3**–20［独］ビスマルク首相を辞任。 **9**–15 立憲自由党結成。 **10**–30 教育勅語下る。 **11**–25 第一議会の招集。
1 東京電灯会社の経営に参画。 **7** 本所区横網町2丁目7番地の旧岡山藩主池田章政侯爵邸を購入。のちの旧安田庭園である。同月，久次米銀行破綻の調査意見書を提出。 **11**–8 日本銀行の命により濃尾大地震視察のため名古屋・岐阜に出張。 **12** 岩国第百三国立銀行を救済。 この年，パノラマ会社の株主に加入。（53）	**9**–5 東京商業会議所の工業部長となる。 **12**–15 シカゴ万国博覧会準備のための，臨時博覧会事務局評議員に任命され，製造・普通商品部を分担。（54）	春，横浜築港入札に浅野セメントも落札。 **5** 経営不振の三河セメントの経営を改善させる。この頃，ウラジオストック方面へのセメント輸出が決まる。暮，「ロシア油輸入10年契約」が，渋沢の仲介で，サミュエル商会と浅野の間に結ばれる。（43）	**1**–9 内村鑑三が教育勅語への拝礼を拒否。 **5**–6 山県内閣総辞職，第1次松方正義内閣成立。–11 大津事件。 **9**–1 日本鉄道，東京・青森間開通。 **12**–18 田中正造，足尾鉱毒問題提示。
3–10 日本銀行定礎式が行われ，監事および工事主管として列席。 **7** 浅野と共に青梅鉄道の株主となる。また，国会議員出馬を促す声が挙がり，そのたびに旅に出て回避。 **8** 函館安田倉庫事務所を開設。 **9**–1 釧路鉄道㈱を設立し，営業を開始。–6 衆議院議員候補者となることを承諾。（54）	**1**–5 前年12月の衆議院解散を受け，実業家の衆議院議員選出を援助する会を設立するための有志者会合に参加し，発起人総代となる。 **2**–6 東京実業者相談会（東京商工相談会に改称）の委員となる。 **9**–19 日本土木会社，シカゴ万国博覧会の鳳凰殿および日本陳列館の建設工事のため，関係者をシカゴに派遣。（55）	**2** 神戸にタンカー・コンク号入港し，石油の輸入が始まり，浅野は「石油のバラ売り」を発想。 **7** 白石元治郎が浅野商店に入社する。安田と共に青梅鉄道の株主となる。門司セメントを設立。「宇治川ダム式発電計画」を立てるが，これは中橋徳五郎に引継がれる。（44）	**1**–28 予戒令公布（選挙大干渉始まる）。 **6**–21 鉄道敷設法を公布。 **8**–8 第2次伊藤内閣成立。 **11**–1『万朝報』創刊。–6 大井憲太郎ら，東洋自由党結成。–30 伝染病研究所設立。

年	後藤新平	渋沢栄一	益田孝
1890 （明治23） 33歳	**3**–18 在官のままドイツ自費留学を許される。 **4**–5 渡独。衛生制度学を中心に黴菌学，自治衛生，市町村の自治と衛生との関係などを学ぶ。特に黴菌学は北里柴三郎について学ぶ。 **8** ベルリンにおける第10回国際医学会に参列。 **9**–19 渡独以前に著述してあった『衛生制度論』が石黒の手によって発行。 **12** ドイツ国勢調査施行の資料を収集する。	**2**–24 大日本電灯会社相談役となる。 **3** 頃青山製氷会社設立に加わる。 **8**–30 東京水道会社発起人創立委員となる。 **11** 帝国ホテル開業，翌年から明治42年までその会長となる。 **12** 東京商工会が東京商業会議所となり，設立発起人となる。代表は益田・大倉・浅野・古河・三野村。 日本郵船のインド航路開拓に助勢する。（50）	東京商業会議所代表となる。帝国ホテル建設にかかわる。（42）
1891 （明治24） 34歳	**3**–15 長与局長と石黒に留学費増加の斡旋依頼状を書く。 **8**–10 ロンドンの万国衛生および民勢会議に日本代表として参列。–17 会議終わる。 **9**–30 石黒より衛生局長後任に内定した旨の通報に接する。	ロシア石油輸入問題で浅野総一郎とサミュエル商会との間を仲介。（51）	（43）
1892 （明治25） 35歳	**1**–21 ミュンヘン大学でドクトル・メディチーネの学位を取得。 **2**–22 正六位に叙せられる。 **6**–17 日本赤十字社新築病院開院式および同社総会に行啓の皇后陛下御前で第五回万国赤十字会議の状況を奏上する。 **11**–17 内務省衛生局長となる。–30 伝染病研究所建設始まる。 **12**–12 従五位に叙せられる。帝国議会に皇漢医が「医師免許規則改正法律案」を提起，後藤らは否決する。	清水組家法をつくる。（52）	（44）

安田善次郎	大倉喜八郎	浅野総一郎	日本史・世界史事項
2–27 釧路硫黄山の採掘権を得て経営，釧路硫黄山安田事務所を開設。 **3**–16 父善悦が病死。 **5**–17 両毛鉄道会社の設立に参加。–24 水戸鉄道会社の設立に参加。 **7**–1 私盟組織「保善社」を創設（善次郎総長に。安田家の資金管理団体で，のち安田財閥の司令塔に）。 **7** 東京水道会社設立に参加。 **9** 東京演劇会社設立に参加。–21 海防費の献金により従六位に叙せられる。–29 金製黄綬章を賜る。 **11**–16 下野麻紡績会社設立に参加。–28 東京ホテル（後の帝国ホテル）創設を願い出る。 この年，安田炭鉱，東京水道，日本輸出米商社などを設立。 （49）	**1** 外相・井上馨が提案した国賓宿泊施設の計画に参画。–14 日本土木会社を創立。 **2**–1 東京製綱会社設立に加わる。 **4** 内外用達会社顧問となる。 **6**–22 京都織物会社の株主総会が開かれ，渋沢栄一・益田孝と共に相談役となる。 **11**–8 工手学校（工学院大学の前身）の創設に加わる。–28 東京ホテル（後の帝国ホテル）の創立願いを，発起人総代として渋沢栄一と共に提出。 この年，日本輸出米商社を設立する。 （50）	**2**–1 大倉・渋沢と図り東京製鋼会社を創立する。 **5** 東京府工芸品共進会で浅野セメントが一等賞金杯を取る。 **11** 東京ホテル創設に加わる。 **12** 東京人造肥料会社設立に加わる。 この年，日米輸出米商社設立に加わる。 （39）	**2**–15 徳富蘇峰民友社設立，『国民之友』創刊。 **4**–25 鹿鳴館で首相主催仮装舞踏会を開く。 **5**–18 私設鉄道条例を公布。 **6** 伊藤博文，井上馨らと憲法の起草開始。 **7**–7 横浜正金銀行条例公布。 **12**–28 新聞紙条例・出版条例改正。
2 釧路春鳥炭礦を開発。 **3** 甲武鉄道会社設立に参加。水戸鉄道会社検査委員となる。 **4** 経営中の第七十八国立銀行を八王子銀行に譲渡。 **5**–12 両毛鉄道一部開通。 **8** 釧路硫黄山安田事務所を釧路安田硫黄山事務所と改称。 **11**–19 四男小六郎生まれる（のち善雄と改め）。（50）	**1** 札幌麦酒会社の設立に加わる。 日本土木会社，貸下げ官有地で，東京ホテルの建設工事に着手。 日本土木会社，東京湾澪筋《みおすじ》浚渫工事に着工。 **7**–6 日本土木会社社長となる。–19 同志社へ2000円寄付。 **8**–17 改良演劇会（理事長・小島信民）相談役となる。 （51）	**1** 東京商工会。渋沢会長が益田，大倉，浅野らを委員とする築港調査に着手。 民営札幌麦酒を誕生させ，会長に渋沢を，社長には浅野の妻サクの兄鈴木恒吉をすえる。また，渋沢らと常磐線敷設計画を練る。 （40）	**4**「日本人」刊。–25 市制・町村制公布。–30 枢密院をおく（議長伊藤博文）。黒田清隆内閣成立。 **7**–10『東京朝日新聞』創刊。 **11**『大阪毎日新聞』創刊。 **12**–11 東京美術学校創立。
3 門司築港会社設立に参加。日本パノラマ会社設立に参加。 **6** 渋沢と共に東京市街鉄道設立を申請するが，時期尚早ということで実現せず。 **8**–17 日本銀行監事に選任される。 この年，東京市市会議員に選ばれる。また，東京電燈会社救済にとりかかる。（51）	**2** この頃，東京商工会幹事。 **4**–17 門司セメント会社設立に加わる。 **5**–22 経新倶楽部の幹事となる。 **7** 丸の内界隈・陸軍省払下げ地をめぐって三菱と争って敗れる。 **12**–12 北越鉄道設立を協議。 （52）	**4**–17 門司セメント会社設立。 **8** 浅野セメント工場敷地内の屋敷から，北新堀の西洋館に引っ越す。 浅野商店分店を小網町2丁目に置いた。近くには渋沢邸をはじめ，後の東京証券取引所など主要機関が軒並みであった。 （41）	**2**–11 大日本帝国憲法・衆議院議員選挙法・貴族院令公布。皇室典範制定。 **7**–1 東海道本線全通。 **10**–18 大隈外相，玄洋社の来島恒喜に襲われ負傷。 **12**–24 内閣官制公布，第一次山県内閣成立。

年	後藤新平	渋沢栄一	益田孝
1887 （明治20） 30歳	**5**–25 築地本願寺での大日本私立衛生会主催衛生参考品展覧会に嘉仁親王の臨席あり，衛生会幹事として随行する。 **9**『普通生理衛生学』を著わす。	**1** 外相・井上馨が提案した国賓宿泊施設の計画に参画。–14 日本土木会社を創立，委員長となる。 **2**–1 東京製綱会社設立に加わる。また，東京人造肥料会社創立に加わる（益田・蜂須賀茂韶・渋沢喜作・高峰譲吉らと共に）。 **6**–22 京都織物会社相談役となる。 **10** 日本煉瓦製造会社創立。これには益田・諸井桓平（技師・支配人）も加わる。 **11**–28 東京ホテル（後の帝国ホテル）創設を願い出る。 この年，日本輸出米商社を設立。（47）	**1** 外相・井上馨が提案した国賓宿泊施設の計画に参画。 **2** 東京人造肥料会社創立に加わる。–1 東京製綱会社設立に加わる。 **3** 益田は高峰と共に欧州をへて米国に旅行する。これは燐鉱石と肥料製造の機械を買い入れるためだったが，益田は米の需要調べのためでもあった。深川の釜屋堀に人造肥料の工場を建設する。 **6**–22 京都織物会社相談役となる。 **10** 日本煉瓦製造会社創立に加わる。 **11**–28 東京ホテル（後の帝国ホテル）創設を願い出る。 この年，日本輸出米商社を設立。（39）
1888 （明治21） 31歳	この年，『私立衛生会雑誌』に「職業衛生法」を発表。	**1** 札幌麦酒会社創立発起人総代。 **2** 次女琴子が阪谷芳郎と結婚。 **7**–6 日本土木会社取締役となる。–19 同志社に寄付。 **8**–17 改良演劇会相談役となる。 **9** 東京女学館を創立。 **10** 東京市区改正委員。 札幌麦酒が成立して会長となる。 浅野総一郎らと常磐線敷設計画を練る。（48）	**4** 三池炭鉱の払下げがあり，**8** 三井が買う（入札）。裏面には政治的陰謀があったが，益田は決して賄賂を使わなかったことを自負する。さらに地方人に仕事を授けて人心を引き入れる必要から，三池紡績を興させ，資本は三井が大部分出した。 **7**–19 同志社に寄付。（40）
1889 （明治22） 32歳	**8**–28 後藤の思想的根幹をなす『国家衛生原理』を著作発行する。 この年，長与局長の紹介で福沢諭吉と会見，慶応義塾長就任のことにつき内話がある。	**2** 安田と共に東京市街鉄道設立を申請するが，時期尚早とされ実現せず。この頃，東京商工会会頭。 **4**–17 門司セメント会社設立に加わる。 **5**–22 経済倶楽部幹事となる。 **7** 丸の内界隈・陸軍省払下げ地をめぐって大倉らと共同会社を作り三菱と落札を争うが敗れる。 **9** 渋沢の投資行動を支える組織として渋沢同族会を設ける。 **12**–12 北越鉄道設立を協議。 北海道炭鉱鉄道株式会社株主間を調整。（49）	**2** この頃，東京商工会副会頭。 **5**–22 経済倶楽部幹事となる。 **12**–12 北越鉄道設立を協議。 御殿山の邸内の一室に炉を切り，茶の湯を嗜む（茶道本格化）。（41）

安田善次郎	大倉喜八郎	浅野総一郎	日本史・世界史事項
6–28 次男真之助生まれる（早世）。 **8**–6 保善社規則を起草。 **10**–12 拙碁会を作り，その会則を定める。 **12** 第七十五国立銀行を経営する。–26 日銀理事を辞任。 この年，前田家貯蔵の古金15万両を買い入れる。本所区横網町の新築落成。島根県為替方用達を命じられる。（46）	**5** 大阪紡績開業に加わる。–29 2回目の欧米旅行に横山孫一郎と共に出発，ニューヨークなどで日本茶の純良・無害を説明する運動を展開。6月頃，ニューヨークで留学中の斉藤実《まこと》に会う。 **9** 大倉組，皇居造営工事の一部を請け負い，着工。 南方貿易を開始，良質な茶箱をインドに輸出。（47）	**4** 皇居建設に浅野セメントを納める。また，磐城炭鉱の横坑開発に着手。牛や馬車，帆船で消費地まで運ぶ運搬方法の改善を痛感。 秩父山林の伐採に乗り出す。（36）	**5**–16 群馬事件（自由党員の蜂起）。 **7**–7 華族令を制定（公・侯・伯・子・男の爵位）。 **9**–23 加波山事件（茨城・福島の自由党員蜂起）。 **10**–31 秩父事件（自由党員指導の農民蜂起）。
2 第三国立銀行の預金に取り付け始まる（前年の古金買い入れに風評に基づく）。よって客に事理を釈明する。–21 日銀割引局長に就任。 **4** 安田商店の支店格として安田銭店《ぜにだな》（公債古金銀売買）を開く。 **10** 東京瓦斯会社設立に参加。（47）	**1** サミュエル・スマイルス著，中村正直訳『西国立志編』を読み感動し，**2**–1 中村正直を向島別邸に招く。 **10**–1 東京瓦斯《ガス》会社が設立され，委員となる。 **11**–25 貿易協会が設立され，幹事となる。 **12** 東京府の養育院の委員を委嘱される。（48）	**3**–6 三菱・共同の競争に政府勧告が出るが，競争は止まらない。また，深川の浅野セメントに入社した坂内冬蔵らを欧州へ技術研修に送り出す。 **7** 民間会社としての東京瓦斯会社創立委員となる。（37）	**1**〜**2** 借金党・困民党の暴動，各地に拡大。 **3**–16 福沢諭吉「脱亜論」を発表。 **9**–29 日本郵船会社設立。 **11**–8 北里柴三郎，ドイツに差遣される。–23 大井憲太郎らの大阪事件起こる。 **12**–22 太政官制度を廃止し内閣制度をおく。第1次伊藤内閣成立。
1–13 北海道庁現金取扱方を命じられる。 **6**–26 三男三郎彦生まれる（のち善五郎と改め）。 **7**–1 日本橋区浜町3丁目1番地の地所を買い入れる。–12 北海道庁長官・岩村通俊に，北海道開拓の方策を聞かれる。 日本鉄道に出資。また両毛鉄道・水戸鉄道・甲武鉄道・青梅鉄道などにも出資するようになる。（48）	**2**–28 東京商工会の幹事になる。 **4** 小冊子「貿易意見書」を発行。渋沢栄一が序文を寄せる。 **7**–5 東京電灯会社が開業。–12 北海道庁長官・岩村通俊に，渋沢栄一・益田孝・安田善次郎らと共に，北海道開拓の方策を聞かれる。 **8** 発起人だった演劇改良会が結成される。 **12**–16 京都織物会社の創立発起人となる。 大倉組札幌麦酒醸造所を設立。（49）	**9**–11 浅野回漕部を浅野商店（セメント・炭鉱を手がける）の中につくり開業。外国船などを買い取り，国内海運に乗り出す。渋沢栄一の紹介で，渋沢喜作も参与。（38）	**1**–26 北海道庁設置。 **3**–2 帝国大学令公布。 **5**–1 井上馨が各国公使と第1回条約改正会議。 **7**–5 東京電灯会社開業。 **12** ［米］アメリカ労働総同盟（AFL）結成（会長ゴンパース）。

年	後藤新平	渋沢栄一	益田孝
1884 (明治17) 27歳	**1**–17 衛生局牛痘種継所長兼務となる。 **7**–19 衛生局東京試験所長心得を免ぜられる。	**5** 大阪紡績開業(大阪西成郡三軒家村)。これには益田・大倉も加わり，技師管理として山辺丈夫を入れる。また，益田の耕牧舎設立に加わる。 商法講習所が農商務省直轄となり，校務商議委員となる。 (44)	大阪紡績開業に加わる。また，渋沢に箱根仙石原で牧場をやろうと相談，三井も加えて耕牧舎を設立。これは仙石原で乳牛を飼う計画であったが，のち，地味が悪く良い草ができないことと冬の強い西風とで失敗に終る。 校務商議委員となる。 (36)
1885 (明治18) 28歳	**1** 東京府下の下水掃除改修の件につき，内務大輔芳川顕正に復命書を呈す。 **6**–25 衛生局第2部長となる。 **7**–2 衛生局牛痘種継所長兼務を免ぜられる。 **8**–26 石黒忠悳不在中，衛生局第3部長代理となる。	**1** 東京市区改正審査委員になる。 三菱・共同の運賃値下げ競争の最中，**2** に岩崎弥太郎，**6** に五代友厚が没する。 **8** 東京瓦斯局の払下げが渋沢・大倉に下され，ガス事業に浅野総一郎を参加させる(**10** 東京瓦斯会社創立)。 **9** 三菱汽船と共同運輸が合併して日本郵船会社が設立される。また，益田・高峰譲吉と人造肥料について相談する。 (45)	東京市区改正審査委員になる。高峰譲吉・渋沢と3人で人造肥料について相談。 (37)
1886 (明治19) 29歳	**1**–16 非職仰せ付けられ，21日あらためて内務省四等技師に任ぜられ，三級月俸下賜，–23 衛生局勤務の辞令を受ける。 **5**–13 内務省三等技師に任ぜられ奏任官三等下級俸を賜う。–29 大日本私立衛生会第4回総会で「衛生，盛衰ハ国民ノ命価ニ関ス」と題して演説する。 **7**–8 初めて位階を賜わり，従六位に叙せられる。	**2**–28 東京商工会会頭となる。 **4** 大倉の「貿易意見書」に序文を寄せる。 竜門社を結成，毎月『竜門雑誌』を発行する。–12 北海道庁長官・岩村通俊に，北海道開拓の方策を聞かれる。 **8** 大倉と共に「演劇改良会」を設立し，劇場新築を企てるが失敗する。 **11** 女子教育奨励会設立。 **12**–16 京都織物会社の創立発起人となる。 (46)	**2**–28 東京商工会副会頭となる。 **7**–12 北海道庁長官・岩村通俊に，北海道開拓の方策を聞かれる。 (38)

安田善次郎	大倉喜八郎	浅野総一郎	日本史・世界史事項
4–19 農商務省為替方を命じられる。 **11** 安場保和，渋沢栄一と共に日本鉄道会社を設立。 **11**–29 三女峯子生まれる。 **12** 第九十八銀行を援助し，経営指導。 第2回内国勧業博覧会開催準備のため，東京府から日本橋区出品人総理を命じられる。 (43)	**1** 外務卿となった井上馨が「鹿鳴館」を企画。大倉喜八郎と堀川利尚とが共同出資した土木用達組が，鹿鳴館建設工事に着手。コンドル設計，1883年11月に開館。 (44)	**7** 深川セメント工場が浅野に貸し下げられる。浅野一家は横浜を引払い，深川セメント工場敷地内の屋敷（仙台屋敷）に移る。 前々から廃物のコールタールに目をつけていたが，コレラ流行で消毒用石炭酸の原料として用いられ，利益を上げる。 (33)	**2**–2 頭山満ら熊本に玄洋社創立。 **8** 植木枝盛，私擬憲法起草。 **9**–18 品川弥二郎ら独逸学協会設立。 **10**–12 明治23年に国会開設の詔書を下す。 **11**–11 日本鉄道会社設立。
3–16 安田商店を再開（明治20–**3**廃止）。 **9** 茂木惣兵衛，朝吹英二，馬越恭平らと倉庫会社の設立を図る。–1 第四十四国立銀行を救済し，第三国立銀行に合併。 **10**–10 日本銀行開業。総裁吉原重俊，副総裁冨田鉄之助，理事は善次郎・三野村利助，監事に子安峻・森村市太郎・北岡文兵衛，文書局長冨田，金庫理局長三野村，割引・株式・計算の局長と営業担当役員を善次郎が兼ねる。善次郎は第三国立銀行頭取を辞任し卯之吉が新頭取に。 この年，大倉と共に大安寺を小伝馬町に建立。 (44)	**5**–3 大阪紡績会社設立。 **6**–16 長男・喜七郎誕生。 **7** 共同運輸会社の設立，取締役となる。 **11**–1 銀座2丁目に完成した大倉組の新社屋前に，2000燭光のアーク灯を点灯する一大ショーを演出。 貧民施療のための共立東京病院（後の東京慈恵会医科大学）に多大の支援を行う。 (45)	**6** 東京瓦斯局払下げの許可を得たが，取消される。 **10** 共同運輸会社に加わり，三菱汽船との闘いを推進。 (34)	**1**–4 軍人勅諭を下す。 **3**–14 伊藤博文，憲法調査のため渡欧。 **4**–16 立憲改進党結成（総理大隈重信）。 **6**–3 集会条例改正（政治結社の支社禁止）。 **8**–5 戒厳令制定。 **9** ［独］コッホが結核菌発見。 **10**–21 大隈重信ら東京専門学校創立（後の早稲田大学）。
善次郎，大蔵省の布告文草案を書く（政府は為替方契約期間満了を待って日本銀行に国庫金取扱いを移す方針であるため，それを是とする一方，具体的な収納については各地の民間銀行に委託すべしと）。政府は内々に国立銀行兌換券の廃止を決め，松方大蔵卿は不換紙幣の回収と金本位制の確立を目指す。各銀行の資金繰りが急速に悪化したため，善次郎は銀行再建に乗り出し，第四十四，第四十五，第九十八，第七十五，第七十八国立銀行と横浜正金銀行の建て直しに尽力。また，日本銀行は決済用だから当座預金は無利子であるべきだと主張。 (45)	**1**–9 兜町米会所側の委員として，同所と蠣殻町米商会所との合併を決議。 **2**–15 東京電燈会社の設立が許可され，委員となる。 **8** 大倉組，上海に出張所を開設。 **10** 墨田堤に桜の1000株補植を，成島柳北らと共に出願。 (46)	**1** 共同運輸会社の幹事となる。 **4**–16 官営深川セメント工場が正式に浅野に払下げられ浅野セメント会社となる。これには渋沢栄一・大川平三郎・尾高幸五郎も匿名で3分の1を出資。 **4** 磐城炭鉱会社を発足。 (35)	**1** 矢野文雄「経国美談」，馬場辰猪「天賦人権論」刊。 **3**–20 北陸の自由党員逮捕される（高田事件）。 **4**–12 陸軍大学校開校。–16 新聞紙条例改正（取締強化）。 **6**–29 改正出版条例を定める（罰則強化）。 **7**–20 岩倉具視没。 **8**–3 伊藤博文帰国。 **11**–28 麹町山下町に鹿鳴館を開館。 **12** ［独］マルクス死す。

年	後藤新平	渋沢栄一	益田孝
1881 （明治14） 24歳	**1** 愛知・岐阜・三重の3県「連合公立医学校設立の議」を国貞愛知県令に呈す。長与専斎は医学上「このうえない盛策」と評価。この年より，私塾対育舎を開いて50余人の子弟を育てる。 **3**–10「連合医学校設立の議」を三重県会議員に投ずる。 **5**–17 愛衆社長に横井信之を推し自ら副社長となる。 **10**–19 愛知医学校長兼病院長（月給70円）となる。	**11** 東京から東北方面へ鉄道を敷いた日本鉄道会社の設立に尽力する。（41）	（33）
1882 （明治15） 25歳	**1**–19 病院医学校事務取調べのため上京，26 東京着。 **2** 長与衛生局長より衛生局採用の内命あり。 **3**–7 内務省に入る抱負と決意を長文にして長与専斎に披瀝する。 **4**–4 月給80円となる。–7 招電により岐阜に急行し，負傷した板垣退助を手当する。 **9**–2 医学校一等教諭兼任となる。 この年，海水浴についての意見書や資料をまとめた『海水功用論　付海浜療法』を出版。	**4** 長女歌子，穂積陳重と結婚。 **5**–3 大阪紡績会社設立（開業84年）。 **7** 共同運輸会社設立。これは東京風帆船・北海道運輸・越中風帆船の合同を政府が提案したことによる。妻千代を失い，翌年伊藤かね子と再婚。（42）	**5**–3 大阪紡績会社設立に関わる。 **7** 共同運輸会社取締役となる。この会社は，三菱汽船の専横を非難する政府の農商務大輔品川弥二郎が陣頭に立って創立。社長は伊藤雋吉，副社長遠武秀行，取締役に益田のほか渋沢喜作・小室信夫・堀基がおさまった。（34）
1883 （明治16） 26歳	**1**–6 内務省出向を申し付けられる。 **1**–13 父実崇逝去。享年63。–25 内務省御用掛，准奏任取扱月棒百円，衛生局照査係副長となる。 **2**–6 長与局長の代理で熱海にて岩倉具視と結核療養者の件につき面談。 **3**–26 母，姉を郷里より呼び寄せ麹町三番町に一戸を構える。 **4**–18 新潟，群馬，長野など衛生事業の視察のために出張する。 **5**–22 衛生局東京試験所長心得兼務となる。–27 大日本私立衛生会発足。 **9** 安場保和の二女和子と結婚する。 **10**–4 衛生局内部改革の意見書を長与局長に提出する。 **12** 錦織剛清の訪問を受けて，相馬事件との関わりが始まる。	**4** 共同運輸会社では巨船をそろえ，三菱汽船との間に運賃値下げ競争がはじまる。渋沢は特に金融面で応援する。浅野総一郎に払下げられた深川セメントに匿名で出資する。暮，益田が行った御殿山邸での大山巌と山川捨松の見合いに出席。 **10** 東京商法会議所解散，東京商工会創立，**11**月に会頭となる。（43）	**4** 共同運輸会社開業。三菱汽船との大競争に入る。 暮，御殿山邸に大山巌と山川捨松を招き，シェークスピアのヴェニスの商人を仕組み，ポーシャ役を捨松にやらせて両者の見合いをさせる。（35）

安田善次郎	大倉喜八郎	浅野総一郎	日本史・世界史事項
6–1 東京株式取引所設立に出資し参加する。 **8** 東京商法会議所議員となる。また，銀行設立の指導を行い，第五・第十四・第十七・第二十八・第四十一・第百・第百三・第百十二などの国立銀行開設を指導。 **9**–4 大蔵省より第四十一国立銀行開業免状を下附される。 **10**–6 安田商店の職階級を改正。 **12**–23 第1回東京府会議員に当選。 この頃，浅野総一郎と知り合う。（40）	**3**–1 東京商法会議所の第1回総会に参加。 **5**–30 故郷の新発田に立ち寄り，新発田の不幸な人たちに500円，小学校のために数百円を寄付する。 **12**–23 東京府の最初の府会議員（京橋区）となる。 明治政府から家屋敷（赤坂葵町3番地）の払下げを受け，本邸とする。（41）	この頃，安田善次郎と知り合う。（30）	**5**–1 パリ万国博覧会に参加。–14 大久保利通暗殺される（紀尾井坂の変）。 **5**［仏］パリで万国博覧会開く。［コロンビア］レセップスにパナマ運河建設を許可。 **8**–23 近衛兵反乱。この月，陸軍卿山県有朋が「軍人訓戒」を発表。 **12**–5 参謀本部を置く。–13 監軍本部を置く。
1–16 議員として東京府会に臨む。 **3** 筆子が善之助（第2代善次郎）を生む。–18 安田商店宇都宮支店を開設。 **6**–27 米前大統領グランド将軍来朝につき接待委員に推挙される。 **11**–1 合本安田銀行設立願書を提出（**11**–26 付認可）。 **12**–1 本所区横網町の田安邸を購入。–31 安田商店を廃止する。 **12** 東京日本橋区に火事があり，見舞金180円と酒10樽を被災者に贈り，日本橋区長にも200円を寄付。（41）	**2** 在京北越人の親睦会を開く。発起人に，前島密，石黒忠恵《ただのり》ら。第1回会合は，浅草の東本願寺で開催。1400人も参集。「北越親睦会」と称し，後に「新潟県人会」となる。–15 横浜洋銀取引所の設立を出願。後の横浜株式取引所。 渋沢らの紡績工場創立の計画に参画。 居宅焼失。（42）	横浜に63の西洋式公衆便所を造る。付随して人糞処理により建設借入金を返却。（31）	**1**–25『朝日新聞』創刊。 **4**–4 琉球藩を廃し沖縄県をおく。 **6**–4 東京招魂社を靖国神社と改称。 **8**–10 天皇，米大統領グラントと会見。 **12**–8 箱田六輔・頭山満ら筑前共愛同衆会結成。
横浜正金銀行創立委員の一人となる。 **1** 安田銀行開業，実質は安田商店が名を変えただけ。また，共済五百名社（互助会組織）を設立するが，のち共済生命保険合資会社と改称。東京市火防線設置のための起債方法取調委員となる。 **6** 宝生六郎に謡曲を習いはじめる。また，名士の懇親会「偕楽会」を定期的に行うようになる。その正会員に大倉・渋沢・益田・浅野・馬越・高橋是清らがいた。さらに「和敬会」という茶の湯の会も催すようになる。公と本業の両立が難しいと，府会議員を辞す。（42）	**1**–9 府議会で，東京府の火防費その他公費にあてる起債を取り調べる「起債取調べ委員」に，渋沢，益田，安田らと共に任命される。 **6**–17 向島に別邸蔵春《ぞうしゅん》閣（150坪の平屋造り）が竣工。文化的なサロンとして活用される。また，安田善次郎の「偕楽会」の正会員となる。 **8** 渋沢栄一の東京風帆船会社設立に加わる。 釜山に続き開港した朝鮮の元山《げんさん》に，大倉組は三井組や高島組と共に，支店を開設。 **12** 東京馬車鉄道会社が設立され，渋沢栄一らと共に株主となる。（43）	渋沢栄一，若手敏腕家として浅野の才能を認める。総一郎はセメントの将来性に賭けた。（32）	**4**–5 集会条例を定める。–17 京城に日本公使館をおく。 **7**–17 刑法・治罪法公布。 **8**–18 金子堅太郎ら専修学校創立（のちの専修大学）。 **9**–12 東京法学社開校（のちの法政大学）。 **10**「六合雑誌」刊。新約聖書の翻訳完成。–21 清国に琉球分割提議。 **12**–8 明治法律学校創立（のちの明治大学）。–28 元老院が日本国憲按を上奏。 この年，［清］李鴻章，海軍を創設。

年	後藤新平	渋沢栄一	益田孝
1878 (明治11) 21歳	**3**–1 再び愛知県病院に復帰，医学校一等訓導となる(月給25円)。–3 公立病院三等診察医兼務となる。 **4** 胸を患い名古屋近郊の八事で静養。 **6**–17 第三区医院集会所で講義，以後毎週日曜日に出張講義。 **7**–13 公立病院二等診察医兼医学校一等訓導となる(月給30円)。 **10** 愛知県病院ローレッツの委嘱を受けて，安場県令に「健康警察医官を設けるべき議」を建白(初めての建白)。明治天皇，巡幸で公立医学校を訪問。 **11**–27 衛生事務取調べのため東京出張を命ぜられる。 **12**–10「愛知県ニ於テ衛生警察ヲ設ケントスル概略」の建議を内務省衛生局長長与専斎に呈す。	**3** 東京商法会議所を創立，会頭となる。益田孝・大倉喜八郎・渋沢喜作・原六郎・三野村利助・福地源一郎(記者)らが創立に加わる。 **6**–1 東京株式取引所開業。 **8** 岩崎弥太郎からの招待を受け，両国の料亭中村楼で独占的事業をもちかけられるが，合本主義をもって断る。 (38)	**3** 東京商法会議所創立に加わり，第二副会頭となる。これは東京商工会議所の初期の形態で，実業界と政府の交流の場でもあり諮問機関でもあり，実業家のクラブも兼ねていた。 (30)
1879 (明治12) 22歳	**2**–17 東京より帰院。–25 国貞大書記官宛て「東京視察概表」を提出する。 **5** 自ら首唱して有師会を起こし医事衛生の研鑽に努める。 **7**–9 公立病院一等診察医兼医学校監事となる(月給40円)。 **8**–29 医学校一等教諭兼務となる。 **11** 有師会を拡大して衛生私会創設を議し，「愛衆社」創立に着手。 **12**–16 愛衆社設立認可申請，–24 許可される。–27 桜井院校長病気のためその職務代理となる。	**2**–15 横浜洋銀取引所の設立を出願。 株式取引所設立が許可される。商工業を株式会社の仕組に移さねばとする渋沢の信念による。益田から紡績会社創立の計画をもちかけられる。 **7** 岩崎弥太郎を引き入れ，東京海上保険会社を創立。 飛鳥山邸完成。 (39)	**2**–15 横浜洋銀取引所の設立を出願，後，横浜株式取引所となる。 **4** 品川御殿山に新居建築。 機械工業を日本人に教えるべきで，最も簡単な紡績がよいとして，渋沢に10500錘の大阪紡績会社をつくろうと相談。 (31)
1880 (明治13) 23歳	**2**–17 公立愛知病院一等診察医兼医学校監事中教諭となる。–22 愛衆社創立総会を東本願寺別院で開催。 **3**–26 家郷の父へ宛て許婚者坂野秀との婚約解消を通告する。 **5**–8 公立愛知病院長兼医学校長心得となる(月給60円)。–18 地方衛生会委員となる。 **9** 衛生・医事に関する『四季医報』第1号を発刊する。 **11**–2 静岡，岐阜，三重に病院学校事務取調べのため出張する。	**1** 東京府知事が東京市内に火防線設置を計画，起債方法取調委員となる。また，横浜正金銀行創立委員となり，**2** 設立となる。 **6** 安田の「偕楽会」の正会員となる。海運業界は，岩崎三菱汽船の独占となっており，渋沢は仲間(益田・大倉・渋沢喜作・三井武之助・川崎正蔵・藤井能三・鍵富三作・諸戸清六・下里貞吉ら)を集めて， **8** 東京風帆船会社を興し，三菱汽船に対抗する。 **12** 東京馬車鉄道会社が設立され，株主となる。東京府第1回市区取調委員会総会開催，市区改正事業開始，委員として参加。 (40)	**6** 安田の「偕楽会」の正会員となる。また，**8** 渋沢の東京風帆船会社設立に賛同し，参加する人々に，岩崎の攻撃に対して輿論と政府を応援すべきだと説いてまわる。 (32)

安田善次郎	大倉喜八郎	浅野総一郎	日本史・世界史事項
1–19 京都, 大阪, 兵庫各地と為替取組を開始。 **7** 安田家に奉公していた筆子との間に暉子が生まれる。善次郎夫妻は, 養女(津留子とウメ)をもらっていた。のち津留子には堀川卯之吉を, ウメには養老長吉を婿養子に。 **12**–29 栃木県庁と為替方および金銀取扱いの契約が成る。 (37)	**5**–17 持田とく(後, 徳子)と結婚。–30 東京会議所の肝《きも》煎《いり》となる。 一中節の存続復興のため, 各派芸人を保護することを, 丸の内の待合・竹廼《の》屋で相談。 (38)	**2** 近所の大火で家が全焼。横浜寿町に再挙。薪・炭商売に戻り, 横浜瓦斯局から出るコークス(骸炭)が空地に山積みにされているのを見て, 瓦斯局と交渉して数千トンのコークスを買い取り, 深川セメント工場への売り込みを試みる。 (27)	**2**–3 三菱商会が横浜・上海航路を開く。 **3**–25 東京・青森間電信開通。 **5**[独]ドイツ社会主義労働者党結成。 **6**–28 讒謗律・新聞紙条例を定める。 **9**–20 江華島事件。 **11**–29 同志社英学校創立。
7–16 安田商店栃木出張所を支店に昇格する。 **8** 新公債・秩禄公債の抽選償還日に, 三野村・渋沢・大倉と共に代表立会人に選出される。国立銀行条例が改正され, 正貨兌換の条項が削除され, 資本金の8割の銀行券発行が認められたため, 経営が暗礁に乗り上げていた第三国立銀行に目をつけ, その開業免許を取得。 **12**–5 第三国立銀行開業(12月1日説あり, 不明)。その経営のために, 大蔵省紙幣寮付属の簿記学校に通い, 銀行簿記を習得する。–17 養老秀吉三男長次郎(のち善助と改める)を養子にもらう。 この年, 偕楽会を設ける。 (38)	夏。朝鮮釜山浦で東莱府の東光寺を借り, 織物, 雑貨を正札販売。 **10**–30 大倉組釜山浦支店を開設。 この年, 陸軍省からアメリカに派遣されることになった石黒忠悳《ただのり》が, 銀座の洋服店で鼠のジャケツを拵る。 (39)	横浜の店から深川のセメント工場に艀でコークスを納め, 巨額の利益を得る。また王子製紙から出る不要なコークスを引取り, 磐城炭鉱の石炭を納入する(帆船と艀を利用)仕事に人夫の先頭に立って働き, それを見ていた渋沢栄一と初めて面談。 (28)	**2**–4 芝山内に山内倶楽部開設(のちの水交社)。–22 代言人規則を定める。–26 日鮮修交条規に調印。 **3**–28 廃刀令を定める。–31 最初の私立銀行三井銀行設立認可。 **7**–29 三井物産会社設立。 **8**–1 国立銀行条例を改める。 **9**–6 元老院に憲法起草を命ずる。 **10**–24 熊本神風連の乱。–27 秋月の乱。–28 萩の乱。 この年, 米国へ初の生糸輸出。
5–25 第三国立銀行支店を大阪に設立するため大阪, 神戸へ向う。 **7** 銀行間の調整が必要とする渋沢の提案に賛成して「択善会」を結成する。また, 善次郎は手形交換所の設立も提案。 **10**–26 栃木に国立銀行設立の件で許可される。 西南戦争の負傷者のために, 大阪陸軍病院へ包帯用の木綿200反を寄附。 (39)	**2** 西南の役の直前, 朝鮮に大飢饉が起こり, 朝鮮政府は日本に米麦の輸送を懇願してきたが, 引受け手がなく, 大久保内務卿の命で喜八郎がその任に当たる。西南の役の御用達のため帰国を急いだが, 舟がなくイカ釣り船で玄界灘を渡ろうとして暴風雨に会い, 急死に一生を得て帰国。 **8**–2 釜山に為替交換所を設置。 (40)	妻サクの伯母タケが沖牙太郎(沖電気の創始者)と結婚。 西南戦争の影響で石炭高騰。渋沢の紹介状を懐にし, 九州に陸路海路で買い付けに。 (29)	**2**–15 西郷隆盛が兵を率いて鹿児島を出発(西南戦争)。–22 西郷軍が熊本城包囲。 **4**–12 開成・医学の2校を合せ東京大学とする。 **4**–24[露]トルコに宣戦(ロシア・トルコ戦争おこる〜78・**3**–3)。 **8**–21 内国観業博覧会を開く。 **9**–24 西郷隆盛自刃(西南戦争終結)。 **10**–17 学習院開校。

年	後藤新平	渋沢栄一	益田孝
1875 （明治8） 18歳	**7**–4 福島県立病院六等生となり，須賀川医学校生徒取締（内舎副舎長）となる（月給3円）。 **8**–8 安場，福島県令を免ぜられる。–16 医学所雇入れの件で東京に出張。 **9**–2 五等医生を拝命する（月給5円）。 **12**–27 安場，愛知県令となる。	**5**–30 大倉喜八郎と共に東京会議所の肝煎となる。 **6** 抄紙会社を王子製紙会社として開業。益田孝も加わった。 **8** 第一国立銀行頭取となる。 **11** 商法講習所を東京会議所に移管。 全国各地に国立銀行の設立がはじまり，免許交付から20カ年営業が許される。（35）	暮，井上馨が再び官に入り，先収会社を廃することとなり，益田は残務整理して井上の出資金を返し，残りは分配，益田も6000円もらう。渋沢の王子製紙を支援。（27）
1876 （明治9） 19歳	**2**–22 依願五等生解職。 **3**–28 須賀川医学校内外舎長となり月給8円を支給される。 **6**–14 明治天皇，東北地方巡幸で，この日，岩倉，木戸勅を奉じて須賀川病院を視察（**7**–4 天皇，水沢に行幸）。 **8**– 初旬 自ら調製した眼薬「済衆水」を父に発売させる。–8 安場愛知県県令より愛知県病院に招かれ，辞表提出，–10 聴許される。–11 盛大な見送りを受けて須賀川を去る。–20 名古屋に安着。阿川邸に落ち着く。–25，愛知県病院三等医として医局診察専務（月給10円）となる。 **10**–1 阿川宅を出て病院の教授司馬凌海の家塾より通院，オーストリア人教師ローレッツの指導を受け，警察医学に興味を持つようになる。	**5** 東京市養育院の事務長となる。**8**月に院長となる。また，三井の三野村利左衛門と共に口をきいて益田孝を三井組に入れる。 **8** 三野村・大倉・安田と共に，新公債・秩禄公債抽選償還日の代表立会人に選出される。 王子製紙への石炭搬入や不要コークス引取などに汗にまみれて働く浅野総一郎と知合う。 東京鉄道会社（東京—横浜）設立を主導。（36）	**7** 三井物産会社を創立，社長となり，陸軍にブランケットや羅紗を納める。無資本の会社である。また，三池炭鉱の石炭の一手販売を引受け，販売先を香港，シンガポールなどに開拓。さらに，大蔵卿大隈重信から，九州米を外国に出せと命じられる。 **12**『中外物価新報』創刊（現在の『日本経済新聞』）。 渋沢と三野村の口ききで三井組に入る。三野村が井上馨に相談して，三井の中で一商社をつくり，先収会社の連中でやってもらいたいと頼んだ結果である。（28）
1877 （明治10） 20歳	**1**–20 公立医学所二等授業生（月給12円）となる。 **4** 司馬凌海が解職となり名古屋を去ったため，再び阿川方に入る。 **6**–15 この日より23日まで医術開業試験を受け，医術開業免状（9月15日付）を手にする。 **7** 大阪陸軍臨時病院（院長石黒忠悳）に赴き自費見学する。 **8**–8 愛知医学校四等訓導となる。–20 愛知県病院を依願解任。 **9**–3 西南戦争の負傷者を収容する大阪陸軍臨時病院の雇医（日給60銭）となる。 **10**–1 京都東福寺陸軍格《コ》列《レ》羅《ラ》避病院へ出張。 **11**–22 病兵を護送して名古屋鎮台へ向かう。–26 陸軍雇医を免ぜられ，–27 名古屋鎮台病院雇医に。	**2**〜**9** 西南戦争。 渋沢は益田と共に上海に旅行する。第一国立銀行支店のための視察であった。帰国すると三野村が亡くなっていた（三井は三野村利助が継ぐ）。 **7** 銀行業者の親睦団体「択善会」を結成（明治23年に銀行懇話会と銀行集会所となり，のち明治18年会長となる）。 **8**–2 釜山に大倉と共に為替交換所を設置。 王子飛鳥山に土地約4000坪を購入。（37）	九州米は西南戦争の軍用米とされた。また，渋沢と上海へ旅行する。政府は仏博覧会に前田正名を代表として日本の美術品を出品するということで，その取扱いを三井物産にと大蔵省から命じられる。この時，益田は蒔絵の硯箱を買ったのが美術品への病み付きとなる。しかし，単なる骨董趣味ではなく，日本の美術の発達のための標本を保存することと，外国に流出するのを防ぐという問題意識を持っていた。（29）

安田善次郎	大倉喜八郎	浅野総一郎	日本史・世界史事項
1 正月に決算を行い，店員に特別手当を支給することを始める。 **2**–22 本両替商となる。 **6**–25 南茅場町28番地の家蔵を買い取る。 **7** 以降，東京市の各地に地所を買い始める。 (34)	**1**–29 鉄砲弾薬取締規則が制定され，東京府下5名に限定された鉄砲火薬商となる。 **3** 銀座の復興工事で，喜八郎は銀座1丁目の工事を受け持つ。 **7**–4 通訳の手嶋鋲次郎《えいじろう》を連れ，海外視察へと旅立つ。私費洋行で米国各地，ロンドンに10ヶ月滞在。スコットランド商業都市グラスゴーを訪問。 滞英中，ロンドンで岩倉使節団に出会い，木戸孝允，大久保利通，伊藤博文と知り合う。パリ，ローマ，ウィーンを経て6年8月帰国。(35)	千葉の姉ヶ崎に竹が多いと聞き，大量に調達する。この年，万屋に奉公していたサク（鈴木長右衛門二女）と結婚。 (24)	**1**–29 卒の身分を廃し，皇族・華族・士族・平民に。 **2**–28 兵武省を廃し，陸海軍二省を設置。 **9**–12 新橋・横浜間鉄道開業。 **10**–4 富岡製糸場開業。 **11**–15 国立銀行条例。 **12**–3 太陽暦採用（明治6年1月1日）。
2 断髪して洋服を小川洋服店に注文する。同月，証券印紙売捌《うりさばき》方（安田津留子名義）を兼営する。 政府は藩債整理公債・金札引換公債・秩禄公債・金禄公債などを発行するが，流通業者が不足する。善次郎は秩禄公債を中心に公債売買を積極的に行う。 **6**–28 鹿島万兵衛らと共に弗相場所開設を発起し，東京府庁に願書提出。 **7**–5 金銀貨取引所設立に参加（翌年2月17日解散）。 **12** 火事で小舟町の店舗・家屋を類焼する。 (35)	**10** 大倉組商会を銀座3丁目に置く。営業内容は，主として海外貿易，国産品の輸出と，諸官庁や民間の需要に応じての外国製品の輸入，商売は隆盛をきわめ，大倉グループ大発展の基礎となった。 (36)	薪・炭が安いことに目をつけ，竹皮から薪・炭の販売が主となる。また，大水で湿った石炭が大量に投売りされていたのを購入して乾かし，売って大儲け。しだいに石炭商専業となる。 (25)	**1**–1 太陽暦実施。–10 徴兵令を布告。 **2**–5 大教院設置。–24 全国キリスト教禁制の高札撤廃。 **9**–13 岩倉大使ら帰国。 **10**–9 開成学校開校。–25 副島種臣・後藤象二郎・板垣退助・江藤新平が参議辞任。 **11**–10 内務省をおく。 **11**［朝］大院君が失脚し王妃閔氏の一族が政権を握る。 この年，明六社設立。
4–14 司法省全銀取扱御用となる。 **6** 新店舗完成，小網町に家を移る。 **10**–18 司法省為替方取扱御用となる。 この年，大伝馬町1番地，ならびに7番地を買い取る。また小銭払底のため大蔵省に銅貨1万円の払下げ出願。栃木安田商店出張所新設。 (36)	ロンドンに日本で初めての支店を置く。 「台湾出兵」に際し，出兵に必要な兵器以外の物資のすべての調達を引受ける。職工，鳶《とび》，人夫等，500人を雇い，渡台したが，風土病のため120人余が犠牲。長崎にて不幸な精霊のために法要を営み，遺族に扶助料を送る。 (37)	商いを石炭に一本化する。 **7** 強盗に入られて金目のものを奪われる。 (26)	**1**–17 板垣退助ら民選議院設立建白書を提出。 **2**–1 佐賀の乱（江藤新平ら）。 **4** 台湾出兵。–13 江藤新平処刑される。 **5**–11 大阪・神戸間鉄道開通。 **6**–23 北海道屯田兵制度を定める。

年	後藤新平	渋沢栄一	益田孝
1872 （明治5） 15歳	**1** 前年，荘村が来客に新平を「朝敵の子」と紹介したため，新平大いに怒り，この月ついに荘村家を出て帰郷，武下塾に入って詩文を修める。 **6**–2 安場，福島県権令となる（次いで福島県令となる）。阿川（岡田），福島県十一等出仕となる。 □この年，安場保和，福島小学校第一校を創設する。須賀川病院を県立とする。	**10** 東京府に東京市養育院が設立され，東京会議所が運営する。この月，長男篤二が生まれる。 **11**–15 国立銀行条例公布。 冬，司法省・文部省の定額論が起こり，大蔵省との対立が表面化する。地租改正によって一定の歳入が確保されるため各省からの予算要求が強まる。この年，栄一は三井の三野村・小野組の古河らと共に抄紙会社設立を進める。（32）	春，大森の茶屋で岡田平蔵から井上馨を紹介される。井上の招きで翌日，兜町の井上邸を訪れ，官入りを勧められ，大蔵省四等出仕となる。この時，渋沢栄一を知る。造幣寮権頭となり大阪へ行き，造幣寮泉布館に住す。売り込まれた地金から金貨を鋳造，別に付随して硫酸の製造も行う。谷敬三から舎密学（化学）も学ぶ。この頃，大蔵卿の大久保利通が岩倉使節に加わって洋行中であったため，大蔵大輔の井上馨と大蔵大丞の渋沢栄一が大蔵省を仕切っていた。（24）
1873 （明治6） 16歳	**3**–10 阿川より実崇に宛て新平の遊学を勧め来る。 **5** 阿川の勧めにより須賀川に到り，阿川の官舎に入る。–22 県立医学校へ入るまえの予備として，福島小学第一校付属洋学校に入学するが，その教育の水準に失望し，洋学（英語）の勉強を放棄，市川方静に数学と測量学を学ぶ。 □安場保和，福島県立須賀川病院・医学所設置に力を致す。	**2** 抄紙会社設立が認可される。司法卿江藤新平と大蔵大輔井上馨との対立が劇化。 **5**–7 井上と渋沢は連名で「財政改革に関する奏議」を奉呈する。–23 井上と渋沢は大蔵省を退官。 **6**–11 三井組と小野組と共同して第一国立銀行を創立，渋沢は総監となり，日本橋兜町の三井組ハウスを買い取り，**8**月開業式を行う。 秋，内務省が設置され，大久保利通が内務卿となり，殖産興業推進の中心は内務省となる。（33）	**5** 井上・渋沢が官を辞職したため，益田も官を辞職。東京に引揚げ，横浜で知合った茶の宗匠高橋宗為の家（品川東海寺地内）の座敷を借りて住む。 冬，井上馨が「先収会社」を興し，井上が社長，益田が副社長。ウォールシ商館を通じて外国貿易に従事。のち，フィッシャー会社を通じて西南戦争のとき，イギリスからスナイドル銃10万挺輸入。（25）
1874 （明治7） 17歳	**1** いったん帰郷するが，父に諌められ，福島に引き返す。 **2**–2 県立須賀川病院付属須賀川医学校へ入学，生徒寮に入る。 **4** 理学の大試問に及第。 **5**–17 化学の大試問に及第，第三等生となる。 **9**–8 父へ手紙を送り，阿川の留守中預かった金を使い込み，その始末に窮し救済方を懇願する。 **10** 原生学，解剖学の試験に及第，二等本科上等生として臨床実験を許される。	**9** 抄紙会社工場を王子の地に定め，建設に着手。 **11** 小野組が破産したため，株金と抵当物で損失を整理して第一国立銀行を維持する。三井組の銀行支配の意図が強まったため，栄一は合本組織の意義をもって抵抗，佐々木勇之助を株主に参加させる。（34）	（26）

安田善次郎	大倉喜八郎	浅野総一郎	日本史・世界史事項
4 政府は新鋳造貨幣と金札を等価にすると布告。安田商店は莫大な利益をあげる。 夏，妹のセイ（清子）に婿養子をとらせ，忠兵衛と名乗らせ安田商店支配人とする。 **10**–12 質商を兼業する。（31）	**2** 東北で唯一の新政府側の津軽藩に鉄砲2500挺と弾薬を輸送するため，横浜の「アメリカ一番館」で帆船をチャーター，苦労の末に輸送に成功。（32）	（21）	**1** 横井小楠，刺客に襲われ落命。 **2**–5 造幣局をおく。 **5**–13 議政官を廃し，議定・参与をおく。–18 榎本武揚ら降伏（戊辰戦争終わる）。 **6**–15 昌平黌を大学校に。–17 版籍奉還。公卿・諸侯を華族と改称。 **8**–19 蝦夷地を北海道と改称。 **11**–16［エ］スエズ運河開通。
丁稚の平吉に4000両の古金をもたせ，小汽船に乗り込ませたところ，機関部の爆発で平吉は負傷，結果平吉は死ぬが古金は無事。この時現場の負傷者治療に当った医師団の監督が大学東校教授・石黒忠悳で，のちに親しくなる。 この年，銀座3丁目で油店を兼営する。また，仙台藩の用達となる。（32）	銀座三丁目に羅紗販売店を開く。（33）	（22）	**1**–3 大教宣布の詔。 **9**–19 平民に苗字使用許可。 **10** スマイルス著，中村正直訳『西国立志編』刊。 **12**–8 最初の日刊紙『横浜毎日新聞』創刊。
（33）	**3** 日本で初めての新橋桜木町間の鉄道工事のうち，新橋駅の一部を請け負う。横浜水道会社を，易師・高島嘉《か》右衛《え》門《もん》（1832–1914）らと共に設立し，施設の建設工事に着工。 **4**–4 和歌山商会所，西洋沓《くつ》仕立方並鞣《なめし》革製作伝習所を開業。 **7**–4 以降，鉄砲火薬免許商として，この日の廃藩置県を機に，諸藩から不要武器の払下げを受け，日本橋本町に洋服裁縫店を開き，横浜に「内外貿易店」を開く。（34）	手を広げ過ぎ，高利で300両の借金が返せず，夜逃げ同然で故郷を出奔，上京して大塚屋に下宿。 夏，砂糖を入れた冷水を，万世橋際やお茶の水路傍で売る（冷やっこい屋）。 秋，横浜の小倉屋（醤油・味噌）に奉公，10日で飛び出し，竹皮商「大塚屋」を開業。資金は小倉屋が貸してくれた。（23）	**3**–28［仏］パリ・コミューン成立。**5**–28 崩壊。 **4**［独］帝国憲法制定，ビスマルク宰相となる。 **7**–4 ハワイと通商条約調印。–29 太政官制を改め，正院・左院・右院をおく。 **9**–13［清］日本と修好条約。 **10**–3 宗門人別帳廃止。–8 岩倉具視ら欧米へ。 **11**–7 琉球人，台湾に漂着し，殺される。

年	後藤新平	渋沢栄一	益田孝
1869 (明治2) 12歳	**2** 留守家削封と共に後藤家は土着帰農して平民となる。 **8**–12 府藩県が設置され，胆沢県庁が水沢旧城内に置かれる。大参事安場保和，史生岡田俊三郎（後の阿川光裕）らが赴任。 **9** 立正館に通いながら，旧留守家家老職，吉田種穂の推薦により斎藤実らと共に安場大参事の学僕となり，3カ月後に岡田（阿川）に預けられる。	**1**–16 静岡の紺屋町にある旧代官屋敷に商法会所を置く。 **2** 太政官札を使って東京で肥料を大阪で米穀を買い入れる。これらを値上がりのとき売ったり，村々に貸し付けて利益を得る。 **5** 商法会所を常平倉に改称。 **11** 民部省（翌年**5**月大蔵省）租税司正に就任。 **12** 末，進言で改正掛が設けられ，掛長となる。仕事は前島密らの人材を集めて全国測量・度量衡改正・租税改正・駅伝法改正・貨幣制度改革・禄制改革・鉄道布設・諸官庁建築など。（29）	静岡に行かず商売をしようと決心。横浜の中山右門太という親戚を頼る。英語を活かして日本の商人と西洋の商人との交渉役でしのぐ。この頃，横浜にいた商人の雨宮敬次郎・大倉喜八郎・原善三郎・岡田平蔵・西村勝三などと知り合う。横浜のメキシコドルの相場を学び，中屋徳兵衛という屋号で，茶・海産物の売り込み問屋（輸出商）を始める。（21）
1870 (明治3) 13歳	**1** 正月，立生館改め郷学校となり，始業式の日，新平は武田権令の前で『論語』里仁篇を講ずる。 **2**–25 友人を誘って郊外に遊び，漢文「郊遊記」を作る。 **7**–27 薩摩藩士横山正太郎安武が時の政治の腐敗を糾弾して集議院門前で自刃。新平その報を聞き，大いに感奮慷慨する。 **11**–4 岡田権大属の管内巡視に随伴して山ノ目，金成，高清水，涌谷，石巻に出張。	**8** 大蔵少丞となる。 『立会略則』を著す（明治4年刊）。それによって，まず通商会社と為替会社（銀行）とを区別し，合本主義について，商社を結ぶのは心をあわせて力を一にする私権より生じ，全国の公益を謀ってこそ商の要義にかなうと述べ，公共の重要性を説いた。（30）	ウォールシ・ホールの商館に入り，米の貿易実務を覚える。同僚のロバート・アーウィンと終生交友。アーウィンは日本人のハワイ移民に尽力。益田の事業に協力。また，大倉の商談のために通訳をした可能性あり。（22）
1871 (明治4) 14歳	**2** 嘉悦氏房に随い初めて上京，太政官少史荘村省三の学僕となる。 **4**–9 この日付で家郷の父から処世訓を寄せられる。 **6** 熊本県人今村，石井らと共に浅草の写真館内田丸一方で記念撮影をする。 **7** 荘村に随い和田倉門外を通行中，西郷隆盛に出会い強烈な印象を焼きつけられる。 □この年，安場保和，熊本県権小参事となる。藩を代表して，岩倉・大久保等と折衝する。大蔵大丞となり，租税権頭となる。年末には，岩倉使節団に加わり，米欧回覧の旅に出る（但し一行から別れ，翌年5月に単身帰国）。	**5** 枢密権大史となり，廃藩置県の文案を書く。 **6** 東京府平民となる。 **8** 大蔵大丞となり，歳出入の「量入為出」のため統計表を作成する。 **9** 下旬，2月に設立された大阪造幣寮に出張，**11**–15 東京へ帰任。 **11**–22 父市郎右衛門他界。（31）	**11** 末，妹の繁子が山川捨松・津田梅子らとアメリカ留学のため岩倉使節団に伴って渡米。繁子はのち，米海軍兵学校卒業の瓜生外吉と結婚。 岡田平蔵から，大阪造幣寮に地金を売り込むために今宮に分析所を造るから引受けてくれと頼まれ，大阪へ行く。この時，播磨屋仁兵衛という宿屋をやっている馬越恭平を知る。地金の売り込みは利益があった。造幣寮では谷敬三という舎密家を知る。また，岡田（金物屋）の大阪支店が米商売をやるのを監督。（23）

安田善次郎	大倉喜八郎	浅野総一郎	日本史・世界史事項
春，所持金千両となり，両替町組の肝煎となる。 **9** 長女照子が生まれる（翌年2歳で没）。（27）	（28）	（17）	**4**–9［米］南軍降服，南北戦争終る。–14 リンカーンが狙撃される。 **5**–28 4カ国公使が下関海峡自由通交・日本内乱局外中立を決議。–22 家茂入京参内。
4–14 日本橋小舟町3丁目10番地に新店舗兼家屋を構える（この地はのちに安田財閥の聖地となる）。「安田商店」と改め，両替専業とする。この頃，幕府は金貨の国外流出を防ぐために，古金銀を鋳潰して質の低い小判への改鋳に踏み切る。しかし両替商たちは古金銀の回収を引受けない。逆に善次郎は古金銀の回収を引受ける。（28）	横浜に出向き，武器が必要になると直感し，「鉄砲屋」になる決心をする。八丁堀の鉄砲店・小泉屋忠兵衛の店へ見習いに入る。上野の乾物店を廃業し，神田の和泉橋通り（和泉橋は万世橋の下流の橋）に一戸を構え，ここから小泉屋鉄砲店まで通う。（29）	近郷大野村の大庄屋鎌仲惣右衛門の長女の婿養子となり，商売を始めるが，維新の混乱で失敗。養家と縁が切れる。（18）	**1**–21 坂本龍馬の斡旋で木戸孝允・西郷隆盛が薩長盟約を結ぶ。 **6**–7 第2次長州戦争始まる。**8**–21 家茂の死で中止。 **10**［朝］仏艦隊が来襲し江華島を攻撃。 **12**–25 孝明天皇崩御。この年，農民一揆激化。
幕府からの古金銀取替手数料によって3，4000両を稼ぎ出す。この新旧貨幣の引換業務が安田商店の政府御用を引受ける出発点となる。（29）	和泉橋通りの自宅で「大倉屋鉄砲店」を開く。開店を機に，名を喜八郎とする。主にラッパや太鼓など軍隊の付属品で店を飾り，鉄砲は注文があってから横浜で仕入れた。 石黒忠悳《ただのり》，越後商人喜八郎の店を知る。（30）	（19）	**1** 明治天皇践祚。 **5**–21 板垣退助・中岡慎太郎・西郷隆盛らが討幕挙兵を密約。 **8** 尾張で「ええじゃないか」発生し，拡大。 **10**–14 慶喜が大政奉還を上奏（–15 勅許）。 **11**–15 坂本龍馬・中岡慎太郎暗殺さる。 **12**–9 王政復古を宣言。
明治政府は予算確保のために不換紙幣（太政官札，金札）を発行するが，両替商たちは引受けない。安田商店は，等価交換される日が来ると予測して引受ける。（30）	鳥羽伏見の戦が始まり，競争相手も増え，同業者は百軒近くにもなる。 **4** 池上本門寺に滞在していた大総督・有栖川宮熾仁《ありすがわのみやたるひと》親王に，官軍の御用（兵器から食糧一切の調達）を仰せつかる。 **5**–14 上野の戦争の前日の晩，彰義隊に連行され，商人気質を主張して無事に逃れる。 上野の戦争の翌日，日本橋の十軒店《じっけんだな》（今の室町3丁目）に鉄砲店を移す。（31）	（20）	**1**–3 戊辰戦争始まる。 **3**–13 西郷隆盛と勝海舟が会見。–14 五箇条の御誓文宣布。 **4** 福沢諭吉，英学塾を慶応義塾と改称。–11 江戸城開城。 **5**–3 奥羽越列藩同盟成立。–15 彰義隊討伐。 **12**–15 榎本武揚ら蝦夷地占領，五稜郭に拠る。

年	後藤新平	渋沢栄一	益田孝
1865 （慶応1） 8歳	**4**–13 弟の彦七が生まれる。 **10**–19 父実崇，小姓頭となる。	**2** 一橋家の兵備を進言，歩兵取立御用掛となり，領分内を旅して歩兵を募る。この時，備中井原村で漢学者阪谷朗廬（その四男が阪谷芳郎）と知り合う。 秋，建言により勘定組頭となる。特に藩札の引換元金の価格を一定にして発行，藩の財政に意を用いる。（25）	イギリスの赤隊参謀に就いて調練を稽古する。（17）
1866 （慶応2） 9歳	**12** 祖父実仁隠居し，父実崇，家督を相続し十右衛門を称する。 この頃，俊敏で悪戯好きが昂じ，しばしば立木に縛されたり倉庫に押しこめられたりした。	夏，一橋公の長州征伐の御供を命じられ御使番格となる。将軍家茂公の薨去で長州征伐は沙汰止みとなり，一橋公の将軍相続となり栄一は幕吏となる。（26）	（18）
1867 （慶応3） 10歳	**2**–1 留守家の小姓となる。 **8** 武下塾を退いて藩校立生館《りっせいかん》に入り，経史，詩文を修める。 **11** 仙台出仕中の父実崇，しばしば書を寄せて勉学孝養を誡める。	**1** 民部公子（慶喜の弟昭武）に付添って仏国郵船アルヘー号で横浜を出帆，スエズ運河の工事に驚き，マルセーユ着，パリ万博礼典に出席。栄一は書記兼会計役。8月からスイス，オランダ，ベルギー，イタリア，イギリスに巡回，公子の修学に入る。 **10** 仏国の新聞で大政奉還を知る。（27）	**1**–28 慶喜公からお城で騎兵頭並を拝命。横浜の大田陣屋，次いで江戸一ツ橋の護持院ヶ原に移る。2年ばかり伝習を受け，大隊演習まで行った。 **4** 騎兵指図下役に任じられる。 幕府が陸軍を編成するので騎兵を志願。教官はシャノワンが首長，騎兵教官がデシャルム。（19）
1868 （明治1） 11歳	**4**–12 祖父実仁が死去につき，父実崇と共に忌服届を提出する。 **6** 戊辰戦争に際し幼兵に編入され，立生館を休学する。	**11**–3 帰国する。滞欧中，特にパリで，合本法，インフラ，政治家や軍人と商人が対等であることなどを学ぶ。 **12** 静岡藩に赴く。新政府は新紙幣を造り流通させるために，諸藩への石高拝借を許す形で静岡藩に53万両が交付され，これを原資として商法会所を設立して頭取となる。これは商社と銀行を合わせた形態のもので，欧州で学んだ共力合本法の実験である。（28）	維新の時，幕府の騎兵隊を率いていたが，**4**–11 の江戸城明渡し，**5**–24 の徳川氏の駿州70万石移封となり，孝は駿河へは行かなかった。 この年春，矢野二郎の妹ゑゐ（のち栄子）と結婚。（20）

安田善次郎	大倉喜八郎	浅野総一郎	日本史・世界史事項
(23)	(24)	養家を出て実家に戻り，商売をはじめる。 (13)	**2**–3 ロシア，対馬占領を企てる。 **4**–12［米］南北戦争おこる（〜1865・**4**–9）。 **5**–11 シーボルトを外国事務顧問とする。 **7**–23 イギリス艦が対馬でロシア艦退去要求。
夏，岡安長右衛門の娘チカと結婚，入婿となる。 **12**–4 母千代子刀自富山において死す。 主人に随行して巡遊中に，多武峰にて落書のため捕わるが，一老僧に救われる。 (24)	(25)	**5** 姉の病死，続いて7月，姉の夫・泰元も亡くなる。 母と弟を支えるためこのころ織物や醤油の製造を始めるが，資金難で断念。 (14)	**4**–23 寺田屋騒動。 **6**–5 安南，仏と講和，サイゴン条約，コーチシナ割譲。 **8**–21 生麦事件起こる。 **12**–12 高杉晋作，品川御殿山英公使館焼打ち。
12–1 日本橋楽屋新道に借宅し，独立して小舟町に露店を出し両替を営む。 文久銅銭の投機に失敗，岡安家から離縁。以後，銭両替に没頭。 (25)	(26)	(15)	**1**–1［米］リンカーンが奴隷解放宣言を布告。 **3**–13 近藤勇ら新撰組を組織。 **5**–10 萩藩，米商船を下関海峡で砲撃。–12 井上馨・伊藤博文ら英留学へ横浜から密出国。 **6**–1 米艦が下関を砲撃。–5 仏艦が下関を砲撃。–6 高杉晋作が奇兵隊を結成。 **7**–2 鹿児島藩が英艦隊と交戦。
11 藤田弥兵衛（刷毛業）の四女・房子と再婚。家業に2人で勤しむが，強盗に入られる。 日本橋人形町通り乗物町に「安田屋」を開業。銭両替・海苔・鰹節・砂糖を商い，名を善次郎とし，次の3項目をモットーとする。(1)他人の力を当てにしない，遊び，怠けをしない。(2)嘘を言わない，誘惑に負けない。(3)支出は収入の10分の8以内に止め，残りは貯蓄。 (26)	(27)	(16)	**3**–27 藤田小四郎ら筑波山で挙兵。 **6**–5 池田屋騒動。 **7**–19 蛤御門の変，京都焼ける。（陰**6**–16）［中］太平天国滅亡。 **8**–2 家茂が諸大名に萩藩征討を命じる。–5 英米仏蘭の四国連合艦隊が下関を砲撃。 **10** ロンドンで第1インターナショナル創立。

年	後藤新平	渋沢栄一	益田孝
1861 (文久1) 4歳	**3**–1 父実崇, 西根武頭兼塩釜社普請係となる。	江戸に出て海保章之助の塾に入り, 江戸お玉ヶ池の千葉道場に通う。　(21)	**1** 正月頃か, 麻布善福寺に宿《しゅく》寺《じ》(アメリカ公使館)詰として勤務(書記官ヒュースケンが殺され後任者ポールトマンが赴任したとき)。当時, フランス公使館は三田の済海寺, イギリス公使館は高輪の東禅寺であった。タウンゼント・ハリスに深く印象を受ける。通訳立石斧次郎に英語を学ぶ。 **7**–19 元服して外国方通弁御用に正式任官。　(13)
1862 (文久2) 5歳	**12**–16 父実崇, 主君に随って仙台に上る。	老中安藤対馬守を襲う。坂下門の変の嫌疑を受けていた尾高長七郎を京都へ逃す。　(22)	(14)
1863 (文久3) 6歳	新平, この頃すでに句を誦し書をよくする。	**8** 長女歌子誕生。 **9** 江戸で一橋家用人平岡円四郎と知り合う。 **10**–23 倒幕攘夷の反乱決起を計画するが, 尾高長七郎になだめられ中止, 11月に江戸に出る。　(23)	**12**–27 幕府は横浜鎖港の談判使節として池田筑後守を欧州に派遣, 父が会計役として随行。孝は父の家来という名目で進と名をかえて随行(宿寺詰は辞職)。　(15)
1864 (元治1) 7歳	**3** 武下節山の家塾に通い漢学を修める。	**2** 京都で平岡の斡旋で一橋家に出仕, 在京中の一橋慶喜公に内御目見え, 御用談所下役となる。　(24)	**3**–16 遣欧使節は上海, アレキサンドリア, マルセーユを経てパリに入る。談判は拒絶されたが, ナポレオン三世は, 幕府に馬26頭, 陸軍編成教官シャノワンらを贈る。 **7**–17 横浜着。帰国後, 孝は横浜で書生となり英語を修行。　(16)

安田善次郎	大倉喜八郎	浅野総一郎	日本史・世界史事項
(15)	**5**–22 父，大倉千之助没。家督を相続した長兄を助けて家事をとる。 (16)	氷見市の町医者の養子となる。 (5)	**6**–3 ペリー黒船4隻で浦賀に来航。
9 家出して江戸を目指すが，関所を避けて山道を辿り迷い，出会った老人に諭され家に戻る。 (16)	この年母が死去。満17歳の鶴吉は，江戸へ出る決心をする。姉のてるは貯めてあった20両を渡した。江戸で塩物商を手伝い，麻布飯倉の鰹節屋・中川の丁稚見習いとなる。 狂歌の師と仰ぐ檜園梅明《ひのきえんうめあき》を訪ね，檜垣《ひがき》の社中に入る。 (17)	**9**–7 実父泰順病死。姉夫婦が漢方医の家業を引き継ぐ。 翌年，氷見の儒学者西井快安の塾に通う。 金沢藩浪士 渡辺悌次郎に師事し，剣術を習いはじめる。 (6)	**1**–16 ペリー，再び神奈川沖に来泊。 **3**–3 日米和親条約を締結。下田・箱館2港を開く。–23 プチャーチン長崎に再来。 **10**–21 日露和親条約結ぶ。
4–28 友人と2人で再度江戸に入り，深川の湯屋（同郷人）に身を寄せ，千束屋（人入稼業）の紹介で，海苔・鰹節商の丸屋松兵衛の店に奉公し，名を忠兵衛と改める。故郷に手紙を書いたために太田弥助が迎えにきていったん帰郷。父母の許可を得て再び江戸入りし，両替屋に奉公。 (19)	見習い店員の頃，1つ年下の安田善次郎と知り合う（万延元年説あり）。喜八と名を変え退職し，金村金兵衛方に下宿し，鰹節の行商を始める。下谷《したや》の上野町摩利支《まりし》天《てん》横町（今の「アメ横」）に2間間口の家を借り，乾物店大倉屋を開業。 (20)	(9)	**5**–26 下田条約（日米約定）を結ぶ。 **8**–4 露使節プチャーチン，長崎に来航。 **10**–21 米使ハリス，江戸城で将軍家定に謁見。 **12**–2 堀田正睦がハリスに対し通商貿易・公使江戸駐在を認める。
春，再従兄弟の林松之助が江戸昌平坂学問所へ入学するのに同行。旅費は林が出し，通行手形をもって江戸に入る。日本橋の玩具問屋に奉公し，卸し歩きによって江戸の地理を頭に入れる。 (20)	(21)	(10)	**6**–19 日米修好通商条約締結。–10〜18 オランダ・ロシア・イギリスと修好通商条約結ぶ。 **9**–3 フランスと修好通商条約を結ぶ。
(21)	(22)	(11)	**2** フランス，サイゴンを占領。 **5**–28 神奈川・函館・長崎を開港。 **7**–6 シーボルト，再び長崎に来る。 **9**–14 梅田雲浜獄死。 **10**–7 安政の大獄，橋本左内・頼三樹三郎処刑。–17 江戸城本丸焼ける。–27 松陰処刑。
日本橋小舟町の銭両替商兼鰹節商の広田屋林三郎商店（通称広林）に奉公。近所の店に奉公する増田嘉兵衛や1歳年上の大倉喜八郎と知り合う（安政4年説あり）。当時の江戸の両替店は643軒，10軒が本両替，他は銭両替。 (22)	自筆自家製の『心学先哲叢集』を出版。いわれのない偏見や差別を戒める記事「蝦夷の人に飯を」「摂津の国に」には，後に朝鮮や中国で合弁事業に積極的に乗り出してゆく大倉の思想の萌芽を見る。 (23)	(12)	**1**–18 条約批准交換のため品川沖出発，勝麟太郎ら咸臨丸で随行。 **3**–3 桜田門外の変。 **10**–18［中］英仏連合軍が北京を占領。

年	後藤新平	渋沢栄一	益田孝
1853 （嘉永6）		父に随行して初めて江戸を見物。（13）	（5）
1854 （嘉永7 ／安政1）		この年，江戸再訪。14, 5歳になって農業（麦作り，藍作り，養蚕）を手伝い，藍玉の掛売商売にも心を入れる。（14）	父鷹之助が函館奉行支配調役下役として単身赴任。家族は8月頃江戸に出て下谷西町の親類宮崎玄倫宅に1年世話になる。翌年の4月頃，徳之進と家族は函館に移る。一時漁村の川汲《かわかつ》で暮らす。（6）
1857 （安政4） 0歳	**6**–4（戸籍上は5日），陸中国胆沢《いさわ》郡《ぐん》塩釜《しおがま》村《むら》（現在の岩手県奥州市水沢区）吉小路に生まれる。後藤家は代々，伊達藩の留守家（1万6000余石）の家臣で，父実崇36，母利恵33の時であった。高野長英の死後，祖父実仁は家塾（衆芳館）を開いていたが，祖父，父共に学識が高かった。	前年，16, 7歳の頃，領主安部摂津守の理不尽な御用達要求と代官の軽蔑に反発，徳川の政治に不満を持つ。 この頃，大橋訥庵，藤田東湖，会沢正志斎の書を読み，水戸学への傾倒を深める。（17）	（9）
1858 （安政5） 1歳	**8** 父実崇，福原武頭となる。	尾高惇忠・長七郎の妹で，栄一の従妹に当たる千代と結婚。（18）	春，函館に移り，奉行所内の教育所に通う。槍・剣術・馬術・漢学を学び，通詞の名村五八郎から英語を学ぶ。（10）
1859 （安政6） 2歳	**3**–13 水沢に大火，後藤家菩提寺増長寺など全町ほとんど灰燼に帰す。 **10** 父実崇，近習兼福原武頭となる。	（19）	**4**–12 父は江戸詰めとなり家族と共に江戸に入り，下谷新橋通り旗本土井八太郎の長屋に1年住む。（11）
1860 （安政7 ／万延1） 3歳	**4**–7 父実崇，主君邦命の上府に随って仙台に赴き留守居仮役となる。	尾高藍香著「交易論」を筆写。（20）	**1** 正月，佐野令助（学問所教授方出役）の門下となり四書五経を学ぶ。 **3** 父は外国奉行支配定役となり，徳之進は「支配通弁御用出役」として西丸の外国方に通う。 この年，浅草広徳寺の裏に移り住む。（12）

安田善次郎	大倉喜八郎	浅野総一郎	日本史・世界史事項
	9–24 越後国北蒲原《かんばら》郡新発田《しばた》(新発田藩)の町年寄をつとめる質屋・大倉家の父千之助三男として生まれる。幼名は鶴吉。祖父の定七は飢饉の折などに資財を投じて人助けをした慈善家,頼山陽とも交渉のあった文化人。父の千之助は,流行っていた一中節(浄瑠璃の一種)に熱を上げ,読書家で学問好きであった。 (0)		**2** 大坂町奉行元与力大塩平八郎,門弟らと共に決起,大坂船場の豪商を襲撃する(大塩の乱)。 **3** 大塩平八郎(46歳),自殺。 **6** アメリカ船モリソン号,漂流民を護送し浦賀に入港,浦賀奉行が砲撃。
10–9 越中国婦負郡富山町(富山藩)の鍋屋小路に生まれる。父は政次郎(のち善悦),母は千代。三男。幼名岩次郎。屋号は安田屋。富山藩は加賀藩の支藩,領主は前田家,10万石だが新田開発や売薬で財政豊か。父は富山藩士の権利株を買い35歳ごろ士籍に入る。 (0)	(1)		**5** 佐渡一円の農民,奉行所の悪政に反発,穀屋・豪農を打ちこわす。 **10** 中山みき,天理教を開教。 ◇この年,緒方洪庵,大坂に適々斎塾を開く。
(2)	(3)		**7** オランダ船長崎に入港し,アヘン戦争の勃発を伝える。 ◇この年,熊本藩の横井小楠,実学党を組織。
7,8歳ごろ七高理太郎の寺子屋に通い珠算を学び,夜は読書と習字を学ぶ。 (6)	石川治右衛門について2年間,四書五経の素読を学ぶ。 (7)		**10** 江戸城本丸焼ける。
(10)	王陽明派の丹羽伯弘《にわはっこう》の塾・積善堂で,漢籍を読み,習字を習い,算盤を教わる。丹羽を通じて,陽明学の「知行合一」の考え方を学び,『伝習録』を座右の書とするに至る。 (11)	**3**–10 越中国氷見藪田村の医師兼草高40石の家の長男として生まれる。幼名泰治郎。父は泰順,母はリセ。 (0)	**3**〜**4** 外国船,対馬・五島・蝦夷地・陸奥沿岸を航行。 **5** アメリカ捕鯨船西蝦夷地に漂着。 **7** フランス船,琉球に来航。
12歳で行商をはじめる。13歳,前田家出入りの大坂両替商手代が上級武士に優遇されるのを見て,千両分限者を志す。 (12)	狂歌を習い始める。師匠は大極園柱《だいごくえんはしら》とも大黒園柱とも。後,江戸の狂歌師と交渉があり,江戸の狂歌集の口絵に「新発田の鶴彦」と書いたちょんまげ姿の肖像まで載った。「和歌廼門鶴彦《わかのとつるひこ》」と号した。 (13)	姉夫婦に長男(了吉)生まれ,浅野家の家督は姉夫婦が継ぐこととなる。 (2)	**4** 天皇,7社7寺に護国祈祷をさせる。イギリス捕鯨船,蝦夷地マヒルに漂着。 **6**[中]太平天国の乱(〜1864)。 **10**–22 朝廷,外海防御の勅諭を幕府に下す。

年	後藤新平	渋沢栄一	益田孝
1837（天保8）			
1838（天保9）			
1840（天保11）		**2**–13 武蔵国榛沢郡血洗島村（岡部藩）の農家に生まれる。幼名栄治郎。父は市郎右衛門，母はエイ。麦・藍・養蚕，藍玉の掛売商売が家業。（0）	
1844（弘化1）		（4）	
1848（弘化5／嘉永1）		従兄で水戸学に心酔する尾高惇忠から経史子を学ぶ。ほかに『通俗三国志』『里見八犬伝』などを面白く読む。（8）	**10**–17 佐渡国雑太《さわた》郡相川町に生まれる（戸籍上は弘化4（1847）年11月7日）。幼名徳之進，父は鷹之助，母はラク。父は佐渡の地役人で目付役，千葉周作門人の伊庭に一刀流を学び，のち，江戸に出て千葉道場で免許取りとなる一方，算盤の達人であった。（0）
1850（嘉永3）		（10）	（2）

［附］
「後藤新平と五人の実業家」関連年譜
1837–1938

〈凡　例〉

一　本年譜は，大倉喜八郎が誕生した 1837 年から，益田孝が没する 1938 年までの，後藤新平と渋沢栄一，益田孝，安田善次郎，大倉喜八郎，浅野総一郎の生涯を相互に参照できるようにしたものである。記述は自由形式とした部分がある。

二　1873（明治 6）年の改暦までの日付は，太陰暦で示した。

三　「**6**–4」は，6 月 4 日を意味する。

四　各欄の最後の（　）内の数字は，各人の満年齢である。

五　作成に当たっては『後藤新平大全』を基本とし，他に典拠とした史資料は参考文献の通りである。

後藤新平《ごとうしんぺい》と五人《ごにん》の実業家《じつぎょうか》
渋沢栄一《しぶさわえいいち》・益田孝《ますだたかし》・安田善次郎《やすだぜんじろう》・大倉喜八郎《おおくらきはちろう》・浅野総一郎《あさのそういちろう》

2019年7月31日　初版第1刷発行 ©

編著者　後藤新平研究会

発行者　藤原良雄

発行所　株式会社 藤原書店

〒162-0041　東京都新宿区早稲田鶴巻町523
電話　03（5272）0301
FAX　03（5272）0450
振替　00160 - 4 - 17013
info@fujiwara-shoten.co.jp

印刷・製本　中央精版印刷

落丁本・乱丁本はお取替えいたします
定価はカバーに表示してあります

Printed in Japan
ISBN978-4-86578-236-3